U0531768

利润为王

有效削减成本的经营战略

[日] 远藤昌矢 / 著　郭勇 / 译

コスト削減の最強戦略

企業競争力を高める間接材コストマネジメント

中信出版集团 | 北京

图书在版编目（CIP）数据

利润为王：有效削减成本的经营战略/（日）远藤昌矢著；郭勇译. -- 北京：中信出版社，2024.12.
ISBN 978-7-5217-7067-4

Ⅰ．F275.4

中国国家版本馆 CIP 数据核字第 2024FS2037 号

COST SAKUGEN NO SAIKYO SENRYAKU by Masaya Endo
Copyright © 2023 PRORED PARTNERS CO., LTD.
All rights reserved.
Original Japanese edition published by TOYO KEIZAI INC.
Simplified Chinese translation copyright © 2024 by CITIC Press Corporation
This Simplified Chinese edition published by arrangement with TOYO KEIZAI INC., Tokyo,
through BARDON CHINESE CREATIVE AGENCY LIMITED, Hong Kong.

本书仅限中国大陆地区发行销售

利润为王——有效削减成本的经营战略
著者：　　[日] 远藤昌矢
译者：　　郭勇
出版发行：中信出版集团股份有限公司
　　　　　（北京市朝阳区东三环北路 27 号嘉铭中心　邮编　100020）
承印者：　北京通州皇家印刷厂

开本：880mm×1230mm 1/32　印张：11.5　　字数：262 千字
版次：2024 年 12 月第 1 版　　印次：2024 年 12 月第 1 次印刷
京权图字：01-2024-5909　　　 书号：ISBN 978-7-5217-7067-4
　　　　　　　　　　　　　　 定价：69.00 元

版权所有·侵权必究
如有印刷、装订问题，本公司负责调换。
服务热线：400-600-8099
投稿邮箱：author@citicpub.com

目 录

前言 / V

第一部分 管理间接成本为何如此重要? / 001

企业中潜藏着优化成本的机会 / 003

间接成本占到营业收入的 5%~25% / 003

为什么说间接成本无法进行统一管理? / 012

成本优化难以实现的原因 / 020

间接成本管理该有的状态 / 030

成本优势企业的竞争力源泉 / 030

提高间接成本的管理水平 / 033

高层经营者眼中的成本管理全貌 / 044

第二部分 削减间接成本的 8 个步骤 / 053

步骤 1:事前分析是否存在成本优化的余地 / 055

以总分类账数据为依据,为优化对象列出先后顺序 / 055

按照成本项目,有效把握现状的方法 / 061

步骤 2：成功实现成本优化的事前准备工作 / 071

一线负责人对优化成本持消极态度的 4 个理由 / 071
为什么公司内会形成不能触碰的"禁区"？ / 077

步骤 3：采购商品的标准 / 服务等级的最优化 / 087

采购商品的标准 / 服务等级实现最优化的 4 个视角 / 087
视角 1：审视是否存在品质过剩的情况 / 088
视角 2：检查是否存在频率过剩的情况 / 108
视角 3：消除浪费现象 / 125
视角 4：采用最新的 IT 工具或服务进行升级改造 / 143

步骤 4：重新审视采购制度 / 152

把批量折扣效果发挥到最大的 4 种方法 / 152
方法 1：将全公司的采购业务集中起来，进行一揽子签约 / 整体支付 / 153
方法 2：各个分公司单独签约、单独支付的情况下，也可以利用集团的采购规模和供应商进行谈判 / 156
方法 3：对连锁店的采购业务进行整合 / 157
方法 4：和其他公司合作或共同采购，发挥规模效应 / 159

步骤 5：采购单价的最优化 / 167

不是请求供应商降低单价，而是优化到最合适的单价水平 / 167
对单价、费率进行成本分解的 3 种方法 / 170
定期筛选候补供应商 / 203
把交易条件和单价数据存入数据库，为公司积累知识储备 / 211

步骤 6：寻找最佳候补供应商的方法 / 220

从询价前的准备到对各家供应商报价进行评估的全部流程 / 220

最合适供应商的选择和整理 / 240

采取开诚布公的态度，相互协作以降低成本 / 255

步骤 7：实现双赢的谈判技巧 / 257

什么是"谈判"？ / 257

谈判的成败取决于事前的准备 / 261

谈判策略的制定方法 / 268

进行谈判，协商交易条件 / 278

实用的谈判技巧 / 281

步骤 8：合同的检查要点 / 290

将风险控制在自家公司可以管理的范围内 / 290

签订合同时应该着重注意的 4 点 / 292

第三部分 持续管理间接成本的方法 / 319

内部用户管理的 4 种方法 / 321

实现高效的企业支出管理（BSM） / 340

后记 / 351

附录 / 355

前言

为什么说企业优化间接成本已经成为一项迫在眉睫的任务？

新冠疫情期间，日本政府为防控疫情而采取的社会限制措施想必大家还记忆犹新。这些不得已的防控措施，致使很多企业的营业收入锐减，再加上国际形势的不稳定导致的原材料价格高涨，无数企业陷入经营困难的境地。为防止出现现金不足的情况，企业不得不采取防御策略，比如出售固定资产套现、大幅裁员等。为了应对不可预测的事态，企业需要在平时做好哪些准备呢？

我认为，企业在平时应该根据自己的具体经营情况，彻底优化固定支出，尽量降低盈亏平衡点，以确保在非常状态下也能盈利。以人体为例，这就好比打造一个充满肌肉的健康体质。一般来说，固定支出的典型代表是人工成本，在人才培养方面的投资也是人工成本的一部分。而培养的人才，是企业未来成长的发动机，如果在这方面大幅缩减投入，企业的中长期发展可能会受到极大的负面影响。

在当前严峻的经营环境下，我们如果既不想牺牲对未来的投资，又想把企业打造成"充满肌肉"的盈利型体质，那么就应该把目光聚焦在"间接成本"上。在成本项目中，除了原材料成本、直接人工费用，还有很多杂七杂八的费用，可谓错综复杂，要想拎清"到底什么是间接成本"恐怕还不太容易。姑且抛开这个问题，我先讲三个理由，让大家明白为什么要从间接成本着手。

第一，与原材料成本和人工费用比较起来，间接成本所含种类繁多、项目复杂，把这些间接成本总体统计起来，将占到营业收入的 5%~25%，从比例上看，不容小觑。如果从公司整体高度统筹安排、合理优化，将间接成本削减 5% 也不是不可能完成的任务，那营业利润、净利润就有可能得到改善。

第二，大多数制度健全的企业已经对原材料成本、人工费用进行了统一化管理，由固定的专业部门进行管理，比如，原材料成本由采购部管理，人工费用由人事部管理。另外，不管原材料成本还是人工费用，金额的规模都是比较大的，所以会经常性地处于经营管理层的监管之下，因此也会承受很大的优化压力。换句话说，<u>这些直接成本</u>，能优化的地方基本上都被优化了，改善的空间已经不大。与此相比较，间接成本因为种类繁多、项目复杂，所以大多被各个分公司或部门单独、分散管理。只有现场负责人才能清晰掌握这些间接成本的详细交易内容和使用条件，所以，间接成本还存在不小的改善余地。

第三,间接成本的"间接"二字很关键,既然是"间接"的,那么即使大力优化,大量削减,也不会对企业未来的成长造成多少负面影响。间接成本自身并不构成企业成长的动力或源泉,更准确的理解应该是把间接成本看作企业运营过程中的必要成本。因此,只要维持最低限度的必要成本,或者使其保持在为主营业务服务的水平上,就可以在现状的基础上对间接成本进行彻底优化。

其实,不少公司内部都埋藏着"宝藏",把它们挖掘出来用在刀刃上,增强企业的竞争力,何愁业绩不增长?另外,现在有一些全球化跨国企业,一方面把企业的经营资源集中到核心业务上,另一方面又把非核心组织、业务外包出去或者干脆卖掉,而且这种操作有加速的趋势。着眼于今后10~20年,要想依靠自己公司的力量把整套业务都做完,是非常不现实的,所以,与间接成本相关的业务或间接部门都有外包出去的趋势。借助外部专业企业的外包服务,来改善自家公司的组织运营并提高效率,已经成为很多企业的共识。

关于帮助企业优化成本的一点个人想法

对于"削减成本"这项操作,抱有积极想象的人恐怕不多。一提到削减成本,大多数朋友头脑中率先出现的可能是"裁员"之类的负面策略。另一方面,企业想创造出更多的利润,只有"提高营业收入"和"降低成本"两个选项。而提高营业收入往往受到外部环境和客户状况的影响,很难按照自家公司的想法顺利进行管理。不过关于降低成本，从产生想法到自检、决策，再到制定对策乃至实施，都是在公司内部完成的。所以，对于创造利润来说，"优化成本"是必不可少的管理项目。

要想把成本控制到最优，一味地要求供应商降低供货价格是不现实的。我认为应该暂时抛开过去的供应链结构，从零开始，重新审视必要的供应链结构和交易条件，包括但不限于寻找全新的供应商。这也将为自家企业提供新的机会——发现成本竞争力强、服务水平高的全新供应商。另外，自家企业彻底优化成本，还有可能带来意想不到的好结果——给新的优秀供应商提供崭露头角的机会，可能帮助它们扩大业务、发展企业。从中长期来看，这也帮助其他行业进行了新陈代谢，促进这些行业的竞争和良性发展。

我们的愿景，是实现一个"价值＝回报"的理想经济社会。为了实现这样的目标，那些在平日里踏踏实实努力，不断提高产品、服务的品质，增强成本竞争力的企业理应得到发展，更应得到社会的认可和好评。我们的理想是通过自己的顾问服务，帮助客户企业和它们的供应商构筑起"WIN-WIN"（双赢）的良性关系，期望它们能够通过相互切磋琢磨，实现共同成长。最后，衷心希望这本书在企业一线负责人优化成本的时候，能够给他们提供一定的帮助。

远藤昌矢
2022 年 10 月

第一部分

管理间接成本为何如此重要?

新冠疫情期间，由于新冠病毒在全球的肆虐，日本社会状况发生了巨大的变化。在这种新形势下，大多数企业的营业收入出现了大幅下滑（某些行业的营业收入甚至减少了八成以上）。加之国际形势的剧变，国际供应链紧张，原油价格高涨，以致一些国家发生了急剧的通货膨胀（截至本书写作的2022年10月）。"黑天鹅"事件造成的不可预测的环境，是企业无法控制的。事先能够采取的应对策略，也只有尽力降低企业的盈亏平衡点，为企业打造一个有利于盈利的"肌肉型"健康体质。

对于一家企业来说，成本是固定费用的核心部分，要想降低盈亏平衡点，削减成本是必不可少的操作。成本的主要项目包括金额规模较大的原材料成本、人工费用以及地租房租、水电气费等。新冠疫情造成的经济下滑，使很多企业的营业收入锐减。在这种情况下，为了维持公司财务的韧性，不少企业采取了断臂自保的措施，比如卖卖自有的办公大楼、酒店等固定资产，也有的企业向银行贷款来维持经营。另外，为了缩减人工费用，航空、餐饮等行业不得不大量使用劳务公司的派遣员工，或者干脆雇用临时工。对于正式员工，也开始采用临时调动到其他公司的方法来减少人工开支。在非常时期，如此忍痛调整成本结构，也是不得已而为之。

而另一方面，在我看来，在当前的形势下，我们更应该重视对间接成本的彻底审视和改善。

1
企业中潜藏着优化成本的机会

间接成本占到营业收入的 5%~25%

所谓间接成本,是指除直接成本和投资之外的各种费用项目。在企业的经营管理中,间接成本的受重视程度往往不够。虽然不同行业的间接成本在营业收入中的占比有所不同,但大体上在 5%~25%,全行业平均占比在 15% 左右(见表 1-1-1)。如果能够对间接成本进行彻底的优化、改良,那么将企业的营业利润率提升几个百分点还是可以实现的。

表 1-1-1 按行业类别:间接成本占营业收入的比例

行业	对象企业	间接成本占营业收入的比例
信息、通信业	通信企业、系统开发企业	20%~25%
电子机械	电机企业、工业机械企业	13%~17%
食品	糕点制作企业、咖啡制作企业、调味料制作企业	12%~16%
银行	城市银行、地方银行、信托银行	10%~14%
化学	综合化学企业、纤维生产企业、精细化工企业	10%~14%

(续表)

行业	对象企业	间接成本占营业收入的比例
零售业	综合超市、家电量贩、服装店、便利店	7%~12%
服务业	劳务派遣企业、广告代理企业、安防公司	5%~9%
运输用机械	汽车制造企业、汽车零部件制造企业	4%~8%
批发业	批发商、贸易公司	4%~8%
房地产业	房地产企业	2%~4%

什么是间接成本？

间接成本到底指什么？简言之，就是除直接成本和投资之外的所有费用。在我们的定义中，直接人工费用、面向未来的投资（研发费用、设备投资）不属于间接成本。实际上，间接成本中比较重要的项目主要有外包费用（业务委托费用）、地租房租、销售费用/广告宣传费用、物流费、通信费、水电气费、消耗品和工程费用等（见表1-1-2）。

在间接成本中，各行业的委托费用（使用劳务派遣的费用等）、管理系统开发和应用的费用、物流费、房屋物业费等费用的具体内容中，其实人工费用占了大部分。另外，销售费用/广告宣传费用之类的费用，虽然可以直接影响销售收入，但也计入间接成本。一般来说，提到间接成本大家更容易想到水电气费、通信费、打印机费、耗材费等费用，不过这些费用无法简单地根据人工费用累计换算出单价，所以难以准确把握其价格标准。但也正因为如此，这些费用中可能隐藏着更大的优化余地。

表 1-1-2　间接成本中的主要项目

能源成本	办公成本	物流成本
• 电费 • 燃气（管道燃气、罐装燃气、工业用燃气） • 轻油、重油、煤油	• 电话费（手机、固定电话） • 网费 • 打印、复印费（多功能打印机） • 办公用品 / 耗材 • 印刷费（宣传单、宣传册） • 业务外包 / 劳务派遣 • 机密文件管理 / 处理	• 电商配送 / 快递 • 铁路运费 / 包车、包船、包机费用 • 包装材料（纸板箱等） • 仓库保管 / 使用费
设施管理成本	**金融成本**	**工程 / 修缮 / 建材成本**
• 租金 • 安防设备 • 保安 / 停车场管理 • 电梯 /ESC（电子稳定性控制系统）维护 • 写字楼 / 设施管理 • 受、变电设备维护 • 消防设备维护 • 保洁 • 租赁地毯 / 保洁用品 • 废弃物处理	• 信用卡手续费 • 线上结算 • 损害保险（火灾赔偿等） • 审计报酬 • 股东名簿管理	• 外包工程费 • 恢复原状工程 • 定期修缮 / 内装工程 • 建材 / 日常用具
店铺成本	**IT 成本**	**其他**
• 运送现金 • 店铺消耗品（购物袋等） • POS 机 / 现金存入银行 / 信用卡终端设备维护	• 系统 / 网站维护费用 • 数据中心 / 服务器 • 网络（局域网、专线） • 软件许可费	• 制造业消耗品 • 食材 / 饮料 • 制服 / 纺织品 • 广告（发布于网络、媒体） • 招聘（媒体、职业介绍公司） • 体检 • 自动售卖机（手续费上涨）

注：此处列举的间接成本项目，是从一般销售管理费用中剔除直接人工费用、研发费用之后的几乎所有费用项目。

不同行业优化成本的主要目标

在优化间接成本的时候，首先应该找出年度支出金额较大的费用项目，审视其中是否存在改善的余地。根据行业种类和经营状况，企业支出较多的费用项目会有所差异。即使是同一行业的不同企业，其成本构成也会因为直营还是加盟连锁、以实体店销售为中心还是以电商销售为中心、外部采购还是自产等经营状况的不同，而产生较大差异。不过，根据一般的行业特性，我们对间接成本中占比较大的费用项目进行了总结，如图 1-1-1 所示。

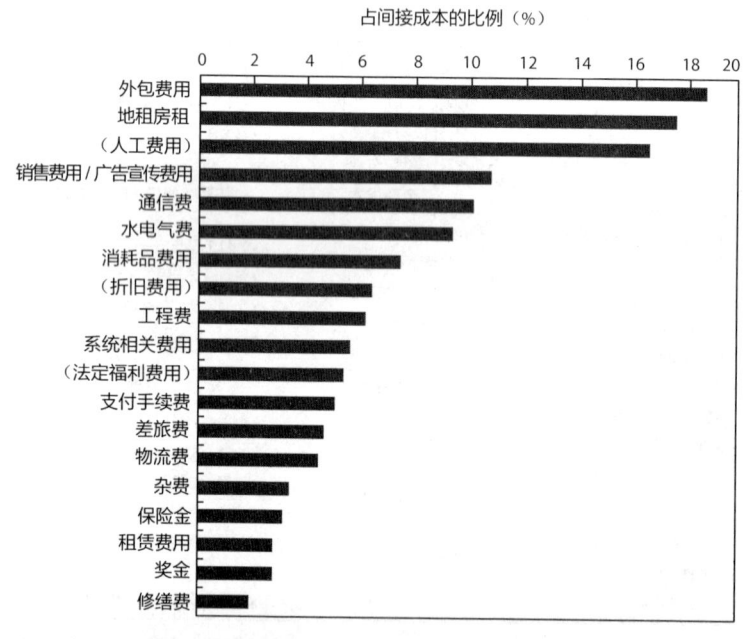

占间接成本的比例（%）

费用项目	比例
外包费用	约 19
地租房租	约 17
（人工费用）	约 16
销售费用/广告宣传费用	约 11
通信费	约 10
水电气费	约 9
消耗品费用	约 7
（折旧费用）	约 6
工程费	约 6
系统相关费用	约 5
（法定福利费用）	约 5
支付手续费	约 5
差旅费	约 4
物流费	约 4
杂费	约 3
保险金	约 3
租赁费用	约 3
奖金	约 3
修缮费	约 2

图 1-1-1　不同费用项目在间接成本中的占比排名

注：根据 Prored Partners 公司内部数据。

所有行业基本上有一个共同的特征，即人工费用是一项很大的成本，但因为大部分人工费用来自直接雇用的形式，所以在削减成本的时候，可以先不考虑削减人工费用。除人工费用之外，对于多数行业来说，地租房租、物流费、水电气费（主要是电费）、设施管理/修缮费用、广告宣传费用、办公相关费用、外包费用等，在间接成本中占比较大。用于外包的费用，有的企业统称为"外包费用"，有的企业按照具体外包内容单独设定费用项目，如第三方物流、呼叫中心、商务流程外包等。所以，表面上看，不同企业外包费用的占比可能差异较大，但实际上，整体外包费用在间接成本中的占比是最大的，如表 1-1-3 所示。

表 1-1-3　不同行业间接成本构成

行业 成本项目	零售	制造	餐饮	银行/ 保险	批发	建筑	旅馆/ 酒店	教育 培训
地租房租	19%	4%	28%	7%	15%	9%	28%	12%
物流费	14%	25%		5%	32%	3%		
水电气费	7%	20%	15%	6%	2%	3%	8%	3%
设施建设/ 修缮费用	9%	15%	4%	3%	3%		5%	3%
系统相关费用			3%	28%	2%	5%		
广告宣传费	6%		6%	4%		15%		7%
业务相关费用		3%				15%	3%	4%
外包费用			17%	15%	5%			
支付手续费	11%		4%				8%	
通信费			3%	5%	2%	5%		
消耗品费用		8%	6%	4%				
保险费						3%		
其他	5%	25%		23%	39%	42%	18%	26%
人工费用	29%		14%				30%	45%
间接成本合计	100%	100%	100%	100%	100%	100%	100%	100%

注：不同行业间接成本的各个项目占比用"%"表示。背景色加深的单元格，代表该行业中占比前三名的间接成本项目（不考虑"其他"和"人工费用"）。

举例来说，以大型餐饮连锁企业为例，它们一般会同时经营多个餐饮品牌，并以多种业态展开。因此，广告宣传费用、工程费用等间接成本，会根据品牌、业态分别进行签约、记账、管理。所以，要准确掌握企业采购/订货的实际情况，至少需要分析最近12个月的详细数据，这时，只能去翻阅大量的纸质请款单，还要把请款单数据一一输入电脑中。即使是一个月的纸质请款单，数量也是非常庞大的。所以，要重新审查这些数据，可谓困难重重，需要花费大量的时间和精力进行分析，才能准确掌握现状。但从另一个角度看，越是长年搁置的数据，越是没有准确掌握的成本项目，可能优化的余地越大。

根据我们做企业顾问服务的实践经验，当需要客户企业的详细采购/订货数据时，如果对方相关负责人能够马上提供给我们，说明他手头就有现成的数据，也说明这家企业对于采购/订货成本的优化已经达到了较高的水平。或者可以说，一家企业手头有现成的详细数据就等同于其负责人可以掌握详细的交易数据，平时就已经对交易成本进行了检查、优化。

反过来说，如果企业的相关负责人没有采购/订货的数据，为了获得这些数据，负责人还得请求相关客户提供，那就说明该负责人对于检查成本持消极甚至抗拒态度。越是这种情况，说明这家企业削减成本的余地越大。所以，企业要想优化成本，需要在平日里下功夫，在公司内部尽量提高交易内容、业务内容的透明度，争取做到可视化，这一点非常重要。

以 3 年为单位重新审视成本项目，可能会发现巨大变化

近年来，已经有不少企业通过聘请外部顾问公司或专家，从公司整体视角对间接成本进行了重新审视和优化。不过，即使当时已经对间接成本进行了彻底优化，但经过 3 年之后，市场环境、社会形势、行业规则等也可能今非昔比，发生了巨大变化。3 年前根本没有必要优化的间接成本项目，如今也许存在 10% 甚至更大的优化空间。

表 1-1-4 显示的是，以 3 年为时间单位审视市场行情，看主要间接成本项目的上升或下降趋势。3 年之中，某些项目的市场行情出现降价趋势，则该项目的成本容易削减；反之，对市场行情出现涨价趋势的项目，则最好进行调整或替换。

表 1-1-4　以 3 年为单位重新审视成本项目，可能发生巨大变化

		2012 年	2015 年	2018 年	2021 年
市场行情（单价）的变化	电费	→	限制放宽 →	竞争激烈 ↘	原油价格高企 ↗
	多功能打印机	竞争激烈 ↘	竞争激烈 ↘	竞争激烈 ↘	→
	通信	竞争激烈 ↘	竞争激烈 ↘	政府要求降价 ↘	竞争激烈 ↘
	房租（商铺、办公室）	→	景气度上升 ↗	景气度上升 ↗	新冠疫情造成的限制 ↘
	设施管理	竞争激烈 ↘	竞争激烈 ↘	→	
	物流	竞争激烈 ↘	驾驶员不足 ↗	需求增加 ↗	价格上涨告一段落 →

涨价趋势：↗　　降价趋势：↘　　无变化：→

举例来说，2015 年，日本对电力供应实施自由化，不仅大规模用户可以自由选择电力公司，包括一般家庭在内的小规模用户也可以自由选择电力公司。但是在当时，传统电力公司（东京电力公司、关西电力公司等）的存在感还相当强，用户对新进电力公司的理解度和信任度还不高。然而到了 2018 年，新进电力公司的市场份额迅速扩大，同时，传统电力公司也开

始不受地域限制，向其他地域的法人大客户抛出橄榄枝，并收获颇丰（例如，九州电力公司积极在关东地区进行业务拓展，以获取大客户的订单）。此前，到2016年左右，电力公司给大客户的电费优惠只有不到1%的程度，但到了2018年中期，电力公司给出的电费优惠达到15%~25%已经是司空见惯的事情（见表1-1-5）。

表1-1-5　过去5年间市场行情发生巨大变化的原因以及受影响的相关费用项目

市场价格趋势	引起这一趋势的原因	相关费用项目
降价	限制放宽造成的竞争加剧	电费
	政府要求降价	手机通信费
	需求的迅速减少	差旅费、多功能打印机、租金
	技术革新带来的效率提高	手机、网络、服务器等IT设备
涨价	原油、资源价格高企造成的成本增加	电费、燃气费、汽油、物流
	人手不足造成的人工费用上升	保洁、安保、物流、废弃物处理、业务委托费
	景气度提升带来的需求增加	物流、木材、半导体
	应对企业间过度竞争	电费、物流

再看写字楼的租金。新冠疫情之前，日本写字楼的租金一直是上涨的态势。但在2020年3月，为了防控新冠疫情，日本政府颁布了《紧急事态宣言》，对社会活动进行了限制。在这种情况下，写字楼的空置率快速上升，租金迅速显现出下降趋势。另外，疫情期间，随着远程工作方式的普及，公司里多功能打印机的使用率快速下降，这使打印、复印的支出大幅减

少。再有，随着数字工作环境的完善，公司内IT成本上升了，员工家庭网络通信的费用也提高了。

从上述事例我们可以看出，经过3年以上的时间，不仅供应商企业的行业环境会发生很大变化，我们自己公司的发展方向、需求等也可能发生很大的变化。其结果就是，以前根本没有优化余地的成本，现在有可能削减5%~15%，反之亦然。所以，企业的经营者一定要时刻保持敏锐的感知，随时把握市场行情的变化趋势。

在市场行情下降的趋势下，供应链上游的企业还是想以较高的单价进行交易，所以，即使原材料价格下跌，供应商也不会主动向我们提出"给你们公司便宜点"。每个企业都想追求更高的利润，所以这些企业这样做也是人之常情。关键是我们自己要能随时了解原材料价格的动向。反之，当原材料的市场价格上涨时，供应商肯定会第一时间给我们涨价，这就要求我们做好预防措施。等供应商提出涨价要求，我们再想对策恐怕为时已晚。为防止陷入这种措手不及的被动境地，企业在平时要以提高营业收入、扩大市场份额为目标，积极搜寻供货价格稳定的候选供应商，作为"备胎"。一旦现有供应商执意涨价，我们也有替代方案可以选择。

最后，除了短期市场波动较大的成本项目，还要找出中长期单价、费率有下降趋势的成本项目。受今后政府限制措施放松、竞争环境健全、IT等技术革新影响的费用项目，都存在降价的压力。特别是在通信费、保险费、银行相关手续费等方面，预计今后行业内限制会放松，从而使相关大企业的既得利益被新进竞争企业抢占。随着IT技术的发展，以前一些服务的附加价值也将消失。结果就是，从中长期来看，某些成本的价格会下降，企业有希望持续压缩这部分成本（见表1-1-6）。

表1-1-6　中长期有可能降低成本的项目

预计成本可能降低的背景/理由	中长期看，尚有削减余地的成本项目					
	通信费	保险费	银行手续费	IT相关费用	业务委托费	信用卡手续费	电费
"现在的行业限制依然严格"	○	○	○				
"薪资水平比其他行业高""对于企业的附加价值低"	○	○	○	○			
"与外国相比，尚处于高水平"	○	○	○			○	○
"预计今后还会出现持续的技术革新"	○		○	○	○		

为什么说间接成本无法进行统一管理？

审视间接成本，先从把握公司的支出情况开始。企业采购原材料支付的金额是比较大的，一般由采购部等专业部门对公司整体的采购交易进行统一管理。采购部有自己的系统，可以掌握与供应商之间的实际交易情况，以及具体交易的详细信息。而间接成本是原材料成本等直接成本之外，所有其他费用的总和，项目繁多、错综复杂。因此，各个事业部、分公司、办事处一般会单独决定这些间接成本的支出。所以，几乎没有哪家企业可以通过总公司对所有间接成本的整体、细节加以把握。为什么间接成本无法进行统一管理呢？

对此，我总结了以下 6 个原因。

原因 1：间接成本项目繁多，一般由各个事业部或地区分公司单独进行管理。

原因 2：公司内不存在一个部门统一负责所有间接成本的支出。

原因 3：间接成本的支出完全交给一线负责人掌管，总公司难以把握详情。

原因 4：间接成本的支出委托给外部公司管理，自家公司没有实情数据。

原因 5：高性价比的统一管理间接成本的系统尚未开发出来。

原因 6：企业并购之后，建立总账费时费力，只能各个公司分别管理。

上面列举的 6 个理由，还不是间接成本无法统一管理的全部原因，只是我们在实际工作中，在帮助企业削减成本的实践中，发现的典型原因。接下来，我将逐条介绍每种原因的详细情况，并针对解决问题提出方向性的建议。

原因 1：间接成本项目繁多，一般由各个事业部或地区分公司单独进行管理

因为间接成本项目繁多，所以由总公司统一管理非常困难。即使有公司想统一管理，由于需要花费巨大的人力、物力和时间，

结果也看不到什么好处。所以，公司一般只在损益表中记录年度支出金额较大的成本项目（广告宣传费、物流费、水电气费等），而且只记录总额，至于明细内容，只有一线负责人清楚。

从根本上说，比如 A 事业部管理的呼叫中心的运营费用、九州地区的废弃物处理费用、B 工厂的电费等成本项目，在性质上完全不同，而且交易的企业也不同，非要对这些成本项目进行统一管理的话，很难想象能从中获得什么收益。但是，从经营管理的角度出发，对于间接成本，理应从整体上对这些支出有所掌握，也应该对本年度为了什么花了多少钱、与上一年度对比增减多少、原因是什么等信息有一个统一的、可视化的管理。

要对间接成本进行统一管理，首先应该确认的是支付的总账目，以及明细账目和大 / 中 / 小分类，或者按照交易企业统计分类账，并准确计算出年度支付金额。然后，按照各个成本科目，检查每项支出的合同内容、单价 / 费率、流程等详细信息。如果能管理到这种程度，当然是最理想的，但难度也很大，而且费时费力，所以，建议先从准确把握各个成本项目的年度总金额和支付对象做起。第一步，先按年度支付金额的多少，给各个成本项目排先后顺序，然后由高到低逐项检查。

原因 2：公司内不存在一个部门统一负责所有间接成本的支出

由于间接成本的多样性、分散性，总公司内一般没有一个专门部门或管理者来统辖所有间接成本的支出。虽然会计部门负责公司内所有支出的财务处理，但会计部门不等于我前面所说的专门部门。我所定义的"专门部门或管理者"的职能，是指能够把握成本支出的详细内容，并有权裁定支出的妥当性，对支出的必要性进行判断。具有这种作用和权限的部门或管理者，才是统一管理间接成本的专门机构。我们可以按照组织机能和作用，按如下四个等级来评判一个企业中是否有效地存在一个统一管理间接成本的部门。

等级1：公司内不存在管理间接成本的部门。

等级2：设有专门部门或管理者，但实质上他们只处理支付。

等级3：专门部门或管理者以单价或费率为基础判断交易的妥当性。

等级4：专门部门或管理者与供应商企业会面，谈判交易条件。

等级1和等级2属于初级阶段，企业在这个阶段，说明它实质上并不存在前面定义的"专门部门或管理者"，即使表面上设有这类部门或管理者，实际上，关于间接成本的裁决，也是由各个事业部、分公司、办事处的相关负责人分散处理的。这个部门或管理者只是被动地处理后续的合同手续、支付事宜等业务性工作。

一家企业要想对间接成本进行统一管理，从中长期来看，应该逐步达到等级3以上的水平。但是，设立新部门并改变采购的裁决权限和流程，需要花费相当多的时间和精力。另外，虽然设立这个部门并使其实质性运转起来，有提高业务运转流畅性和交易透明性的效果，但并不一定能够直接实现削减成本的目标。为了使处于等级 1 和等级 2 水平的企业尽早享受到削减成本的好处，我们建议先以项目为单位，对各个单独的成本项目进行重新审视。

特别是对于同一成本项目，不同的事业部、分公司所签订合同的单价、费率存在较大差异的时候，应该优先对这个成本项目进行重新审视。如果存在价格、费率差异，说明相对较高的价格、费率是有优化余地的。另外，5 年以上没有修改过合同条件或者自动续约的成本项目，也是重新审视的重点对象，因为其中很有可能存在优化的空间。

原因 3：间接成本的支出完全交给一线负责人掌管，总公司难以把握详情

在考虑总公司统一管理间接成本这个问题之前，先考察一下总公司能否准确把握单个成本项目的详细交易内容。因为很多企业都做不到这一点，所以谈统一管理间接成本只是一种奢望。举个例子，如果一家企业把一位现场负责人长年固定在某一特定领域，那么除了他，该部门的其他成员都做不来这项工作。这就是所谓的"一个萝卜一个坑"状态。

为了将业务和交易内容透明化，企业应该采取以下必要措施。

- 每 3 年轮换一次一线负责人（让他们在采购部内接触到不同的成本项目）。

- 采取多人负责制（只有特定负责人了解详情的交易除外）。
- 和外部企业进行商谈、谈判的时候，公司必须派2人以上出席。
- 与外部公司的邮件往来，应全部抄送给上司、部门同事。
- 所有合同、备忘录、交易实际数据等都应上传服务器，进行统一管理。

与某一供应商合作5年以上或者让一个人负责一项采购工作5年以上，容易出现与供应商的关系僵硬化或个人专属化的情况。一线采购负责人与某一供应商长期合作的好处是，因为合作时间长，了解彼此的流程，无须事无巨细地协调，所以可以节省时间。但长此以往也有坏处，由于惯性的作用，一线采购负责人对于新出现的供应商，往往存在抵触心理。这可能导致其对性价比更优的新供应商视而不见，继续和价格高的老供应商合作，某些情况下，甚至可能发展到违反法律法规的地步。

为防止这种事态的出现，必须将采购业务彻底透明化（采用多人负责制、谈判时必须两人以上出席的制度等），让公司内的其他人也可以看到采购业务的真实状态。另外，我还建议每3年就对一线负责人进行轮换。

原因4：间接成本的支出委托给外部公司管理，自家公司没有实情数据

公司对于各种间接成本项目的详细情况毫无把握，还有一

个原因是把采购情况全部交给供应商管理，自家公司采购负责人手头根本没有详细的实情数据。这种情况下，对于供应商的详细操作流程以及操作的妥当性，我们毫不知情。

一般来讲，如果一家企业的一线采购负责人手头有日常交易的详细数据，并能对其进行有效管理，说明这家企业已经具备较高的成本管理水平，对成本进行优化的余地非常有限。因为一线采购负责人手头有详细的交易数据，所以他平时就可以对交易条件的妥当性进行判断，对是否可以优化成本进行判断。

如果意识到自家企业根本没有掌握必要的交易资料、数据，请向供应商申请这些资料、数据。为了把握公司的采购现状，至少需要最近1~2个月的交易资料、数据。存在这种情况的企业，说明优化成本的潜力巨大。

尤其是在业务委托的合作中（IT开发/运用、第三方物流、商务流程外包等），受托方的实际经营状况经常处于不可见的"暗箱"状态，想从其手里获得交易资料和数据比较困难，因此也就难以判断交易条件的妥当性。为避免这种情况的发生，需要与受托方定期举行会议，协商提高生产性KPI（关键绩效指标）、改善操作内容的措施，让业务委托的内容和操作实现"透明化/可视化"。

另外，像电力公司、移动通信公司、物流公司，只要登录它们的官方网站，就可以查询到最近3个月的交易数据，这些数据可以作为我们判断成本支出是否合理的依据。

原因 5：高性价比的统一管理间接成本的系统尚未开发出来

在当前（2022 年 10 月），要让我给大家推荐一款可以帮公司统一管理间接成本的工具——软件系统，我还是很犯难的。全球化跨国企业或大型企业集团倒是有引入类似软件系统的例子，这类采购管理系统有 Coupa（美国 Coupa Software 公司开发）、SAP Ariba（思爱普公司开发）等。但是，引进此类软件管理系统，初期投资高达数千万日元，年度服务费更是达到惊人的数千万甚至数亿日元。因为投入巨大，目前引进这类软件系统的公司只限于年度营业收入高于 5 000 亿日元的大型企业。对于中小企业来说，引进这类软件系统根本不现实。

研究成本管理问题，第一要务就是将每一项成本项目的详细交易情况"可视化"。短期目标是按照成本项目逐一降低成本。中长期目标是，对采购部门发生的交易，按单价或费率判断其妥当性（等级 3），如果有可能，采购部派出两人以上与供应商谈判交易条件（等级 4）。

附带一句，我们 Prored Partners 公司可以提供间接成本管理工具 "Pro-Sign"，这是一项软件运营服务（软件即服务，简称 SaaS）。不同于前面介绍的 Coupa 和 SAP Ariba，Pro-Sign 的月服务费大约 10 万日元起，我们的收费体系比较合理，年度营业收入数十亿日元的企业便可以引进该管理系统。我们将 Pro-Sign 定位为新时代间接成本管理解决方案。

原因6：企业并购之后，建立总账费时费力，只能各个公司分别管理

在建材超市和药妆店行业，我们可以看到很多企业通过并购来扩大事业规模，但是在并购之后，该如何统一管理成本呢？通常来说，企业进行并购之后，各个分公司还是会用以前的品牌继续经营，间接成本依然由每个分公司独立管理。如果总公司进行统一管理，那各个分公司的数据就会如潮水一样涌入总公司，建立总账费时费力。对于大企业来说，仅仅是对分公司的账目进行整理、合并，再聘请第三方大型顾问公司进行操作，需要6个月到1年的时间才能完成。

从现实角度说，不应等待总公司把所有数据整合之后再做处理，而应该先以事业项目为单位，对间接成本进行管理。最先做的事情应该是把各个分公司的支出情况汇总，在总公司角度把握年度交易总额，以规模效应为筹码，向供应商争取优惠。

成本优化难以实现的原因

到目前为止，我们公司已经为超过2 000家企业提供过间接成本优化服务。近年来，企业聘请第三方顾问公司或专家对公司内部进行改革的案例不断增加。还有很多企业的高层或总务部、策划部率先提出优化间接成本的提议，然后把一线负责人和其他各部门都拉进来，共同推进间接成本优化的案例。

但是，站在一线负责人的角度，他们对于第三方顾问公司帮忙优化成本这件事情，并不持欢迎态度。得不到一线工作人员的理解和支持，我们的工作常常会举步维艰。甚至可以说，相关的部门和负责人怀着"将现状和自己正当化""反对外人介入"的心理，对于优化成本这件事采取抵制态度。即使高层明确地表达出聘请第三方顾问公司来帮忙优化成本的意愿，工作一线仍出现抵触的情绪，一般说明这家企业凭借自己内部的力量已经无法对成本进行优化。但企业内部为什么会出现这么大的抵触情绪呢？

在写作本书的时候，我们回顾了以前服务过的超过2 000家企业的案例，对于成本明显有优化余地但很多企业却无法实现改善的原因进行了调查。通过我们的分析再加上与企业负责人的对话，我们最后发现了意想不到的结果。

我们的调查结果显示，阻碍企业优化成本的主要原因并不是企业内部缺乏削减成本的直接知识和经验，最主要的原因竟然出自企业的人事和组织制度，以及企业文化方面的问题。排名靠前的两个原因分别是：第一，一线负责人缺乏优化成本的动机；第二，存在难以优化的"禁区"（见表1-1-7）。

表1-1-7 成本优化难以实现的原因调查结果

顺序	原因分类	顺序	虽然成本尚有削减的余地但企业难以实现成本优化的具体理由	课题类型
1	一线负责人缺乏优化成本的动机	3	对于一线负责人来说，努力帮公司优化成本，自己并没有什么好处	有关组织制度和企业文化的课题
		4	现有的工作已经让一线负责人疲于奔命，没有余力再去优化成本，也不想去做多余的工作	
		11	优化成本取得成绩的话，一线负责人反而会受到指责	

（续表）

顺序	原因分类	顺序	虽然成本尚有削减的余地但企业难以实现成本优化的具体理由	课题类型
2	存在难以优化的"禁区"	1	公司在优化成本的时候，有很多领域不敢涉足，这些领域被当作"禁区"	有关组织制度和企业文化的课题
		6	长年由一个负责人负责一个领域，其他人都不清楚该领域的工作实情（"一个萝卜一个坑"）	
		8	长期使用同一供应商（内外勾结）	
		9	负责人负责的业务，其他部门以及同部门其他成员无法进行监督	
3	专业性不足	2	不清楚什么样的采购单价才合适	有关专业知识和经验的课题
		7	不清楚削减成本的余地在哪里	
		15	公司内没有储备专业知识和经验（比如不了解市场行情、没有优秀的候补供应商等）	
		27	自家公司所拥有的专业知识远不如供应商、谈判对手	
4	缺失专职负责人、缺少专项任务	12	很多公司把优化成本的任务，笼统地甩给一线负责人	
		16	公司里没有专人负责优化成本的任务	
		24	没有统一管理间接成本的专职部门，或者没有推进优化成本任务的专职部门	
5	尚未"可视化"	5	要采购些什么、采购多少，公司无法做到全局把控	有关公司内部管理体制的课题
		17	只有当供应商寄来发票时，公司才知道支付金额	
		26	还在使用纸质请款单、发票，信息处理没有做到数字化	
6	无法做到统一管理	13	各个事业部、分公司单独进行谈判、签约、采购，没有发挥全公司的规模效应	
		23	公司的采购规则不完备，导致一线工作人员的自由裁量权过大	
		25	对供应商的管理不到位	

(续表)

顺序	原因分类	顺序	虽然成本尚有削减的余地但企业难以实现成本优化的具体理由	课题类型
7	成本优化研究不够	14	经营判断没有依据必要、深入的研究（比如对于自造/停止自造、IT化/数字化转型、共同采购等）	无
		19	当供应商提出"已经是最低限了""价格不能再降了"的时候，己方未验证其根据，就接受了对方的条件	
		20	一线负责人只在自己的能力范围内工作（得不到高层和其他部门的协助）	
		22	对成本优化未设定适当的目标、KPI和完成期限等	
		29	向多家供应商询价，只提出"请再降点价格"的请求	
8	高层的支持力度不够	10	管理部权限弱，因事业部、营业部的抵触，无法推进成本优化	
		18	作为高层负责人的执行董事对于成本优化工作没有直接干预	
		21	高层对于间接成本的关注度不够	
		28	一线负责人的权限低，无法进行成本优化工作	

第一，一线负责人缺乏优化成本的动机

企业优化成本受阻的最主要原因是一线负责人缺乏优化成本的动机，换句话说，对于一线负责人来说，即使努力帮公司降低成本，自己也得不到什么好处。其中的详细原因将在第二部分的"步骤2"为大家讲解，但总的来说，是因为日本企业的组织结构有问题。举例来说，总务/管理部门即使取得了削减成本的优秀结果，部门的负责人也不会得到直接的好处。在日本企业的人事评价体系中，总务/管理部门一般都是论资排辈，升职看资历，而不是凭能力。因此，这些部门的人头脑

中优先考虑的是不犯错、不捅娄子,而不是进取。

另外,企业当积极开展优化成本活动的时候,不应只停留在与供应商谈判降价的层面上,还要想办法改变供应结构和现场操作方式、规则。比如,需要用新的供应商取代老供应商的时候,负责交涉工作的现场负责人的工作量肯定会增加,由于新增了交涉工作,发生纠纷的概率也大大增加了。因此,一线负责人当然没有做这项麻烦工作的动力,甚至还会产生抵触情绪。因为对一线负责人来说,不仅增加了工作量,还可能出现纠纷,所以,对负责人个人来说,优化成本的工作没有好处,坏处却不少。

为了实现成本优化的目标,不仅需要让一线负责人产生工作动力,从而战胜那些坏处带来的负面影响,还需要改善公司内部的人事评价机制和企业文化,调动员工主动优化成本的积极性。很多国外企业和一些日本国内的外资企业,已经把采购部的工作经历看作在公司内晋升的一个金牌背书,而且采购部负责人被赋予很高的权限,人事评价系统也向采购部倾斜。还有些企业把员工的改革能力(使工作现状变得更好)作为重点人事评价指标。还有不少企业从战略的高度,把采购部门看作重要的部门,在企业内为采购系统设置 CPO(首席产品官)职位,提高了采购部门的职位高度。

下一个影响成本优化的重要原因是现有的工作已经让一线负责人疲于奔命,没有余力再去优化成本,也不想去做多余的工作,其实从这种态度可以窥见一线负责人的内心想法。通常来说,公司在推进成本优化项目时,会任命一个对实际业务非常了解的负责人,但这些人平时也是各自领域的关键人物,常规业务已经非常繁忙了。这个负责人即使对优化成本的项目持积极态度,也往往会因没有多余的时间和精力投入到成本优化的工作中来,从而使项目进展缓慢,甚至中途取消的情况也屡见不鲜。"削减成本≈常规业务的一部分"才是正确的企业文化,但现在很多企业把削减成本当成了常规业务之外的额外工作,认为做这项工作会付出多余的人力、物力和时间。

实际上,从零开始实施优化成本的计划,先要准确、详细地把握现状,而为此准备、查阅足够的资料、数据就是一项相当费时费力的工作。因此,当公司为推进优化成本项目而选出负责人的时候,高层和上司首先应该调整(减少)这名负责人的常规工作量,同时,还要让该部门内的其他成员周知并理解这样的调整。

第二,存在难以优化的"禁区"

和一线负责人缺乏优化成本的动机一样,同属于组织制度和企业文化范畴的一个阻碍成本优化的原因是存在难以优化的"禁区"。将这个原因细分,我们可以看到"公司在优化成本的时候,有很多领域不敢涉足,这些领域被当作'禁区'""长年由一个负责人负责某个领域,其他人都不清楚该领域的工作实情('一个萝卜一个坑')""长期使用同一供应商(内外勾结)"等情况。这就造成公司内的一些领域由特定人掌管,其他人根本无法插手。

打破这些"禁区",需要高层有坚定的意志。而且,在高层自上而下下达打破"禁区"的命令之后，还需要考虑该领域后续的持续运转问题。为了防止"禁区"被打破之后，业务难以正常运转的情况发生，需要让交易条件和现场操作随时保持透明化、可视化。为此，就需要对公司内的组织结构和运转规则进行重建。在本次调查中，我们发现阻碍公司优化成本的原因中占前两位的分别是一线负责人缺乏优化成本的动机和存在难以优化的"禁区"。要想从整个企业的高度来优化成本，高层必须事先对这两个问题制定有效的对策。关于具体解决方案，我将在本书第二部分的"步骤2"中为大家详细介绍。

第三，专业性不足

下一个阻碍企业优化成本的原因属于有关专业知识和经验的课题。让很多企业高层头痛的问题是，虽然有心在全公司范围内优化成本，但当高层向各部门负责人寻求意见时，得到的回答只有"我们每年都在认真优化成本呀""现在我们和供应商谈的价格已经是最低的了，很难再让他们降价了"……实际上，关于"公司的成本还有多少优化余地？""和同行业的其他公司相比，自己公司的成本支出处于什么水平？"这些问题，各部门负责人根本就毫无头绪。

另外，以总务部为例，总务部一般掌管多项间接成本的支出，比如通信费用、多功能打印机的相关费用、电费、设施管理费等。这些间接成本项目与供应商更新合同的频率一般为一年一次或几年一次，对于日常还要处理很多公司内部业务的总务部工作人员来说，对这些间接成本项目的专业知识更新、提高的速度不尽如人意。再加上3年一次的部门人事调整以及人事异动，前任者的知识、经验难以交接给后任者。

不过也不是毫无办法，消除员工对间接成本项目的专业性不足问题，有4个方法。

第1个方法：当更新供应商交易条件的时机来临时，采取3家以上供应商报价、从2家以上供应商采购货品的制度，在供应商之间引入竞争机制。这时，全新的候补供应商会提出新的方案，我们就可以灵活运用这些方案和他们的知识、经验。即使自家公司的采购负责人的专业性不足，也可以从这些新供应商的方案中发现比以前更加合适的交易条件。

第2个方法：在公司内设置专职部门、专任负责人。设置这个专职部门不是为了短期削减成本，而是站在中长期的角度总结过去的交易条件，积累经验，搜寻潜在的候补供应商信息。这不是为负责人个人积累知识、经验，而是为整个部门、公司积累知识、经验。另外，设置这个专职部门后，当需要和供应商更新合同、谈判交易条件的时候，可以提前几个月搜集信息，进行可行性验证。这样一来，和供应商进行谈判就更有优势了。

第3个方法：将专业知识、经验在公司内共享。即使是在同一采购部工作的员工，由于各自负责的领域不同，往往也会产生知识、经验上的隔离。"你平时是按什么流程和供应商谈判的？""最近你和哪家供应商谈成了合适的价格？"采购人员的这些对话说明他们之间缺乏信息共享，各自为战，每个人都有自己的方法和流程。所以，公司有必要为这些采购人员设置一个分享信息的场合，让他们互通有无。经验表明，进行信息共享之后，经常能听到采购人员的如下反馈："哇！我又有了新的发现！""原来公司里还可以这样操作！以前我都不知道。"

第4个方法：定期请外部顾问公司或专家对公司的成本控制进行检查，并对采购人员进行培训。以间接成本为例，一般经过3年的时间，不少间接成本项目的市场行情会发生较大变化。而外部顾问公司或专家不仅对市场行情比较敏感，而且对其他行业的最新情况以及本行业的头部企业都比较了解。所以，请他们来提供咨询服务，是知己知彼的一个大好机会。

第四，缺失专任负责人、缺少专项任务

缺失专任负责人、缺少专项任务，也是阻碍企业削减成本的原因之一。恐怕很多企业的管理部每年都会给各个部门下发一个目标"今年削减多少百分比的成本"，但这个削减目标到底是依据什么设定的，具体该怎么削减，则一概不说，只是把这个笼统的任务交给一线工作部门。要想优化成本取得成果，在把任务布置给一线业务部门的时候，必须给他们设定一个可操作的范围和深度。

另一方面，那些可以把成本控制得很好的企业，都有一个统一管理所有支出的专职部门（如采购部等）。从组织作用上说，这个部门绝不仅仅是在事后对支出的款项做事务性处理，而是除了优化采购流程和服务水平，还要和业务部门一同出席与供应商的谈判，甚至应该赋予这个部门采购业务的最终确认权。

"尽管存在优化成本的余地,但就是难以实现",前面我们分析了其中的主要原因,但这些问题仅凭一线负责人的力量是难以解决的。因为这些问题与企业的人事评价系统缺陷和部门之间的协调不畅有着深刻的联系,所以需要高层拿出坚定的决心和高超的管理水平才有可能彻底解决。

2

间接成本管理该有的状态

成本优势企业的竞争力源泉

作为企业的经营战略之一，和同行业其他企业实现差别化是异常重要的一环。本书的主题是"削减成本"，当我们把目光聚焦在这个主题上的时候，可以思考一下，通过成本优势与同行业其他企业拉开差距的企业，它们的竞争力源泉是什么呢？将成本优势带来的竞争力源泉进行分类，如表1-2-1所示，可以分成4类。

表1-2-1 能够发挥成本优势的企业竞争力源泉

成本竞争力的类型		概要	代表企业
类型1	规模效应	以远超同行业其他企业的生产量、采购量，形成规模优势，使单位商品的成本价或原料的采购价降低，从而实现较低的销售定价	• 山田电机 • 大创（日本百元店龙头企业） • Costco（开市客） • 大型建材超市和连锁药妆店

（续表）

成本竞争力的类型		概要	代表企业
类型 2	现场改善	在工厂的生产和管理一线，通过不断的改善活动，持续降低成本或采购价格，形成成本竞争力	• 丰田汽车（现场改善） • 铃木 • 日本电产（精细到 1 日元） • 大东建托 • 云雀集团
类型 3	事业结构转型	以完全不同于既有事业结构或价值链的模式后发加入市场，产生压倒性的成本破坏力	• 优衣库（SPA 模式，即自有品牌专业零售商经营模式） • ZARA（库存周转快、无广告宣传、SPA 模式） • M3 集团（MR → WEB，即从指派医疗代表转型为利用互联网提供医疗信息服务） • 网飞（Netflix）（从在线租赁转型为订阅制网络流媒体播放平台）
类型 4	应用最新技术	以最新的 IT 技术和机器设备为基础，实现压倒性的成本竞争力	• 乐天移动（移动网络的虚拟化技术） • DeepL（高级翻译技术） • 谷歌（信息检索技术）

类型 1：规模效应

所谓"规模效应"，是指因为生产规模、采购规模很大而压低单位商品的生产成本、采购价格，从而产生竞争力。举例来说，日本家电量贩行业排名第一的山田电机，就是规模效应产生竞争力的代表企业。从日本家电制造商的角度来看，因为山田电机的采购金额最大，所以他们也愿意给山田电机低于其他采购商的报价。对于山田电机来说，卖场面积的大小对营业收入的影响很大，所以在家用电器类商品中，山田电机会以能够获取边际利润的价格水平销售一些商品。

表面上看起来，只有行业头部大企业才有能力采取这样的规模战略，但实际上，在大企业并没有真正进入的一些细分市场，规模不大但实力强的企业或地方企业也有机会采取同样的经营战略。

类型2：现场改善

所谓"现场改善"，是指在工作一线不断地进行改善，最终的目的是降低产品的成本，以提高竞争力。最有名的案例就是丰田汽车公司实施的"精益生产"，其中包括现场改善活动、以看板方式调配零部件等，借此彻底消除浪费、不均匀、不合理现象，从而降低产品单价。还有日本电产的案例，他们积极开展并购活动，扩大事业规模。在并购企业的过程中，日本电产董事长永守重信先生亲自入驻并购企业，长的时候达数月之久，对所有的采购细节进行审查，甚至精细到1日元，结果让很多亏损企业在短时间内实现了盈利。

类型3：事业结构转型

事业结构转型，就是无视业内长期形成的固定事业结构和商业习惯，从零开始大胆构建一种创新的事业结构，以实现至今从未有过的成本竞争力。举个例子，以往的服装行业，都是循着制造商→一级批发商→二级批发商→零售商的顺序开展业务，过程中存在很多中间商。但迅销公司旗下的品牌优衣库采取了SPA（自有品牌服装专业零售商）运营模式，这是一种从商品策划、制造到零售都整合起来的垂直整合型销售形式，结果使优衣库获得了压倒性的成本竞争力和商品竞争力。近年来，随着IT技术和通信的飞跃式发展，出现了从线下到线上、从模拟到数字、从机构内部的系统构建到SaaS等转变，这些转变都能在某些方面促进成本的下降。

类型 4：应用最新技术

应用最新技术，是指利用自家公司独有的最新科技或 IT 技术，来获得压倒性成本竞争力。例如，日本乐天公司在进入移动电话事业的时候，利用将基站完全虚拟化的技术，将构筑网络的设备投资减少四成，运营成本也降低了三成。另外，关于线上翻译服务，翻译软件 DeepL（由德国企业 DeepL GmbH 开发）的翻译准确度很高，遥遥领先于谷歌翻译，所以快速占领了在线翻译市场。DeepL 软件的成功，也让依靠人力翻译的传统翻译公司失去了未来。

由此可见，具有成本优势的企业，至少具有上述 4 种类型中的一种"竞争力引擎"。但很多企业觉得只有一种类型的"竞争力引擎"还不够，还会为自己增加新的"引擎"。比如，丰田汽车是"类型 2：现场改善 + 类型 1：规模效应"，迅销公司的优衣库是"类型 3：事业结构转型 + 类型 1：规模效应"，从而进一步提高成本方面的竞争力。4 种成本竞争力类型的代表企业，各有所长，但它们都想超过同行业其他企业，获得新的成本"竞争力引擎"，并且不安于现状，持续进行改造进化。那么，这些能够发挥成本优势的企业所具有的共同特征是什么呢？接下来，我们就进一步验证一下。

提高间接成本的管理水平

对间接成本管理制度的等级诊断

要想将间接成本优化到最佳的程度，其实前面讲到的 4 种类型的成本"竞争力引擎"和差别化经营策略，只是锦上添花的东西，并不是必需的。甚至可以说，只要认真对待企业常规经营中的各种事项，任何一个企业都可以提高对间接成本的管理水平。我们公司曾为2 000多家企业提供过经营顾问服务，其中有些公司非常优秀，实现了对间接成本的持续优化；但也有些公司，明明其间接成本居高不下，公司从上到下却都没有意识到这一点，甚至还觉得自己对间接成本控制得不错。我们发现，这两种企业在经营管理方面存在着巨大的差异。

那么，这两种企业到底有什么差别呢？我们将从多个视角来分析这个问题。我们先来看看那些能够高水平管理间接成本的优秀企业的特征（见表1-2-2的等级5）。

能够对间接成本进行彻底优化的企业中，肯定设置有能够管理间接成本的部门（如采购部等），这个部门不但能够有效运转（见表1-2-2），而且比较强势。

对于一般企业来说，管理部门的主要职能是管理合同、处理支付事宜等事务性工作。与供应商谈判，随后进行采购，这个决定权实质上掌握在事业部、营业部等业务部门的手中，因为它们是采购来的商品的使用者。而管理部门的工作主要是处理后续事宜。

而优秀企业（等级5）就不一样，它们有专职的成本管理部门。对于与间接成本相关的事宜，这个部门不仅有裁决权，也会对详细的交易方式、流程进行确认，还会直接参加和外部供应商的谈判。另外，为了验证供货单价、费用的妥当性，这个部门会对多家供应商进行询价，并精细调查价格、费率的制

表 1-2-2 间接成本管理制度的等级诊断

评价对象		等级 1：有问题	等级 2：存在改善余地	等级 3：标准	等级 4：良好	等级 5：优秀
I.间接成本的专职管理部门	有无专职部门	没有专职部门	分公司或事业部有专职部门		公司有统一管理间接成本的专职部门/专任负责人	
	权限/作用		管理合同，处理支付等事务性工作	对申请进行审批/有裁决权	有实质上的否决权 由管理部门主导询价 由管理部门主导交易条件的修改或终止 对各个交易的性价比进行验证 共同出席交易条件谈判	主导交易条件 管理部门消压交易方式
	运营规则			每3年更换负责人	和外部企业谈判，2人以上参加 2人以上了解详细交易条件（业务透明化）	
	管理范围			管理合同内容和支付金额	掌握单价和交易条件	公司整体掌握

第一部分　管理间接成本为何如此重要？　　035

（续表）

间接成本管理制度的等级

评价对象	等级 1:有问题	等级 2:存在改善余地	等级 3:标准	等级 4:良好	等级 5:优秀
I. 间接成本的专职管理部门	采购制度			从 2 家以上的供应商采购 尽量集中采购	以分公司为单位的分散采购也要有规则/标准 公司全体共同采购	和其他公司一起共同采购
		不了解支付金额	可以掌握每月的支付总额			
II. 对供应商的管理	对应商进行管理或建立协作关系			可以管理过去 12 个月的交易事项数据 与服务供应商定期开会、协商改善措施	掌握价格和费率的制定依据 每年对供应商进行评价（比如评价其品质/库存/响应速度） 了解服务供应商的成本结构	实施降低成本的措施
	询价			获得 3 家以上供应商的报价是基本原则	海外供应商也要接触	获得 5 家以上供应商的报价是基本原则 自家公司指定报价的形式

(续表)

间接成本管理制度的等级 →

评价对象		等级1: 有问题	等级2: 存在改善余地	等级3: 标准	等级4: 良好	等级5: 优秀
II. 对供应商的管理	重审的频率		只在合同更新前进行重审		每年重审（不接受自动续约） 和供应商签订1年期的短期合同是基本原则	
III. 整顿公司内部环境	激励一线负责人的工作动力			制定对一线负责人的表彰/奖励制度		
	与子公司/关联公司的关系		与子公司/关联公司进行持续交易是大前提	外部企业也费用人事评价制度中有相关评价项目	条件许可的情况下，可以终止与子公司/关联公司的交易，换成与外部公司交易 根据情况，考虑清算或解体子公司/关联公司	
	系统制度		引进了支付管理系统			引进了专用系统

第一部分 管理间接成本为何如此重要？ 037

定依据，其后还会对持续的采购性价比进行研究。优秀企业中的间接成本管理部门，不是仅对事业部、营业部的采购活动进行管理，而是把事业部、营业部的采购功能和采购负责人，全盘转移、集中到这个成本管理部门来。成本管理部门将负责采购业务的全部流程和权限。

另外，强有力的成本管理部门内，对于业务内容会始终保持高度透明化，为此需要制定一些规则，比如每3年更换一线负责人，与外部供应商谈判时必须保证部门内2人以上出席，每个领域必须有2个以上负责人（不可以由1人专任负责）。这些措施可以保证业务的透明化、信息的共享，防止出现信息壁垒或"一个萝卜一个坑"的隔绝情况。

对于一个企业来说，不能只停留在设置一个"间接成本的专职管理部门"。成本管理做得好的优秀企业，会在全公司内整顿出一个有利于优化间接成本的环境，并制定相应的规则。特别是对供应商的管理水平，可以明显地展现出一家公司成本管理的优劣。

"有问题"的企业，间接成本居高不下，它们会把交易情况和现场操作全部委托给供应商一方管理，自家公司手上根本没有最近12个月的实际交易资料和数据。所以，这样的问题企业一旦开始采取优化成本的措施，为了把握现状就得先收集过去的交易数据，结果这项操作就要花费好几个月的时间。有些缺乏耐心的企业，甚至在收集数据的过程中，因为太烦琐而干脆放弃了继续优化成本的念头。另外，对于这样的"糊涂"企业来说，当供应商提出涨价的时候，它们因为掌握的数据太少，根本无法判断对方涨价的合理性，所以能做的只是尽量压低价格的涨幅，压根儿没有据理力争的能力。

再来看看优秀的企业，它们把交易数据掌握在自己手中，日常进行管理和分析，经常对现有交易条件的合理性进行研究，寻找改善的余地和机会。另外，这些企业对于交易的价格和费率的制定依据、背景也十分了解，还会协助长期合作的供应商，帮对方想办法降低成本。在询价的时候，获得5家以上供应商的报价是基本原则，这已经成为公司内的规则和义务。而且，在供应商提供报价的时候，这些企业也会要求供应商使用自家公司指定的报价形式，将报价的构成细分到成本结构层面。

由此可见，"有问题（等级1）"和"优秀（等级5）"之间，差距还是很大的。对于间接成本的管理，为什么企业之间会存在如此大的差距呢？今后怎么做才能提高自家公司管理间接成本的水平？

高层要发挥领导力量，建立"进化"和"固定"的循环

先说结论，提高企业管理间接成本的水平，需要高层的强力支持和参与。几乎所有"有问题"的企业，都会把削减成本的任务全部交给一线负责人，一线负责人事实上拥有管理成本的决定权，这往往最终导致一线负责人为自己的错误行为做正当性辩护。实际上，一线负责人并不想改变现状，他们不想承担额外的工作和责任，即使供应商的供货价格很高，他们也不在意。

而在优秀的企业中，高层经营管理者把管理间接成本当作自己的任务，执行董事以上的经营者都对间接成本的管理有深刻理解，他们还会出现在工作现场，亲自指挥对间接成本的彻底优化。一提到削减成本，很多人认为应该从一线部门自下而上地逐渐进行改善，但实际上这种方法对于提高间接成本的管理水平并无太大作用。要想改变公司内的成本管理制度和一线的工作方法，需要高层进行自上而下的改革。

我们认为，今后要想提高公司的间接成本管理水平，以下两个要素必不可少：一是管理等级的"进化"，二是新规则的"固定"。企业应该从当前的成本管理水平出发，在第一阶段通过管理等级的"进化"，将成本竞争力提升到新的等级；在第二阶段通过新规则的"固定"，让新的成本管理规则在公司内的各个角落生根，并有效运行。从中长期来看，通过建立"进化"→"固定"→"进化"→"固定"→"进化"……的良性循环，让间接成本的管理水平不断提高（见图1-2-1）。

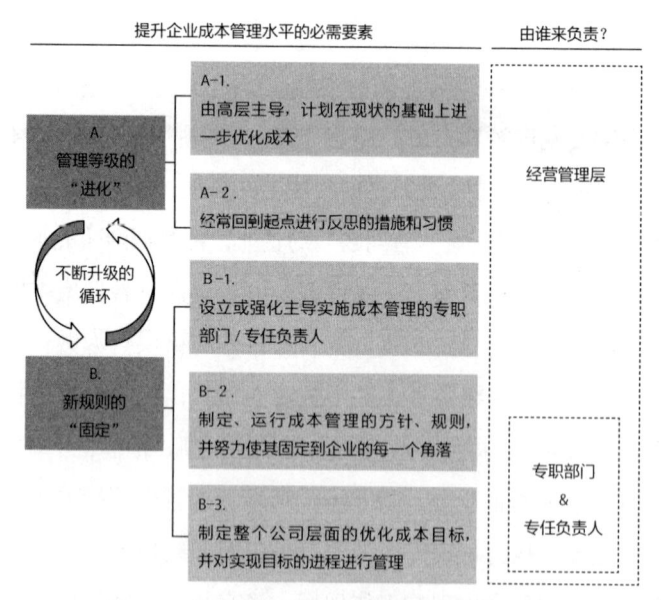

提升企业成本管理水平的必需要素		由谁来负责？
A. 管理等级的"进化"	A-1. 由高层主导，计划在现状的基础上进一步优化成本	经营管理层
	A-2. 经常回到起点进行反思的措施和习惯	
B. 新规则的"固定"	B-1. 设立或强化主导实施成本管理的专职部门/专任负责人	专职部门 & 专任负责人
	B-2. 制定、运行成本管理的方针、规则，并努力使其固定到企业的每一个角落	
	B-3. 制定整个公司层面的优化成本目标，并对实现目标的进程进行管理	

图1-2-1 升级间接成本管理体制的必需要素

第一阶段：管理等级的"进化"离不开高层的力量

提高间接成本管理水平的第一阶段，是将现有成本管理体制、采购制度以及和供应商之间的合作水平加以"进化"，哪怕仅仅向前迈出一步也是好的。这里所说的"进化"，并不一定要求实现飞跃式的升级，不强求在整个公司层面采取管理成本的新措施，而是指在特定的部门中局部实施新措施，哪怕是试验性的举措也可以。总之，重要的是跳出现有的管理方法和思维方式，从零起步重新构建新的成本管理体制。通常来说，这一步并不是由工作一线自下而上启动的。因为对于一线负责人来说，他能做的只是在现有框架内进行改善，尽力让业务流程实现最优。所以，迈向"进化"的第一步，应该由高层经营者自上而下地主导，并亲临前线指挥战斗。

一些企业的高层经营者持续输出推动"进化"的案例，比如日本电产的永守重信董事长、大创的矢野博丈总经理和铃木的铃木修元董事长。这些高层经营者，勇于站到经营活动的最前线，不断提出改变现状、迈步向前的成本优化措施。在日本电产并购亏损企业之后，永守重信董事长亲自入驻被收购企业数月之久，对所有的采购申请进行彻底检查，而且精细到 1 日元。换句话说，公司支出的每 1 日元都是经过精打细算后决定的。公司高层在工作一线展现出如此强大的决心和严谨的工作态度，让被收购企业的全体员工对待采购的意识发生了彻底变化，对成本的优化工作从此逐渐走上了正轨。

从日本电产永守重信董事长的例子中我们可以看到，企业想要提升成本管理水平，没有高层经营者的强力推进是难以实现的。假如请外部顾问公司或专家来帮忙改善成本管理，当然可以收获相关的知识、技巧和应有的工作态度，但对于来自一线工作者的抵触情绪，外部顾问公司或专家却无能为力。这时，就需要高层经营者站出来，打消公司内部对于优化成本的抵触情绪，并表现出高层把优化成本进行到底的决心。即使外部顾问公司或专家提出了优秀的改进措施，一线工作人员的抵触（自我防卫或罗列不可能完成的理由）也会使外部的建议流产。所以，在借助外部的知识、经验来改进公司的成本管理时，高层经营者一定要提供强有力的支持，并把公司内的氛围整顿好。

第二阶段：新规则的"固定"需要设立专职部门 / 专任负责人

实现了第一阶段的"进化"算是有了一个好的开端，接下来就要想办法把这种"进化"在公司内全面铺开，并使之"固定"下来。高层管理者或项目团队一时间实施了优秀的成本管理措施，并不等于说企业整体已经能够发挥区别于其他企业的成本竞争力。

为了将第一阶段实现的"进化"在公司大范围铺开，并作为新规则"固定"下来，需要设立或强化主导实施成本管理的专职部门 / 专任负责人，以便制定、运行成本管理的方针、规则，并努力使其固定到企业的每一个角落，以及制定整个公司层面的优化成本目标，并对实现目标的进程进行管理。

通过第一阶段的努力，好不容易实现的"进化"如果不能固定下来就太可惜了。所以，应该将"进化"的成果以新方针、新规则的形式落地，而且要落实成公司内任何组织、任何人都可以执行的一般性制度，还要渗透到公司内的每一个角落。但新规则在全公司内铺开的时候，难免会受到各个分公司、事业部、一线负责人的抵触，所以需要根据工作一线的情况反馈对新规则进行微调。如果把微调的工作交给现有的总务部、财务部或经营策划部，无疑会给其带来沉重的工作负担，因此应该设立专职部门/专任负责人来完成此项工作。

我们设想一下，日本电产在收购亏损企业之后，虽然永守重信董事长亲自入驻被收购企业，并亲自指导采购工作的改革，但如果在取得成果之后没有后续措施跟进，那么可以想象的是，用不了几年时间，该公司在成本管理方面又会恢复到原来的糟糕状态。所以，类似采购时必须对每1日元进行严格审查的措施，需要明文写入业务手册，让所有员工学习，让这种意识烙印在他们的头脑中，落实到业务操作中。另外，在新规则实际运用阶段，由于部门众多、职责复杂，难免会出现特殊情况导致新规则需要微调。这就需要设立一个专职部门或专任负责人根据实际情况对新规则进行相应调整。经过这一系列的操作，让新规则在全公司铺开，固定到每一处工作细节中，最终才能在员工头脑中得到升华，让他们通过肌肉记忆意识到"这样管理成本是理所当然的事情"。只有做到这一点，对成本的管理才能融入企业文化，扎根在企业中。

高层经营者眼中的成本管理全貌

我们来思考一个底层问题：成本管理的最终目的是什么，要做到什么程度？对于一家企业来说，如果把创造利润的方法归纳为"提高营业收入"和"降低成本"两个选项，那么，为降低成本采取的所有措施、行动就是广义的成本管理。

一般来说，提到成本管理，很多人首先想到的是要求供应商降低供货价格、工作一线节约用电、节约办公用纸等改善措施。也有人对成本管理抱有消极的联想，比如在经济不景气、业绩不理想的时候，公司进行裁员。另一方面，还有人对成本管理持有积极看法，他们认为高层经营者抱着坚定的态度对公司进行彻底改革的行动属于一种"进攻型成本管理"，比如高层经营者自上而下通过数字化转型提高业务效率，对子公司、关联公司进行整合、裁撤来减轻公司负担，和其他公司进行共同采购、共同配送以降低成本、提高效率等。

CMR（重建成本管理制度）的思维方式

我们在捕捉成本管理的全貌时，目光不能只停留在一线负责人所采取的措施上，而应站在公司经营的全局思考成本管理的问题，其范围包括打破现状的彻底改革（见表1-2-3）。站在经营全局思考成本管理，需要突破现有的成本管理框架、方针、组织体制，从零开始重建成本管理制度，我们称之为CMR。这已经上升到经营战略的高度，要求高层经营者具有敏锐的经营嗅觉和决策能力，以判断在哪个领域采取什么样的成本管理措施。

表 1-2-3 重建成本管理制度

			主要措施一览
A. 成本的最优化（一线负责人主导，高层经营者决策）	重审与外部企业的交易条件	单价/费率	• 将成本构成分解开来分析，找到合适的单价 • 向多家供应商询价 • 更换供应商 • 针对单价/费率进行谈判
		标准/品质	• 审查是否存在品质过剩的情况 • 审查是否存在频率过剩的情况 • 消除浪费和不必要的标准 • 采用IT技术或新的服务进行升级改造 • 优化交易条件
	公司内部优化	使用量	• 为使用方法设定指导方针和规则 • 对设备和机器进行投资 • 引入管理使用量的工具
		业务流程	• 通过改善业务流程削减工时数，提高生产性（即BPR，业务流程重组）
B. 成本重组（高层经营者主导＆决策）	公司内部推进	引入IT新技术/进行数字化转型	• 重新审视业务流程 • 使用IT工具或进行数字化转型，削减工时数
		采购⇔自造	• 区分采购和自造 • 重新审视与子公司/关联公司的交易
		废止	• 废止不必要的商品和服务 • 对子公司/管理公司的整合/清算
		对采购的统一管理	• 区分集中和分散采购 • 为采购设定规则和指导方针 • 通过采购部进行统一管理
		发挥领导力	• 激发一线负责人的工作积极性 • 消除管理"禁区" • 彻底解析成本结构 • 对成本优化提供强力支持
	与其他公司协作	共同运营	• 共同采购 • 共同配送 • 参加合作组织等

高层经营者应该具备重建成本结构的能力

一家企业在同行业内能否发挥成本优势，不是看一线工作人员为了降低成本多么努力，而是取决于高层经营者管理成本的"手腕"。经营层/管理层应该发挥的作用，不是在现状的基础上命令一线负责人："今年你要把成本降低3%！"有些管理者只会给一线负责人设定削减成本的目标，趾高气扬地高喊空洞口号："咱们公司要彻底削减成本！"这样的管理者，说他们失职、无能，一点也不为过。在现状的基础上将成本降低一定的百分比是部门主管以下员工的任务。而高层经营者心中想的应该是如何进行彻底的成本管理改革。

那么，高层经营者在成本管理工作中具体应该承担什么责任和任务呢？首先，应该从零起步，对现有的成本结构和业务状况进行重新审视，然后实施彻底的重组。对于间接成本来说，需要根据公司情况和一线需求，对采购还是自造、是否废止某些采购项目、是否引入新的IT技术或通过数字化转型提高效率等尽早做出决策。对于涉及需要向外部企业采购的业务，高层经营者该如何审查其妥当性呢？最直观的方法是向多家供应商询价，看现有采购价格是否合理，是否存在降低的空间；还需要对公司自造同类零部件的成本进行计算，如果自造的成本低于外部采购，那就可以停止采购，而改为自造。在制订下一年度的预算计划时，很多企业愿意参照本年度的实际支出情况，稍加修改就制订了下一年度的预算计划。但实际上，应该先对本年度预算执行情况进行深度、精细的审查，如果发现采购了性价比不高的商品或服务，那在制订下一年度预算计划的时候，就应该大幅减少对这些商品或服务的预算，甚至干脆停止采购这些商品或服务。

站在事业部或营业部的角度，它们当然希望自己的部门获得尽量多的预算额，所以让事业部或营业部主导优化成本的改革是不现实的。制订预算计划，需要站在企业全局的视角对各项业务进行客观评估，还得拥有对各个部门实施严格改革的权限，所以，这只能是高层经营者的工作。再来看看信息化和数字化转型的改革，企业引入IT新技术、实施数字化转型，无疑能大幅提高业务流程的效率，从而有可能削减员工数量。因此，一线工作人员是不会自下而上主动提出此类改善的。另外，还有一项成本优化工作是只有高层经营者才能开展的，那就是突破自家公司的框架，和同行企业展开协作，成立企业合作组织等。与同行企业协作，可以突破自家企业的能力上限，实现规模效应，从而给企业带来诸多益处。

除了削减直接成本和提高生产性，改革还涉及间接成本的采购流程、采购部门的设置与权限，可以在更大范围内产生良好的成本优化效果。改革采购指导方针和采购流程虽然不能直接降低成本，但可以将这种指导方针和规则渗透到企业的每一个细微角落。以前，管理高层无法精准掌握那些具有"长尾效应"的商品或服务的成本，但改革之后，就可以对这部分成本进行统一管理了，整体的成本优化效果就会逐渐显现出来。

一线负责人在优化成本过程中应该采取的行动

在日常业务中发现可以改善成本的地方，并采取相应对策，是一项循环性的工作，而一线负责人就是这项工作的主导者。高层经营者在成本优化中的作用是对现有成本管理框架进行重组，与此相对，一线负责人的任务是在现有成本管理框架之内，实现成本的"最优化"。

用户管理过程涉及使用量的管理，而降低使用量需要在日常业务中不断进行创新性改善。另外，关于与外部供应商的交易条件，需要根据业务状况定期对单价/费率、标准以及其他各种条件进行优化。

一线负责人不能安于现状，要对工作现场进行持续不断的检查和改善，这对一线负责人有什么样的要求呢？首先，要求一线负责人的头脑中有改善意识，"现状不可能是100分"（没有改善的余地）的意识要烙印在一线负责人的头脑中。在此基础上，一线负责人要时刻怀着疑问，敏锐地寻找可以改善的地方。

当上司或其他部门向一线负责人询问成本改善情况时，我常听到他们说"现状已经是最好的了"或者"削减成本有风险"。其实，这只不过是他们对自己不作为的一种辩解，想将自己以前的行为正当化。辩论是否存在成本改善余地本身没有意义，但在企业内允许一线负责人为自己辩解，就有大问题了。因为"不存在改善成本的余地"本身是一个伪命题，是不可能存在的状态，所以，只要一线负责人足够敏锐、灵活，总能找到可以改善的地方，并采取对策加以改善。

另外，一线负责人还需要把自己负责的领域和现场的详细操作情况，实现"可视化"。如果采购负责人把工作全部委托给供应商，而自己不清楚详细交易情况，那别说发现优化成本的余地了，恐怕就连现有交易条件是否合理都无从把握吧！特别是 IT 系统维护和物流服务，很多企业的相关负责人都把这些工作全部委托给供应商处理，对于费用及各种交易条件，不得不对供应商言听计从，基本上没有谈判的余地。

站在重建成本管理制度的高度，高层经营者要把握成本管理的全貌。在此基础上，我们用表 1-2-4 总结了在对各个成本项目进行优化时，从哪些地方入手更有效。

表 1-2-4　各个成本项目可开展的优化操作

成本项目		A. 成本的最优化（一线负责人主导）			B. 成本重组（高层经营者主导）			
		重审与外部企业的交易条件		公司内部优化	公司内部推进			与其他公司协作
		单价/费率	标准/品质	使用量	业务流程	IT/DX化	采购⇔自造	废止	共同运营
能源	电费、燃气费	○		○					
设施	租金	○				○	○		○
	安保设备	○	○					○	
	人工安保/停车场管理	○		○					
	电梯/ESC维护	○							
	写字楼/设施管理	○		○			○		
	受、变电设备维护	○							
	保洁	○	○	○	○		○		
	租赁地毯/保洁备品	○		○	○				
	废弃物处理	○	○	○					

(续表)

成本项目		A. 成本的最优化（一线负责人主导）				B. 成本重组（高层经营者主导）			
^	^	重审与外部企业的交易条件		公司内部优化		公司内部推进			与其他公司协作
^	^	单价/费率	标准/品质	使用量	业务流程	IT/DX化	采购⇔自造	废止	共同运营
商铺	运送现金	○	○				○		
^	店铺消耗品（购物袋等）	○	○	○					
^	POS机/现金存入银行/信用卡终端设备维护	○	○						
办公	电话费（手机、固定电话）	○	○	○		○		○	○
^	网费	○				○		○	○
^	打印、复印费（多功能打印机）	○	○	○		○		○	○
^	办公用品/耗材	○	○			○		○	○
^	印刷费（宣传单、宣传册）	○	○	○		○	○	○	○
^	业务外包/劳务派遣	○	○		○	○	○		
^	机密文件管理/处理	○				○			
金融	信用卡手续费	○							
^	损害保险（火灾赔偿等）	○	○						
^	审计报酬	○							
^	股东名簿管理	○	○						
IT	系统/网站维护费用	○	○		○	○			
^	数据中心/服务器	○	○			○			
^	软件许可费	○	○	○				○	

（续表）

成本项目		A. 成本的最优化（一线负责人主导）				B. 成本重组（高层经营者主导）			
		重审与外部企业的交易条件		公司内部优化		公司内部推进			与其他公司协作
		单价/费率	标准/品质	使用量	业务流程	IT/DX化	采购⇔自造	废止	共同运营
物流	配送费	○							○
	物流中心/仓库操作费	○		○		○	○		○
	包装材料（纸板箱等）	○	○						
	仓库保管/使用费	○	○	○	○		○		○
工程	外包工程费	○	○						
	建材/日常用具	○	○						○
其他	制造业消耗品	○	○	○					
	食材/饮料	○							
	制服/纺织品	○	○	○			○	○	
	广告（发布于网络、媒体）	○	○	○	○	○		○	
	招聘（媒体/职业介绍公司）	○	○	○	○	○			
	体检	○							

注：标记"○"的为更容易入手的项目。

第二部分

削减间接成本的 8 个步骤

在第二部分中，我将为大家介绍对间接成本进行优化的顺序。按照时间先后排序，优化成本大体上可以按照 8 个步骤进行。我将逐一对这 8 个步骤进行详细讲解（见表 2-0）。

表 2-0　优化间接成本的 8 个步骤

事前准备	步骤 1	事前分析是否存在成本优化的余地
	步骤 2	成功实现成本优化的事前准备工作
实施成本优化	步骤 3	采购商品的标准/服务等级的最优化
	步骤 4	重新审视采购制度
	步骤 5	采购单价的最优化
	步骤 6	寻找最佳候补供应商的方法
	步骤 7	实现双赢的谈判技巧
事后手续	步骤 8	合同的检查要点

首先是成本优化的准备工作，在步骤 1 中，为优化对象列一个清单，并按优先等级进行排序。随后，做好步骤 2，激发一线负责人改善成本的工作动力。

从步骤 3 开始，将分别按照各个成本项目来探讨一线负责人应该采取的措施。虽然我们的最终目的是降低成本，但不能突然向供应商提出降价请求（步骤 7），事先还必须对一些事项进行认真审查。比如，根据公司当前状况，不仅要对标准/服务等级（步骤 3）以及价格（步骤 5）的妥当性进行精细审查，还要对公司内的采购制度（步骤 4）和候补供应商（步骤 6）进行审视，看是否存在可以优化的余地。

最后，根据与供应商签订的合同（步骤 8）或双方谈好的交易条件，确定年度削减成本的目标。

接下来的各个小节（各个步骤），除了按照时间先后顺序排列，也会按照各个成本项目（比如打印复印费、手机话费等）讲解具体的优化操作，我还会列举具体事例，把成本管理实践中的知识和经验分享给读者朋友们。

1

步骤1：事前分析是否存在成本优化的余地

以总分类账数据为依据，为优化对象列出先后顺序

一家企业在尚未实现对间接成本进行统一管理的情况下，该如何选定成本优化对象，又该如何给它们排列先后顺序？首先，对于间接成本或一般销售管理费用，应该先从整体概要——年度对哪些项目支付了多少金额——上进行把握。对财务部门保存的全公司支付数据（总分类账）进行分析、统计，明确每一个总账科目的年度支付金额及其支付对象。

根据总分类账数据把握支出情况的全貌

为什么要从总分类账的支付数据入手呢？因为对间接成本／一般销售管理费用的全部支出金额进行统一管理的信息来源，只存在于总分类账中，在其他地方是找不到的。很多企业已经构建了内部系统，由专门的采购部来统一管理直接成本。但直接成本之外的各种费用，如业务外包费用、广告宣传费用、水电气费、物流费、通信费、办公耗材费用、设施管理费、租金、金融手续费等，这些间接成本由于项目繁多、错综复杂，一般由各个分公司、事业部独立进行签约、采购、支付。因为数据分散，让某个负责人把全公司的所有间接成本数据都收集齐全，是一项任务量庞大的工作。

从这一点来说，总分类账就体现出优势了，可以从财务部的系统中一次性下载总分类账的数据（以 CSV 格式，一种简单、轻量级的数据存储格式），只需几分钟到几十分钟就可以下载完成。虽然通过总分类账获得的信息也比较有限，但至少可以解决采购单价/费率不明、不清楚具体标准、支付对象没有记录等问题，对于把握支出情况的全貌还是够用的。

虽然也可以要求各个分公司、事业部提交各项交易的具体条件和详细数据，但在尚未为这些成本项目排列先后顺序的情况下，突然要求别人大规模提供数据，是非常不友好的。另外，当向全国各地的分公司回收数据时，分公司手头也可能没有现成的数据，它们还要向各个供应商索要。这就变成了"企业间的传话游戏"，需要付出极大的沟通成本。经验表明，这样操作的话，可能 6 个月以后也得不到想要的数据，结果不得不放弃从总公司角度优化成本的念头。

为了有效利用总分类账的数据，需要做哪些准备工作，按什么顺序加工数据？

总分类账是经费支出过程的数据集合，要想获得各个间接成本项目的年度支付额，需要对总分类账的数据进行加工和统计（见表2-1-1）。

表 2-1-1　总分类账的数据加工顺序

总分类账的数据加工顺序	实施内容
顺序1　从利润表中提取间接成本数据	• 将利润表中与成本无关的会计科目除去 　✓ 删除资产类、负债类、利润类的会计科目 • 删除直接成本的会计科目 　✓ 制造工厂的电费等是计入直接成本的，这部分费用也是优化对象，所以不要删除
顺序2　找出优化对象的成本科目	• 删除不是优化对象的科目 　✓ 折旧费、支付的税金、公司内的分摊成本 　✓ 直接人工费、研发费用 　✓ 部门间、集团企业间的内部交易费用转账/分摊
顺序3　分类并命名（做标记）	• 按照会计科目的大/中/小进行分类 　✓ 例：物流费（大）→配送费（中）→某一快递公司的快递费（小） • 按照支付对象进行分类 　✓ 例：消耗品来源多样，所以按照供应商进行分类
顺序4　统计之后，排出先后顺序	• 按照支付金额大小的顺序，列出一览表 　✓ 可以用 Excel 的数据透视表进行分析→排出先后顺序，以便明确分析的顺序

首先，间接成本的数据是和与之毫不相关的资产数据（与资产负债表相关）和当期利润（营业收入一方）等数据混在一起的，所以需要从利润表中先将成本支出部分提取出来（顺序1）。其次，要从成本支出中将直接成本数据去除，只保留间接

成本的数据［水电气费等原本属于间接成本，但是制造工厂的水电气费（尤其是电费）和辅助材料等，一般计入了制造成本，被归类到直接成本中。不过，这部分费用也属于本书所说的优化对象，所以要把这部分数据保留下来］。

将间接成本的数据提取出来之后，再把折旧费等不需要优化的科目排除（顺序2）。直接人工成本、研发费用等也不是本书所说的优化对象。公司内部各部门之间的交易、各部门的费用分摊等虽然也属于间接成本，但因为没有向外部企业进行实际支付，所以也不在优化范围之内。

在顺序2完成之后，就只剩间接成本中纯粹向外部企业支付的数据了。接下来，对这些支付数据进行分类并命名（做标记）（顺序3）。通常情况下，按照会计科目的大类别或中类别进行分类即可，如果这个会计科目中实际支付的企业有多个，那再按照企业进行细分整理（例如：在会计科目上，大分类"水电气费"下面有中分类"电费"，如果实际支付的电力公司有多家，再为这些电力公司列一个清单，写明对每家电力公司的年度支付金额）。谈到分类的等级，一般细分到电费、设施管理费、电话（固定电话/移动电话）费、印刷宣传单费用等一线负责人可以直接掌管和优化的科目就可以了。

另一方面，当支付对象是批发商、物业公司时，与一家对象企业的交易涉及多个会计科目的情况可能就会出现，这时就与前面讲过的分类方法相反，先按照交易企业进行分类，然后在每个交易企业之下，再细分涉及的会计科目（例如：和一家物业公司的交易内容包括保洁费、安保费、电梯维护费、电气设备维护费、废弃物处理费等多个会计科目）。面对这种情况，在优化成本的时候，就要先按交易企业分类，再细分交易内容。这样才便于以这家企业为窗口，统一谈判各项费用的交易条件。

在对全部间接成本项目进行分类、标记之后，再进行合计、统计，按照支付金额大小排序制作一个一览表（顺序4）。

顺利完成上述顺序1~顺序4的工序有一个必要前提，就是事先要对总分类账数据有一定的整理。有些情况下，总分类账数据会出现只记录了手续费而具体是什么手续费不清楚，支付企业的名称完全没有记录的情况。例如出现没法确定哪些数据是对多功能打印机相关费用的记录等不清晰的记录，这样的总分类账数据没有办法为我们提供分析依据。遇到这种情况，就要完善记账方式，从现在开始，要求财务人员按照会计科目大分类/中分类/小分类的规则记账，并注明交易企业名称等重要信息。再经过3~6个月的账目数据积累，才能构建起具有分析价值的财务数据库。

根据年度支付金额大小、优化难易度，为成本项目排列先后顺序

在事前分析的开始阶段，先依据总分类账数据将间接成本项目按照年度支出金额大小进行排序，然后通过分析，将财务影响较大的项目排在前面。有可能的话，不仅要考察支出金额规模的大小，还要着眼于成本项目的特点，找出那些优化余地比较大的项目。举例来说，可以根据"市场单价有下降趋势""半年以内会更新合同""虽然是同一成本项目，但各个分公司、事业部在独立管理，各自为战"等情况，找出改善余地较大的成本项目。

可能存在较大优化余地的成本项目，一般具有如下特点或满足如下条件：

- 年度支出金额相对较大；
- 与供应商更新合同的期限将至（3~6个月）；
- 市场单价有下降趋势；
- 合同条件和单价长年（5年以上）没有改变过；
- 对于同一个成本项目，各个分公司、事业部独立进行签约、支付，总公司没有统一管理；
- 项目比较单一，容易着手改善，短期内可以见到效果；
- 合同自动更新。

按照上述视角为成本项目排一个先后顺序（可以分为A.最优先项目、B.优先项目、C.对象项目、D.对象外项目4个等级），然后先从"最优先项目"着手进行优化。"最优先项目"要包含5~6个成本项目，但在选择这5~6个成本项目时，不能只考虑其财务影响，那些支出金额较小但在短期内（优化后3个月内）能体现出优化效果的简单项目，也要归进去。

后面，在全公司范围内对"优先项目""对象项目"开展优化的时候，肯定会把公司内很多相关部门卷入其中。为了获得这些部门的支持，展现前期优化的成绩无疑具有很强的示范作用和鼓舞人心的作用。所以，在"最优先项目"中加入一些短期能见效的项目非常有必要。

按照成本项目,有效把握现状的方法

一旦单个成本项目进入优化的实质性阶段,首先要把握成本支出的现状,这就需要掌握相关合同、备忘录、单价、费率以及标准和服务等的详细内容。但是,掌握现状正是优化成本实施阶段最费时间和人力的工作。尤其是具有以下 5 个特点的成本项目,仅仅是把现状摸清,就需要 1 个月以上的时间,个别情况下甚至需要半年以上的时间(见表 2-1-2)。如何才能高效率地摸清现状,是我们接下来要解决的问题。

表 2-1-2　摸清现状很费时间和人力的成本项目的特点以及应对方法

	特点	特点的详细内容	相应的成本项目
1	多种类多品目/长尾效应	✓ 涉及的商品有几千种,甚至上万种,采购数据庞大 ✓ 精查向供应商的询价和详细内容,是一项庞大的工作	✓ 办公消耗品 ✓ 店铺消耗品 ✓ 辅助材料 ✓ 各种工程
2	各地情况不同	✓ 各地分公司、店铺分别开展不同的服务 ✓ 合同内容与现场操作发生偏差,需要去当地进行调查	✓ 保洁/安保等设施管理 ✓ 现金运送
3	业务外包企业的操作不透明	✓ 将一系列业务流程一并打包委托给外包企业 ✓ 业务实际情况不透明,业务量和费用的妥当性无法把握	✓ IT 业务外包 ✓ 第三方物流 ✓ 财务流程外包
4	供应商不分享信息	✓ 供应商不协助工作,无法获得必要的信息 ✓ 掌握现场的详细实际情况需要花费大量时间	✓ 业务外包费 ✓ 通信费 ✓ 废弃物处理费 ✓ 电费
5	分公司、事业部独立签约、支付	✓ 签约方、供应商是分散的,必须先将信息收集到一起 ✓ 收集信息需要花费大量时间	✓ 固定电话费 ✓ 宣传单印制费 ✓ 信用卡手续费

特点1：多种类多品目／长尾效应

代表性成本项目：办公消耗品、店铺消耗品、辅助材料、各种工程。

符合这类特点的典型代表是公司的办公消耗品和店铺消耗品，以及工厂生产离不开的辅助材料（工具、备品、螺丝钉等），这类成本项目会涉及成千上万种商品，实际采购数据庞大，有的时候甚至连 Excel 文件都难以应付。对每一种商品的采购合理性进行精查，将类似成本项目进行集约化审查，需要花费相当多的时间和人力。

优化成本的最短路径

对这类成本项目进行优化的时候，应该把注意力聚焦在年度采购金额排名前几位的项目上。一般而言，按照二八法则，采购金额排名前 20% 的成本项目，其支出金额应该占到该类别年度总支出金额的 70%~80%。另外，如果排名前 10% 的成本项目的支出金额占到总金额的 60%~80%，那么只精查这 10% 的成本项目即可。首先，将年度支出金额排名靠前的这些商品，按照成本项目名称、型号、标准、单价、数量、年度支出金额列一个清单，然后向多家供应商询价。在获得供应商的报价之后，将其和当前的采购单价进行对比，看是否有优化的余地，同时也能发现哪家供应商的报价更具竞争力。

建议

经营多种商品的供应商，为了确保每单生意有足够的利润，会想办法提高所有商品的平均单价，因此，对于那些销售额占比大的商品，供应商有提高单价的倾向。如果不能提高商品的平均价格，供应商就无法创造利润，而对那些具有长尾效应的商品（销量小，销售金额不多的商品）提高单价，对整体的利润贡献不大。所以，供应商一般会提高销售额占比大的主要商品的单价。在了解了供应商的定价策略后，作为采购商，我们应该顺势而为。在拿到供应商的全体商品报价后，先分析其定价水平的合理性。这时，不需要审视每一种商品的报价，而应该聚焦在采购量大的主力商品上，找出其中几款单价高的一般商品（非定制商品），和市场行情进行比较，就可以大体把握这家供应商的定价水平。

最近，通过网络检索，也可以找到采购单价的市场行情。不仅可以查到办公消耗品和辅助材料的市场行情，就连各种外包工程的相关材料、设备的市场行情价格也能搜索到。掌握市场行情后，我们发现一些供应商为了提高利润，对一般商品（通用商品，在很多供应商那里都可以买到）的报价可以达到市场价格的1.5倍乃至数倍。总而言之，掌握了市场行情，我们就可以避免买到高价商品。

特点2：各地情况不同

代表性成本项目：保洁/安保/废弃物处理/租赁地毯等设施管理、现金运送。

保洁/安保/废弃物处理/租赁地毯等是典型的设施管理服务，也叫物业服务。一般来说，这些服务的标准、价格是总公司和设施管理公司（物业公司）统一谈判确定的。随着服务年限的增加，各地分公司难免会提出一些特殊的要求，设施管理公司也会根据客户的要求对服务做一些调整。另外，当更换分公司管理者的时候，新管理者往往会对设施管理公司的服务提出自己的要求。时间一长，当总公司意识到的时候，会发现各地分公司实际接受的服务已经和当初签订的合同内容出现了较大差异。因此，为了准确掌握各地分公司接受服务的情况，总公司不得不派人到各地去进行实地调查，为此要花费的时间和人力可想而知。

优化成本的最短路径

如果对公司的所有分公司一一进行实地调查，成本就太高了。现实的做法是，选取数个具有代表性的分公司或门店，然后向新的候补供应商发出询价请求，请他们去现场调查这些分公司或门店的实际情况。虽然总公司派人去各地分公司、门店调查实际情况并不是毫无意义，但也只限于掌握情况，不能直接削减成本。

只掌握情况意义不大，真正应该做的是找出今后应该改善的地方，比如当地的服务内容与当地的需求是否匹配，存在哪些改善的余地，等等。

对于这种情况，削减成本的最短路径是向新的候补供应商提出要求（最低限度可实现的服务水平、要素、标准），我们心中的目标价格（比当前交易价格低 5%~10% 的水平），看新的候补供应商能否满足我们的要求。如果新的候补供应商提出了价格更低、更具竞争力的方案，那么我们就可以拿着这个方案与现有供应商进行谈判，如果现有供应商无法给出更吸引人的方案，我们就可以考虑更换供应商。

建议

在向现有供应商和新的候补供应商进行询价的时候，建议多设置几种类型（以不同的服务水平、要素、标准为前提）的询价模式。举例来说，维持现有服务水平、要素、标准的询价模式为"模式1"，简化现有服务水平、要素、标准的询价模式为"模式2"。当供应商收到上述两种模式的询价时，对"模式2"的报价肯定会低于"模式1"。另外，还有一种"模式3"，向供应商明确提出价格标准，比如询问他们在现有价格基础上降价10%，他们可以提供什么样的服务水平、要素、标准。

"模式2"和"模式3"都是以改变现状为前提，而且是降低标准，这样的谈判容易让供应商觉得我们在强迫他们"降价"，结果有可能产生低价低质的负面结果。为了避免这种情况的发生，在使用"模式2"和"模式3"进行询价的时候，最好含有建设性的优化服务水平的内容，让供应商不至于那么抵触。

特点3：业务外包企业的操作不透明

代表性成本项目：IT业务外包、第三方物流、财务流程外包。

把一部分业务委托给外包公司，要想把握外包公司的实际业务状态，是一件很困难的事情。外包公司想通过业务的"暗箱化"（不透明）而让委托企业难以判断费用的合理性，尽量提高委托公司更换外包公司的成本，私下里改善生产性、推进效率化来确保自己能够持续获得高利润。而站在业务委托公司的角度来看，要想摸清外包公司的操作流程，需要派遣多名专任负责人，花几个月时间到现场进行调查、听取意见。

优化成本的最短路径

要想了解外包公司的实际业务状态，需要外包公司提供月度费用的明细及其根据。如果是人工费，需要提供"人工费单价 × 劳动时间"；如果是材料、物品，需要提供"采购单价 × 数量"。像这样，委托公司每月支付的金额，需要让外包公司提供分解开来的数据。对于这些数据，委托公司首先应该检查的是单价的妥当性。如果以时间或数量为切入点，就很难客观地判断其妥当性，因为这两种数据和对方在现场的操作方法存在很强的关联性，而我们难以获知他们在现场的操作方法。如果以单价为切入点，不管是人工费用的单价还是材料、物品的单价，都有市场行情可以比对，可以判断外包公司的收费是否合理。

建议

对于外包公司的"必要劳动时间"，委托公司难以客观判断其妥当性。如果外包公司提出"为了开发，就需要这么多工作人员和劳动时间"，委托企业的现场负责人也很难反驳。解决这个问题的一个方法是，使用最新的IT监控工具，将外包公司的业务操作"可视化"。特别是像IT业务、财务这类外包业务，外包公司派遣的工作人员主要在电脑上进行工作，委托公司只要在电脑上安装特定的软件（PC端监控工具等），就可以通过远程服务器实时监控电脑上在进行哪些操作、使用哪款软件、使用多长时间等。根据我们的经验，以前有案例表明，使用监控软件对外包公司的实际工作时间进行监督之后，外包公司派遣的员工减少3成也可以正常完成工作。

特点 4：供应商不分享信息

代表性成本项目：业务外包费、通信费、废弃物处理费、电费。

有些企业把采购管理这项业务全部委托给供应商进行处理，当需要了解业务实际状态，而向供应商请求分享采购管理信息的时候，如果供应商拒不配合，则企业完全无法掌握自家公司采购业务的实际状态。很多企业习惯于把订货单交给供应商保管，要想了解最近 12 个月的详细采购情况，必须向供应商申请分享订货单信息。从供应商的角度来看，他们并不想分享这些数据，因为那样会暴露公司的操作方式和成本详情等信息。

优化成本的最短路径

公司过去 12 个月的详细采购数据，在向供应商询价的时候是非常重要的参考信息，这些数据本来应该自家公司进行管理。但不知出于什么原因，有些公司会把如此重要的数据委托给供应商保管，有需要的时候再向供应商索要。但是，当企业向供应商索要之前的交易数据时，供应商也会想"对方是不是想压低价格了？"或者"对方可能是在找新的供应商询价"。为了避免自己的利益受到损害，他们很可能会以"我们公司只保存 3 个月以内的交易数据"或"我们公司还没有建立调取以往交易数据的系统"等理由加以拒绝。遇到供应商不配合的情况时，我们至少应该要到最近 3 个月或当月的交易数据。以后就要自己管理交易数据了，不要把自己的命运交给别人掌握。

建议

在向供应商调取以往的交易数据时，如果对方问："为什么现在要这些数据？"我们要给出不损害供应商利益的理由，比如"根据政府部门的要求，全公司要对采购情况进行调查"或者"公司董事会/监事要求我们核查采购业务"等。这样的理由可以打消供应商的顾虑，提高配合的概率。如果只是简单粗暴的一句"请把以往的交易数据给我们"，很难使供应商配合我们的工作。因为对供应商来说，分享数据并没有任何好处，而且他们还可能猜测到我们在向其他供应商询价，他们的生意可能被别人抢走，自然不愿意分享数据。所以，在请求供应商分享数据的时候，先要让他们知道我们还会继续从他们那里采购商品，只是根据法律或政府部门的要求，才需要调取以往的交易数据。

在和现有供应商更新合同的时候，或者在和新供应商签订合同的时候，我建议把每月分享、分享哪些信息、具体到什么程度的条款写进合同里。因为外包的业务直接关系到工作一线的运营状况，所以建议和外包公司定期（最少每月1次）举行例会，在例会上不仅要请外包公司分享实际业绩的数据，还要就主要KPI的完成情况和现场改善的余地进行磋商。

特点5：分公司、事业部独立签约、支付

代表性成本项目：固定电话费、宣传单印刷费、信用卡手续费。

对于一些公司来说，某些业务是分公司、事业部独立与供应商进行签约、支付。结果，公司无法以法人对法人的形式整体掌握交易情况。典型的例子就是固定电话项目，这些项目通

常都是各个分公司、事业部、商铺和当地的电信运营商单独签约、支付。当地的电信运营商在为签约分公司、事业部或商铺开通固定电话线路后，会把每月的费用账单发给签约的分公司、事业部或商铺，由它们进行支付。随着移动电话、智能手机的普及，以及分公司、事业部、商铺的整合、裁撤，很多固定电话线路已经不用，如果不去电信运营商那里注销，就会形成"休眠"线路。

虽然固定电话不向外拨打不会产生话费，但不要以为"休眠"线路就没有费用，电信运营商每月还是会收取基础线路费的。如果对"休眠"线路置之不理，首先公司无法判断哪些固定电话需要保留，也不知道这些固定电话接收了多少外部公司的联系，其次还会不断产生费用。

优化成本的最短路径

优化这部分成本项目，没有迅速把握现状的捷径。我们要做的是在各个分公司、事业部、商铺收集信息，确定全公司所有的固定电话线路。另外，电信运营商每月发来的账单中，不会显示当月拨打、打进多少电话，至于每条固定电话线路是否应该保留，只有请各个分公司、事业部、商铺的一线负责人进行判断。在无法判断一条固定电话线路是否应该保留的时候，人们倾向于"姑且保留它"。但我认为，在无法判断保留的必要性时，应该先做注销处理。

建议

近年来，帮企业统一管理通信费的服务流行起来。不仅电信运营商会提供这种服务，一些第三方公司也可以提供这种服务，在日本比较有名的这类第三方公司是株式会社 Invoice。这样的第三方公司还会以更低的价格批发销售固定电话线路。总公司使用了这种服务之后，就可以整体管理公司内所有固定电话的使用情况和费用支付情况，这无疑有利于精查每条固定电话线路的保留必要性，也可以对各个分公司、事业部、商铺的固定电话使用情况进行横向比较。

2

步骤2：成功实现成本优化的事前准备工作

一线负责人对优化成本持消极态度的4个理由

在全公司范围内进行成本优化的时候，如果高层经营者只是对一线负责人下一道命令——"你们把成本削减多少百分比以上！"恐怕不可能得到期待的效果。要想实现成本的最优化，必须先清除若干组织性问题和障碍。而要做到这一点，首先要让全公司上下积极面对这个任务，打造一个良好的环境，让一线负责人或新组建的成本优化项目团队没有顾虑，可以专心于成本优化工作。为此，高层经营者应该做的准备工作是，激发一线负责人或新组建的成本优化项目团队的积极性，消除他们对优化工作的负面情绪。

我们公司曾帮助过2 000多家企业开展成本优化工作，在实践中我们发现，一些公司明明存在削减成本的余地，但就是难以达成削减成本的目标。其中最大的原因就是一线负责人优化成本的动力不足。到底是哪些原因导致一线负责人对成本优化工作持消极态度呢？他们的主要理由有4个（见表2-2-1）。

表2-2-1　一线负责人对优化成本持消极态度的理由

一线负责人对优化成本持消极态度的理由		详细情况
理由1	即使实现成本优化目标也得不到好评（薪水和奖金受论资排辈限制）	✓ 日本很多企业都是论资排辈，员工只想做最低限度的必要工作，对超出这个限度的工作缺乏动力。 ✓ 更换供应商会增加一线负责人的工作量，还可能带来不必要的纠纷，因此他们没有意愿寻找更优的供应商
理由2	日常业务繁忙，没有多余精力	✓ 即使一线负责人对优化成本持积极态度，也会因为现有日常工作已经很多，没有余力做成本优化的工作。 ✓ 结果，成本优化工作被一拖再拖，甚至不了了之
理由3	如果成本削减成功，等于对负责人以前工作的否定	✓ "实现大幅削减成本"="一线负责人以前消极怠工"。 ✓ 即使公司聘请外部顾问或专家，削减成本的成果也应该算作一线负责人的功劳
理由4	不想别人对自己的工作横插一脚	✓ 即使是部长/部门主管等中层管理者，也不希望别人在自己负责的领域指手画脚。 ✓ 建立透明化企业文化很重要，要让一线负责人意识到，业务内容"暗箱化"是不好的

理由1：即使实现成本优化目标也得不到好评（薪水和奖金受论资排辈限制）

一线负责人对优化成本持消极态度的理由之一是即使实现成本优化目标，自己也不会得到公司的好评（因为很多日本企业都是论资排辈，员工的薪水和奖金不会因为做出业绩而提高）。通常情况下，日本企业的间接成本中的很多项目是交给总务部、财务部或信息系统部等管理部门进行管理的,这些部门在企业内被定位为"成本管理中心"。这些管理部门的人事评价,不像销售部那样采用绩效评价体系,而是看他们是否正确、无纠纷地完成了既定业务。

在管理部门中,很少见到某人做出了惊人业绩的案例,这些部门更重视的是谁在日常业务中没有犯错,稳妥地把既定工作做完。所以,管理部门是典型的论资排辈组织,人事评价靠的就是论资排辈。可想而知,管理部门的员工的心理活动多半是"削减成本的工作,我做与不做并不影响我的薪水和奖金""反正我们部门的晋升都是论资排辈的,我可不想做多余的工作"。面对这种情况,企业经营管理高层应该采取的理想对策是重新设计人事评价制度,将成本优化的成果/工作态度直接反映到人事评价结果上。在成本优化工作中取得成绩或态度积极的员工,应该获得涨薪、增加奖金乃至晋升的机会。近年来,一些日本企业已经意识到传统论资排辈的弊端,逐步引进了"岗位型"人事制度,即按照单个岗位的职务、职责雇用员工,在劳动合同中注明该岗位应该完成的工作。当员工取得超预期的成果时,就会获得额外的奖金或提前晋升的机会。

但是,改变现有的人事评价制度,是需要花费数年时间的一项大工程。所以,比较现实的对策是高层做出表率,在公司内营造一种重视成本优化的氛围,让员工感受到高层在直接参与成本优化项目,在成本优化中做出成绩会受到高层的肯定和好评。只要采取下列具体措施,就可以在不改革人事制度的前提下，激发一线负责人优化成本的积极性。

措施1：把成本优化项目作为总经理直辖的重要项目，引起公司全体员工的重视。

措施2：任命一线负责人的上司或执行董事为成本优化工作的直接领导者。

措施3：定期举行高层出席的成本优化报告会。

措施4：为成本优化工作设置"总经理奖"等奖励制度。

措施5：对于在成本优化工作中特别活跃的员工，给予外部研修或考察出差等奖励机会。

理由2：日常业务繁忙，没有多余精力

一线负责人对优化成本持消极态度的第二个理由是日常业务繁忙，已经疲于应付，根本没有多余的精力从事成本优化工作。即使一线负责人意识到了削减成本的必要性，有意愿积极采取措施优化成本，多半也是有心无力。因为现有工作已经占用了他们全部的时间和精力，再增加优化成本的任务，他们恐怕也腾不出手来付诸行动。或者，他们即使愿意承担优化成本的工作，也不得不一拖再拖，结果在毫无进展的拖延中，慢慢磨灭了当初的热情，最终使这项工作不了了之。

面对这种情况，企业高层或者各部门的管理者应该采取的对策是，削减相应一线负责人的常规业务量。如果选出了专门的团队负责成本优化任务，那么要削减团队成员30%~50%的工作量，剩余工时专门用于从事优化成本工作。将削减的30%~50%的工作量，分摊给同部门的其他同事。或者干脆让

成本优化团队暂停常规业务，专心从事成本优化工作。

理由 3：如果成本削减成功，等于对负责人以前工作的否定

在公司领导指示一线负责人进行成本优化的时候，有些一线负责人内心是有顾虑的，他们可能会想："如果我成功地大幅削减了成本，高层或上司也许会斥责我：'以前你干什么去了？！为什么不早点削减成本？'那样的话，公司对我的评价反而是负面的。"尤其是公司聘请外部顾问或专家来帮忙优化成本的时候，一线负责人更会担心，心想："如果这些外来顾问、专家把成本大幅削减，那不说明我以前在消极怠工，不考虑公司成本吗？到时我肯定要受到批评。"所以，不少一线负责人不愿配合顾问、专家的工作，甚至显露出敌意。

为防止这种抵触情绪的产生，公司高层应该事先和一线负责人进行沟通，希望他们积极参与成本优化的工作。给一线负责人吃一颗定心丸，让他们知道，以现状为基础削减的成本将是他们的成绩，削减得越多，对他们的评价就越高。在聘请外部顾问、专家帮忙优化成本的时候，也要事先向一线负责人承诺，优化成本取得的成果都将归功于一线负责人。这样不仅可以打消一线负责人的顾虑，消除他们对外部顾问、专家的抵触情绪，还能激发他们竭尽所能优化成本的积极性。总而言之，在优化成本取得成果之后，公司高层或一线负责人的上司不能像审讯犯人一样逼问一线负责人："以前你干什么去了？怎么没有一点为公司节约成本的意识？"

理由 4：不想别人对自己的工作横插一脚

一线负责人都不想其他部门的人或外部顾问、专家在自己负责的工作领域指手画脚。尤其是长年负责一项工作的专任负责人，他们往往已经形成了一套自己的做事方法，也只有他们清楚该项业务的操作细节，这就容易陷入"一个萝卜一个坑"的状态，外人难以插手。专任负责人形成自己的工作方法之后，他首先不用担心别人取代自己的位置，也因和同一供应商长期交易，对方也完全了解他的工作习惯和操作方式，所以专任负责人容易把所有工作交给供应商去做，这样自己省时省力，岂不快哉！但导致的结果就是当公司准备优化成本的时候，专任负责人就会产生强烈的抵触情绪和自我保护倾向，抛出各种借口阻碍成本优化，比如说现有的交易条件就是最优的，得罪现在的供应商风险很大等。即使是公司高层介入，要求优化成本，专任负责人也会以专业领域必须由自己这个专业人才来做的理由进行强硬对抗，比如说"其他部门的人或外部顾问、专家不了解这项工作的特殊性和详情""一旦出错，责任都会推到我的头上，我不愿出这个头""我不认可的操作方法，绝不接受"等。

面对这种情况，公司高层应该果断改革由专任负责人长期负责一项工作的组织运营模式。即使是专业的领域，每隔3~5年也要更换负责人，而且每个领域至少要有两人了解详细情况。不过，改革组织运营模式、修改人员配置规则需要花较长时间。另外，如果专任负责人十分强硬，对成本优化工作非常抵触，建议将优化成本这项工作以命令的形式委任给其他人（公司内的经营策划部、总经理办公室，或外部聘请的顾问、专家）全权负责，姑且将拒不配合的专任负责人排除在这项工作之外。

以上几点是一线负责人对成本优化工作持消极态度的原因及其应对策略，我认为这些不仅是企业高层管理者应该重视的问题，也是协助企业进行成本优化的第三方（外部经营顾问公司、专家）应该了解和重视的问题。这都是我们从以往工作实践中获得的真知灼见。在我们协助的一些企业中，即使总经理等高层经营者信心满满、干劲十足，说"一定要将优化成本的工作进行到底！"，但由于事先和一线工作人员沟通不充分，准备不足，结果在成本优化项目开展之后，无法获得一线的支持与配合，甚至激起了一线工作人员情绪上的抵触，出现各种阻碍，使优化成本的工作举步维艰。

为什么公司内会形成不能触碰的"禁区"？

可以说，经营策划部、总务部是公司里的引领者，是企业经营策略的风向标。但是，当一家企业决定开展成本优化工作，高层在询问经营策划部或总务部是否愿意担任成本优化工作的牵头部门时，得到拒绝的可能性很高，他们给出的理由可能是"我们已经在进行成本优化了"，意思是不想让别人插手。根据我们的经验，越是对成本优化有抵触的部门，改善的余地越大。原本有成本优化余地，却不希望外人插手，这就是所谓的"禁区"。公司里为什么会出现"禁区"呢？下面我介绍一下"禁区"形成的背景和消除的方法。

企业里典型的"禁区"模式,如表 2-2-2 所示。

表 2-2-2　企业里典型的"禁区"模式

"禁区"的模式		详细内容
模式 1	专任负责人长期固定化,形成"一个萝卜一个坑"局面	✓ 该领域负责人以专任的形式长年固定,同一部门的其他成员都不了解该业务的详情。 ✓ 与公司利益相比,专任负责人更看重自己工作的"便利""轻松"。某些情况下,专任负责人甚至会勾结供应商做出违规违法的事情。 ✓ 专业性强的岗位容易形成"禁区"。比如食品企业原材料的采购,建筑/工程的相关领域,以及各种需要拥有执业资格证才能胜任的工作
模式 2	供应商提前知道会续约,就容易肆意妄为	✓ 供应商知道今后还会续约,就更有可能提出新的交易条件。 ✓ 供应商知道自己没有失去订单的风险,在谈判中就会比较强硬。结果导致供应商不接受本公司的要求,以较高的价格或不利于本公司的条件继续进行交易。 ✓ 中长期看,供应商如果没有失去合同的风险,便有可能降低商品或服务的品质。 ✓ 从创业时期开始进行合作的企业,或与子公司/关联公司之间的交易要特别注意
模式 3	部门间协调不足(单个部门进行独自的优化)	✓ 缺乏整体优化的视角,对话语权较强的部门言听计从,或无力反驳。 ✓ 因为销售部或项目部有营业业绩要求,所以对它们极端优待,轻视成本控制。 ✓ 对营业额稍有负面影响的方案,会被全部否决
模式 4	不重视合理性而重视习惯或面子的企业文化	✓ "对方是我们创业时的合作企业,不能轻易更换""那时他们帮过我们,怎么能忘恩负义?""得罪对方,他们不给我们供货,那就麻烦了",高层经营者被这种感情绑架。 ✓ 过度为供应商考虑,或者因为疏忽大意,让交易条件不利于本公司。 ✓ 从商业角度审视每一次交易,在最低限度的竞争环境或交易关系方面,需要保持适度的紧张感

模式1：专任负责人长期固定化，形成"一个萝卜一个坑"局面

第一种情况，某种成本项目长期固定由一名专任负责人负责。在大企业中，管理部门的规模比较庞大，都会设置独立的采购部门，一线的储备人才也较丰富，所以会建立3~5年轮换一线负责人的制度。但是对于地方的中小企业来说，管理部门的人数有限，很多公司都没有设置独立的采购部门，通常是一人身兼多职。

特别是像物流等对现场操作流程要求较高的工作，以及工程/维修等需要专业技能或资格的工作，企业常以没有其他合适的候补人选为由，将一线负责人固定下来。再以食品企业为例，对于原料的采购，常规的做法是按照肉、鱼、蔬菜等进行分类，然后分别指派负责人，并长期固定使用这个人。

虽然说长期使用一个专任负责人，可以不断强化其专业能力，但如果任期超过5年，我可以肯定地说，绝对是弊大于利。因为时间一长，专任负责人和供应商之间的关系逐渐深厚，专任负责人会逐渐变得"任性"起来，会贪图轻松、便利，从而采取对自己有利的操作方法。站在供应商角度来看，他们对这个专任负责人的了解越来越多，也会迎合他贪图轻松、便利的想法，而采取一些不合规的操作。

打破"禁区"的尝试

专任负责人的固定化配置，容易形成"一个萝卜一个坑"的"禁区"，消除这种情况的有效方法是定期轮换负责人。不过，有些中小型企业管理人员少，定期轮换不现实，那该怎么

办呢？那就需要将业务内容彻底"透明化"。对于一个业务领域，除了专任负责人，包括其上司在内，至少要有两人能够清晰把握该业务的具体情况。

定期轮换负责人有困难的企业，可以采取以下对策：

- 多人负责制（不允许出现只有特定负责人才了解业务内容的情况）；
- 与外部企业进行商谈、谈判的时候，必须至少两人同时出席；
- 与外部企业的电子邮件沟通，必须同时抄送上司/部门同事；
- 合同、备忘录以及实际交易数据必须上传服务器进行统一管理。

建议

下面介绍的方法并不是打破"禁区"的直接方法，但对于防止形成"禁区"非常有效。如果公司内由多名负责人负责某一个采购项目，建议定期组织这些负责人举行分享会，让他们将各自的工作方法、操作经验、对于削减成本的想法、最近的成功案例进行分享，互通有无。看看别人在日常工作中如何操作、如何与供应商谈判，最近采取怎样的对策控制成本，取得了哪些成果……负责人之间的经验分享，有助于发现新机会、学习新方法，对于业务"透明化"、削减成本大有裨益。

模式 2：供应商提前知道会续约，就容易肆意妄为

对于供应商来说，如果明确知道客户会和自己续约，那么他们有可能提出新的、有利于他们自己的交易条件。供应商知道自己没有失去订单的风险，在谈判中就会比较强硬。他们没有必要在现状的基础上做出妥协，因此对于本公司提出的降价要求以及各种改善措施，都不会予以积极的回应。如果供应商处于这种有恃无恐的状态，中长期看，他们就没有动力改善商品或服务的品质，反而有可能降低品质。

当供应商是本公司创业时期就开始合作的企业，或者是子公司/关联公司，常会出现上述情况。另外，因为业务外包公司（IT外包公司、第三方物流等）掌握了现场操作的关键环节，导致本公司更换外包公司的成本很高，所以外包公司也常会自然地认为合同会一直持续，客户容易拿捏。本公司在使用外包公司的时候，一定要注意这一点。

打破"禁区"的尝试

与供应商签订长期合同，或者与外包公司签订业务委托合同后，其实已经无法在短时间内更换供应商或外包公司（只能在几年之后才有可能更换）。在这种情况下，不能因为"今后会长期合作"而对供应商采取妥协态度。在谈判交易条件的时候，如果供应商知道今后肯定还会续约，那么各种交易条件就失去了谈判的余地，对本公司来说，"游戏已经结束"。我们顾问公司有的时候会受客户委托与其供应商进行谈判，即使客户告诉我们"还会和这个供应商续约"，我们在和供应商谈判的时候，也不会向他们透露这个底线。否则，供应商对于交易条件就绝不会妥协。

本公司要想和供应商之间建立健全的商业关系，需要将供应商置于开放的竞争环境中，使其产生适度的紧张感。如果供应商消极怠工，不努力改善自己商品或服务的品质，那么本公司就要让他们感受到有可能失去客户的危机感。即使本公司和供应商签订的是长期合同，几年之后合同到期时才有可能更换供应商，但如果供应商据此认为短期内可以高枕无忧，便怠于改善商品或服务，那么本公司也要让他们知道，合同到期后必定要更换供应商，让他们产生危机感。

建议

和子公司/关联公司的交易，属于集团企业的内部交易，容易变成不可触及的"禁区"。而且，很多子公司/关联公司当初设立的目的，就是实现集团内部的业务自给化，薪资体系也与总公司不同。与子公司/关联公司进行交易是有好处的：首先，交易条件肯定优于外部企业；其次，子公司/关联公司的利润也可以计入集团的利润。但是，经过几十年的长期合作后，子公司/关联公司的人工费用、固定费用居高不下，而且由于长期处于缺乏竞争的环境中，子公司/关联公司的竞争力也会逐渐丧失。因此，这个时候如果把供应商更换为外部公司，不仅品质得到提高，价格也会下降。

因此，在和子公司/关联公司进行内部交易的时候，同样要毫不妥协地和市场行情进行比较。如果内部交易的条件远不如市场行情，那么不排除考虑集团结构改革（裁撤、清算子公司/关联公司）。

模式3：部门间协调不足（单个部门进行独自的优化）

企业内各部门之间的协调、沟通不充分，就容易使那些与营业额直接相关的部门（销售部、项目部等）或拥有一线工作专业技能的部门（物流部、门店开发部等）具有较强的话语权，管理部门甚至高层都没有办法反驳它们。一线工作状况的改善以及成本优化的措施，本来应该在综合考量优缺点的前提下，计算出各种措施的性价比，然后做出合理的判断。但是，那些话语权较强的部门一旦遇到对自己不利（哪怕只是稍有负面影响）的方案，就会全盘否定。对于一些大型企业来说，涉及间接成本的供应商同时也是销售部的重要客户，这种情况并不少见。面对这种既是供应商又是重要客户的情况，我们应该本着公事公办的原则，客观审视供货交易条件是否存在优化余地，如果有余地，要敢于提出交涉。如果害怕得罪这个客户，而对供货交易条件妥协，那么自家公司内成本不断增加的情况就难以停下来。

打破"禁区"的尝试

公司里难免会存在对成本优化持消极态度的部门，对于这些部门不想优化成本的根据和背景的妥当性，公司需要认真审视。某些部门对于成本优化持消极甚至反抗态度的原因，大体可以分为两种类型：一是迫于现实状况；二是无法走出感情或推论的束缚。两种情况的应对策略是不一样的。对于成本优化的措施，销售部提出的反对理由可能是"为咱们公司供货的这家供应商，同时也是我们的重要客户，不能要求他们降低供货价格"（销售部担心引起客户的不满，有失去订单的风险）。但是，事实果真如销售部所说，风险已经表面化了吗？

如果交易双方都是大企业，那么对方为我们供货的部门和我们销售部对接的客户部门，大概率不是同一个部门。对方企业中的两个部门之间，恐怕也没有直接的联系（风险并没有表面化）。即使对方公司的那两个部门有很强的联系，站在我们公司的角度来看，我们使用的供应商也不应该只局限于对方一家公司。对于大型企业来说，通信、保险、多功能打印机等成本项目，都会从多家供应商采购，这已经是一个惯例。也就是说，任何一家供应商都不是独占的，他们之间存在竞争关系，所以每家供应商都不清楚自己在客户公司所占的份额，也不清楚同行企业的报价和交易条件。因此，对于其中任何一家供应商，不管其是不是我们公司的客户，对于成本优化事宜，都应该本着公事公办的原则，大胆提出交涉。

建议

在实施成本优化措施之前，应该考察这些措施的优缺点，并将优点和缺点进行量化，换算成具体金额，以便权衡这些措施的性价比。"A公司是我们销售部的大客户，也是采购部的供应商，如果采购部要求它降低供货价格，可能得罪这家公司，导致我们销售部失去这个大客户。所以，不应向其提出降低供货价格的要求。"对于这种情况，公司可以分别计算出"A公司为我公司创造的毛利润"和"要求A公司降低供货价格后，我公司节省成本的金额"，只比较这两项金额，就能判断出是否应该要求A公司降低供货价格。

另外，某些情况下更换供应商会产生更换成本。这时，不仅要计算具体的违约金、手续费，还要核算公司内相关部门需要付出的人工成本——所需时间 × 时薪。这样，就可以计算出更换供应商所产生的总体成本金额。对于更换供应商的举措，常见的反驳意见有"我们在供应商身上已经花费了大量的时间和人力，更换的话，之前的付出就白费了"。既然这么说，那我们对花在供应商身上的人工成本进行量化，计算出具体金额，就可以排除感情因素或凭感觉的推论，以具体数字为基础做出合理的判断。

模式 4：不重视合理性而重视习惯或面子的企业文化

形成一些不可触及的"禁区"的背景，有一些是感情因素，比如"从咱们公司创业时期开始，这家公司就给我们供货，而且是同乡企业""那家企业在我们最困难的时候帮助过我们""得罪了他们，他们不和我们合作就麻烦了"等。企业的高层或一线负责人如果被这种感情裹挟，企业内就会形成一些"禁区"。形成这样的企业文化后，相关负责人优化成本的时候就不会优先考虑合理性，而是感情先行，注重习惯和面子，对优化成本这项工作本身就持否定态度。和供应商维持长期、良好的合作关系固然重要，但如果过度考虑对方的利益，就难以通过谈判改善交易条件，让自家公司长期以较高的价格采购商品或服务，结果受损失的只能是自己。

打破"禁区"的尝试

做决策的管理者或一线负责人如果被感情裹挟，就会陷入停止思考的状态。要想打破现状，需要总经理或执行董事层级的高级管理者做出表率，展现出克服一切困难，合理优化成本的坚定意志。另一方面，如果在感情上和供应商的关系很好，确实不想得罪他们，那么应该先寻找一些候补供应商，向候补供应商询价，以确定现有供应商的定价是否存在优化空间。如果发现现有供应商的定价大幅度偏高，应该根据市场行情要求其做出调整，可以说："其他多家供应商给我们的报价明显低于贵公司的定价，请你们至少把定价降到市场平均水平。"

建议

面对长年合作、一起成长起来的伙伴企业，突然向其提出非常严苛的降价请求，确实难以开口。或者开始和新的供应商合作，大幅削减老供应商的订单，似乎也会产生捅老供应商一刀的负罪感。这种情况下，可以向老供应商说明，这样做并不是出于公司的自主意愿，而是"出于合法合规的考虑，不得不在全公司范围内对所有供应商的交易条件进行审查""董事会要求对采购业务实现透明化""银行方面向我们质询采购价格的合理性"等。像这样，把优化成本的动机归结为外部原因，可以减少老供应商的抵触情绪，避免产生风波。

3

步骤 3：采购商品的标准 / 服务等级的最优化

采购商品的标准 / 服务等级实现最优化的 4 个视角

　　前面介绍了在优化间接成本的过程中，组织 / 人事上的障碍以及应对策略。其中，既有人事方面的问题（例如如何激发一线负责人优化成本的积极性），也有公司组织方面的问题（例如如何打破不可触及的"禁区"），还有历史原因造成的负面影响（例如如何要求长年合作的供应商降价）等。这些问题都需要高层亲自挂帅，事前做工作，将一切障碍消除。接下来，从本章开始，我将为大家介绍直接优化间接成本的策略和方法。

　　在着手降低采购单价、费率（在步骤 5 中介绍）之前，首先应该查清现在采购商品的标准 / 服务等级与业务现状或一线需求是否匹配。5 年、10 年之前签订的采购合同，其内容与现在公司的实际需求很可能存在较大的偏差，因为这些年来，市场、业务环境已经发生了很大的变化。尤其是 2020 年 3 月以后，受到新冠疫情的影响，市场环境、行业状况和员工的工作方式都发生了剧变，甚至连 1 年前、半年前签订的采购合同都可能存在与实际不符的情况。所以更久以前的合同，需要从零开始重新审视。对于采购商品的标准或服务等级是否合理，是否存在优化的余地，应该从以下 4 个视角出发进行审视。

视角 1：审视是否存在品质过剩情况

视角 2：检查是否存在频率过剩情况

视角 3：消除浪费现象

视角 4：采用最新的 IT 工具或服务进行升级改造

视角 1：审视是否存在品质过剩的情况

首先，公司采购的商品或服务，有可能存在"品质过剩"的情况，所以需要将它们优化到必要的最低限度。一般情况下，提到品质过剩，大家首先想到的可能是公司有多少辆高级轿车、公司资料都用彩色打印、全体员工配发最新的智能手机等，但这些都是肉眼可见的成本，还有很多看不见的成本。例如，对于多功能打印机、移动电话等间接成本项目，如果根据工作一线实际需求进行精细调查，可能发现很大的优化余地。

以多功能打印机为例，每台的用途不同、每月的打印量不同，可能公司里并不是所有部门都需要最新机型的打印机。有些情况下，可能公司各个楼层配备的多功能打印机数量也是值得商榷的。另外，关于移动电话，肯定是销售主管的通话时间最长，而管理部门的员工，手机更多是用来收发资料，因此流量用得相对多一点。由此可见，工作性质不同的员工，移动电话费用套餐应该有所差别。

案例：检查多功能打印机是否存在品质过剩的情况

- 工作一线的种种情况

  - 旧的多功能打印机使用期满后，一律更换最新型多功能打印机。
  - 在更换旧的多功能打印机时，采购相同数量的机器，设置在相同的位置。
  - 过多地使用没有必要的彩色打印或单面打印。
  - 公司内部会议，常常按照出席人数复印相应数量的资料。

- 问题出在哪儿？

  - 没有对每一台多功能打印机的实际使用情况进行分析，没有按照一线工作需要配置合适的机型和数量。
  - 没有特殊理由，还经常使用彩色打印或单面打印。
  - 缺乏无纸化办公的意识。

- 具体的解决方法

- 根据每一台多功能打印机的实际使用情况，选择最合适的机型，而不是统一配置最新机型。
- 查明所需多功能打印机的最低必要数量，并检查放置场所。
- 制定多功能打印机的使用规则（非必要情况下，尽量使用黑白打印或双面打印）。
- 促进无纸化办公，引进大型显示器、平板电脑等设备。

削减多功能打印机的成本（购置机器的费用和使用费用），大体可以分为两个思路：第一，在和多功能打印机厂家或经销商签订采购合同的时候，各种交易条件实现最优化（和多功能打印机厂家签订采购合同时，优化单价和交易条件）；第二，审视、优化多功能打印机的日常使用方法（改善多功能打印机的使用方法，将使用费用最小化，即进行用户管理）。以上两个思路都有助于控制多功能打印机的采购和使用成本，但本节主要讲解第一个思路。第二个思路将在第三部分关于公司内用户管理的小节中详细讲解。

为了实现第一个思路，首先应该检查的项目如表2-3-1所示。这些项目看起来有点复杂，但大体上可以分为以下三类。

A. 多功能打印机的数量和机型的选择
B. 多功能打印机厂家、代理商的选择，以及服务条件的选择
C. 其他项目（合同形态、余款处理、旧机器处理等）的选择

表 2-3-1 关于多功能打印机的价格/合同条件应该检查的项目

最合适的计划设计/现实中必要的检查要素		实现成本最小化的实施案例
多功能打印机主机	多功能打印机厂家（在一家集中采购，还是多家分散采购）	• 根据每个厂家的销售战略（比如重视利润或为获取新客户、实现本期销售目标而降价促销等），谈判主机价格 • 根据引入机型/配售数量/打印张数，让厂家给出最合适的报价和交易条件 • 了解各个厂家全面更新机型（约每3年一次）/部分更新机型（约每1年一次）的时间表，不局限于最新机型，而考虑更多的选项
	主机采购价格（找到行业最低价格）	
	性能/标准（输出速度、彩印品质等）	
	不局限于最新机型（新机型、过时机型、全新二手）	
服务费	结算单价（固定费或变动费的最优化）	• 掌握多功能打印机每天的实际打印张数，设定最合适的目标价格 • 根据黑白打印、彩色打印的比例，谈判单价（削减彩色打印可降低成本） • 根据购入打印机的数量和打印张数，向厂家询价 • 掌握使用状况/维护状况，推算必要的保修时间，和厂家谈判售后条件
	售后合同的详细内容（定期保养、故障维修等）	
	折扣率（根据实际情况谈判折扣率）	
	可选售后服务（延长保修等）	
合同条件、购入或更换时的操作方法	购入合同形态（长期租赁、短期租赁、购买）	• 和新供应商进行谈判，看他们是否接受将现有长期租赁的余款追加到新的长期租赁合同中（新供应商承担现有合同的余款） • 权衡更换供应商的数量优势与余款负担，制订最合适的购入计划 • 在考虑长期租赁剩余时间和未支付余款的基础上，找出最合适的更换时机，将更换成本最小化 • 更换机型时会发生报废成本（包含以旧换新的情况），找出将报废成本最小化的方法 • 根据不同门店分别使用复印、传真、扫描的比例，分析是更换一体多功能打印机，还是分别更换复印机、传真机、扫描仪等
	合同主体（子公司主体、门店主体）	
	余款的处理方法（违约金、整合新的长期租赁）	
	更换的数量（计算出最合适的数量）	
	更换的时机（门店单独更换或整体计划）	
	报废处理（厂家回收、卖给回收者）	
	整合其他办公设备（复印机、传真机、扫描仪等）	

关于多功能打印机的数量和机型的选择，在需要更新有关多功能打印机的合同时，或履行现有合同的过程中，应该查清

公司到底需要多少台、什么机型的多功能打印机。为此，首先应该对现有的每台多功能打印机进行清查，掌握每一台的实际使用状态。然后按照工作现场的需求，将多功能打印机的数量和每台的性能（可以根据输入速度进行大致判断）调整到最合适的状态。这时，一个重要的判断标准是每台多功能打印机的工作率（以百分数表示）。

多功能打印机的工作率（%）＝每月打印（和复印）张数÷机器的输出速度（输出张数/分钟）÷1个月的标准可使用时间8 400分钟（按照每个工作日可使用7小时，每月可使用20个工作日计算）

按照上述公式计算出多功能打印机平均每分钟的工作率。一般来说，多功能打印机的工作率在2%~7%是比较正常的，超过7%发生故障的概率就会提高，所以也不能一味追求工作率而让设备超负荷运转，频繁发生故障反而会耽误工作。我们应该关注的是低于2%的情况，出现工作率过低的现象就说明多功能打印机有改善的余地。要么减少打印机数量，要么更换价格便宜的低速机（见表2-3-2）。

表2-3-2 多功能打印机的工作率：是否存在优化空间的重要判断标准

多功能打印机的工作率	评价	改善的方向
不足2%	低	调整配置数量或更换为低速机
2%~7%	正常	—

（续表）

多功能打印机的工作率	评价	改善的方向
7% 以上	高	达到这样高的工作率，根据品牌或机型，机器出现故障的概率会增高，要引起注意

注：多功能打印机的工作率按前文公式计算。

以某一企业为例，我们计算了每台多功能打印机的工作率，工作率的分布如图 2-3-1 所示。从分布图中我们可以看出，工作率不满 2% 的多功能打印机有 46 台，已经占到公司多功能打印机总数的一半以上（56%）。这 46 台多功能打印机，就隐藏着优化成本的空间。

首先应该考虑的是步骤 1：削减多功能打印机的配置数量。出现较多低工作率多功能打印机的现象，说明现有多功能打印机的数量和性能（输出速度）存在品质过剩情况。举例来说，在同一办公楼层很近的位置配置了 2 台多功能打印机，如果这 2 台的工作率都不超过 2%，那就可以考虑削减 1 台了。另外，如果这 2 台多功能打印机中，有 1 台的工作率超过 2%（正常工作率），但 2 台的工作率合计没有超过 7%，也是可以削减 1 台的。

另外，说这 2 台多功能打印机位置"接近"，还要实际考察到底相距几米、是否存在集中使用的时间段、从信息安全的角度考虑是否可以跨部门使用同一台多功能打印机等。也就是说，需要根据工作现场的实际需求，分析多功能打印机的必要性，以及配置方式是否合理合规。如果两个部门使用同一台多功能打印机会造成部门之间的信息泄露，导致纠纷，那就需要给这两个部门分别配置多功能打印机，即使每台的使用率都不高，也没有办法。

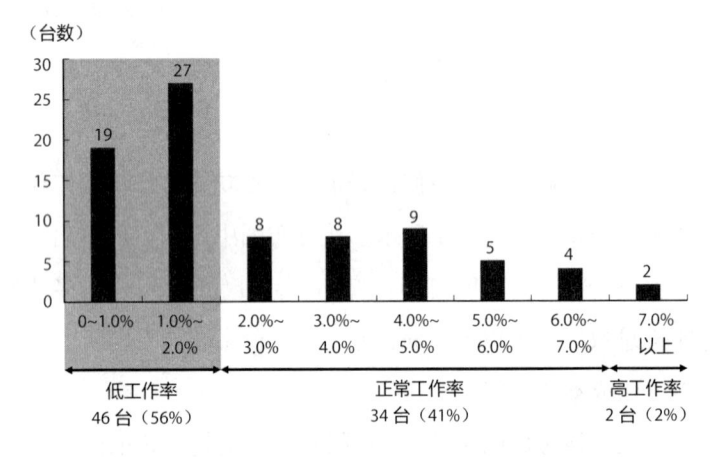

图 2-3-1　案例：某公司多功能打印机工作率的分布

完成削减多功能打印机的配置数量之后，如果还存在低工作率（不足 2%）的多功能打印机，就可以考虑更换便宜的低速多功能打印机了。例如，如果 1 台高速打印机（45 张/分钟）的工作率只有 1.5%，那么换成低速打印机（15 张/分钟），后者的工作率就可以达到 4.5%，足够满足工作现场的需要。在使用低速机替换高速机的时候，也要考虑替换后低速机的工作率不要超过 7%。一般来说，将 1 台高速多功能打印机换成低速机，采购价格可以减少 120 万日元左右（见表 2-3-3）。当然，不同厂家、不同机型的多功能打印机价格会有所不同，但出入不大。

表2-3-3 低速/中速/高速多功能打印机价格的差异（大体价格）

多功能打印机主机	输出速度（张/分钟）	多功能打印机主机的目录价格（万日元/台）	市场价格 价格范围（万日元/台）	市场价格 平均价格（万日元/台）
低速机	少于20	73~104	22~62	42
中速机	20~35	109~163	32~98	65
高速机	35以上	171~460	51~276	163

最新型的高速多功能打印机从功能和性能上来说确实吸引人，但我们在实际工作中发现，除了打印、复印、扫描、传真四大功能，其他很多功能是不常用到的。所以，一定要选择高速多功能打印机的话，也建议选择只具备四大基本功能的机型，其他的功能基本是浪费。

关于多功能打印机厂家、代理商的选择以及服务条件的选择，首要的是计算出彩色打印、黑白打印的结算单价（打印1张需支付的价格），因为这个结算单价对最终的支付金额影响最大。一台多功能打印机每月打印的张数越多，分摊到每张的单价就越低，所以事先应该测算好多功能打印机的配置数量，尽量提高每台机器的工作率。

另外，根据售后服务的具体条件和增选的服务项目，每月支付的金额也不一样。需要提醒大家注意，厂家一般会提供多种套餐给我们选择，但套餐中可能包含对我们无用的功能或服务，如果不经过谈判将这些多余的项目去除，就会白白增加支出。再有，很多企业觉得直接从多功能打印机厂家订购设备会比较便宜，因为没有中间商。但根据我们的经验，一些大型代理商给出的价格甚至会低于厂家，所以大家要多做调查。

最后关于其他项目（合同形态、余款处理、旧机器处理等）的选择，虽然这些事项与多功能打印机本身以及使用费用没有直接关系，但合同内容（违约金条款等）、机器的购入方式（短期租赁、长期租赁、购买）、余款的处理方法、旧机器的处理方法等，其实都可能存在优化的余地。如果公司需要长期使用多功能打印机，那与短期租赁、长期租赁相比，直接购买下来，以后再进行以旧换新，从财务角度来说更具优势。有的厂家或代理商采取免租金、按照实际打印张数收费的方式，也有的采取设置每月最低使用金额、超出的部分额外收费的方式。这两种方式需要我们事先按照实际打印数量进行精确测算，否则有可能占了免租金的便宜，却吃了高使用费的亏。

在更换多功能打印机供应商的时候，现有机器的余款如何处理也是一个不容忽视的问题。一些新的供应商愿意承担旧机器的余款，即把这部分余款从新机器的租赁费用中减掉。所以在更换供应商之前，先和他们商谈一下余款的处理方式，有可能帮我们省下一笔支出。在更换多功能打印机的时候，如果能够按照每一台的实际使用情况逐台更换，产生的余款会相对较少。

案例：检查移动电话是否存在品质过剩的情况

- 工作一线的种种情况

  - 以通话/数据流量使用最多的人为标准，为公司所有人统一订购手机和话费套餐。
  - 为获得较高折扣率，和电信运营商签订长期合同（3

年或者4年)。

- 问题出在哪儿？

  - 配置的很多手机并不能完全发挥作用，还要支付过剩的话费套餐。
  - 很多员工使用的通话时长/数据流量并不多，却给他们购置了高额的话费套餐。
  - 配置的很多手机处于休眠状态，每月还要支付基本服务费。

- 具体的解决方法

  - 不要以部门为单位，而要以每一名员工的手机为单位，根据实际使用情况适配话费套餐（准备3~5种话费套餐，为每一部手机进行适配）。
  - 检查配置手机的机型是否合理，用不到的手机即时和电信运营商解约。
  - 采用集团型话费套餐，让公司内配置的手机共享通话时长和数据流量。
  - 重新审视合同期限以及违约金条款。

对于企业给员工配置手机、话费套餐的问题，审视的视角多种多样，比较复杂，但大体上可以分为以下三类（见表2-3-4）。

A. 选择合适的话费套餐和定制服务

B. 选择配置手机的型号

C. 合同内容（合同期限、中途解约的违约金条款等）的优化

表 2-3-4　关于移动电话话费套餐价格／合同条件应该检查的项目

最合适的计划设计／现实中必要的检查要素		实现成本最小化的实施案例
话费套餐和定制服务	电信运营商	• 根据每一名员工的实际通话时长和数据流量用量，为其匹配合适的话费套餐 • 用全体员工共享通话时长、数据流量的话费套餐，代替单独的高价话费套餐（无限通话、无限流量等） • 减掉多余的定制服务、增选服务
	通话费（免费通话多少分钟、无限通话时长等）	
	数据流量费（多少流量计划、多少流量共享等）	
	国际长途定制服务（漫游服务、话费折扣等）	
	附加服务、增选服务（热点服务、电话留言等）	
手机	手机类型（苹果系统、安卓系统、非智能手机等）	• 对使用频率低、处于休眠状态的手机，做解约处理 • 根据员工实际工作需要，为其配置适当类型、型号的手机（没有必要人手一台最新款的高档智能手机） • 掌握手机的实际使用情况和维修情况，调整必要的保修时间
	手机型号	
	故障时的保修条件（出故障、纠纷时）	
	移动设备管理（手机状况、软件管理等）	
合同内容（合同期限、违约金等）	手机的合同形态（全款购买、分期购买、租借）	• 如果是分期购买的手机，在尚未支付完余款的情况下更换运营商，可以通过谈判把余款转给新的运营商 • 在更换和新采购手机的时候，凭借数量优势，和新运营商谈判余款转入等事宜，选择最合适的话费套餐 • 根据手机使用状况，评估剩余分期支付期限和余款数额，决定最佳更换时机，使更换成本最小化
	合同期限（2 年、3 年、4 年）	
	违约金的设置（线路违约金、分期余款等）	
	各种折扣（营销折扣、集团客户优惠等）	
	保修窗口（厂家、代理商等）	
	手机配置时间表（手机的交货期、配套服务激活期等）	

关于选择合适的话费套餐和定制服务，不建议给公司全体员工或整个部门的员工配置同样的话费套餐，应该根据每一位员工的实际工作需求和使用情况，为他们配置合适的话费套餐。为此，首先该做的事情是查清公司里每一部手机的通话时长和数据流量的使用量。

在调查通话时长和数据流量的时候，除了要查明过去的平均用量［通话时长（分钟）、数据流量（GB）］，还要查明以前月度的最大用量。众所周知，在电信运营商设置的话费套餐中，每月有一个通话时长和数据流量的最大值，如果实际使用量超过了最大值，那超出的部分就会被收取很高的费用。所以，在给员工配置话费套餐的时候，要选择套餐的最大值可以覆盖员工实际使用量的那种。

公司可以根据每位员工手机的实际使用情况，为他们单独配置合适的话费套餐，也可以作为企业用户向电信运营商购买"集团共享话费套餐"。相信大家对这种共享套餐都不陌生，个人用户有"家庭共享话费套餐"，家庭成员的手机参加这个套餐后，可以共同使用套餐中的通话时长和数据流量。"集团共享话费套餐"也是一样，公司所有员工共享这个套餐中的通话时长和数据流量。这个共享套餐有一个好处：当某个员工某个月的通话或流量使用量激增的时候，可以被整个套餐的最大值覆盖。因为总有一些员工的手机使用量没那么大，这样就不会出现超出个人套餐最大值而被运营商收取高额费用的情况了。而且，这样可以通过监测总量来管理员工总的通话时长和数据流量用量，选择更加合适的集团分享套餐，从而避免浪费现象。

在调查员工手机话费套餐是否合理的时候，我为大家介绍一种调查方法。例如，首先选取11名员工的手机，暂命名为手机A~K，分析方法如表2-3-5所示。首先查清每部手机过去6个月中月度最长的通话时长［最大通话时长（分钟/月）］，再算出每个月的平均通话时长［平均通话时长（分钟/月）］。虽然每部手机的实际通话时长差异很大，但它们都加入了每月"无限通话"的套餐。不过，现在要给每台手机更换套餐，更换的依据是"最大通话时长（分钟/月）"，新套餐的最大通话时长可以覆盖实际最大通话时长（表2-3-5中的方案A）。

表2-3-5 以个人手机为单位，检查通话套餐是否合理

☐ 前提：当前所有员工参加的是"无限通话"的套餐
☐ 通过重新审视话费套餐，手机之间可以共享通话时长的方案B或方案C更好
- 方案A：根据每部手机过去月份的最大通话时长，分别加入能够覆盖各自最大通话时长的话费套餐
- 方案B：在方案A的基础上，手机之间（D~F和G~K）共享通话时长
- 方案C：手机之间（C~K）共享通话时长，并统一到最低费用的套餐（整体通话时长控制在270小时以内就可以）

智能手机编号	过去6个月的实际使用数据		当前的话费套餐	新话费套餐方案		
	最大通话时长（分钟/月）	平均通话时长（分钟/月）	没有共享 统一套餐	方案A 没有共享 单部手机最优套餐	方案B 有共享	方案C 统一套餐
手机A	184	118	无限通话	无限通话	无限通话	无限通话
手机B	160	98	无限通话	无限通话	无限通话	无限通话
手机C	85	42	无限通话	150分钟	150分钟	30分钟
手机D	45	32	无限通话	60分钟	60分钟	30分钟
手机E	41	31	无限通话	60分钟	60分钟	30分钟

(续表)

智能手机编号	过去6个月的实际使用数据		当前的话费套餐	新话费套餐方案		
	最大通话时长（分钟/月）	平均通话时长（分钟/月）	没有共享 统一套餐	方案A 没有共享 单部手机最优套餐	方案B 有共享	方案C 有共享 统一套餐
手机F	34	25	无限通话	60分钟	60分钟	30分钟
手机G	25	14	无限通话	30分钟	30分钟	30分钟
手机H	14	10	无限通话	30分钟	30分钟	30分钟
手机I	10	9	无限通话	30分钟	30分钟	30分钟
手机J	7	4	无限通话	30分钟	30分钟	30分钟
手机K	3	0	无限通话	30分钟	30分钟	30分钟
通话时长合计（除去A、B）	264分钟	147分钟	无限制	480分钟	480分钟	270分钟
每月支付金额的评价			高	中	中	中~低

方案A为每部手机匹配了最佳套餐。在此基础上，与电信运营商谈判增加"共享通话时长"的事宜（在相同套餐之间共享通话时长），这就是方案B。在方案B中，因为同事之间共享通话时长，所以即使某部手机某个月的通话时长超出了套餐中的最大通话时长，只要其他同事通话比较少，总通话时长就不会超额。这是比方案A灵活的地方。另外，由于可以共享通话时长，可以管理通话时长的总量，因此也就有可能选择最佳的统一套餐，这便是方案C。

以上对通话套餐的检查，也适用于对数据流量套餐的检查（见表2-3-6）。

第二部分 削减间接成本的8个步骤 101

表 2-3-6 以个人手机为单位，审视数据流量套餐是否合理

- □ 前提：当前所有员工参加的是"50GB 数据流量"的套餐
- □ 通过重新审视数据流量套餐，手机之间可以共享数据流量的方案 B 或方案 C 更好
- 方案 A：根据每部手机过去的"最大数据流量/月"，分别加入能够覆盖各自最大数据流量的套餐
- 方案 B：在方案 A 的基础上，手机之间（B~D 和 E~I）共享数据流量
- 方案 C：手机之间（C~K）共享数据流量，并统一到最低费用的套餐（整体数据流量控制在 55GB 以内就可以）

智能手机编号	过去 6 个月的实际使用数据		当前的流量套餐	新流量套餐方案		
	最大数据流量（GB/月）	平均数据流量（GB/月）		方案 A	方案 B	方案 C
			没有共享	没有共享	有共享	
			统一套餐	单部手机最优套餐	统一套餐	
手机 A	18	6	50GB	50GB	50GB	5GB
手机 B	7	4	50GB	10GB	10GB	5GB
手机 C	6	2.5	50GB	10GB	10GB	5GB
手机 D	6	2.3	50GB	10GB	10GB	5GB
手机 E	3.7	1.8	50GB	5GB	5GB	5GB
手机 F	3.1	1.6	50GB	5GB	5GB	5GB
手机 G	2.6	0.9	50GB	5GB	5GB	5GB
手机 H	2.4	0.7	50GB	5GB	5GB	5GB
手机 I	0.5	0.2	50GB	5GB	5GB	5GB
手机 J	0.2	0.1	50GB	2GB	2GB	5GB
手机 K	0.1	0.1	50GB	2GB	2GB	5GB
数据流量合计（除去 A、B）	49.6	20.2	550GB	109GB（不可共享）	109GB	55GB
每月支付金额的评价			高	中	中	中~低

　　根据手机的实际使用情况选择最适合的套餐之后，还可以根据个别员工的具体需求，选择定制服务。比如，某位员工的国际长途通话时间很长、数据流量用量巨大，可以为其单独选择电信运营商的相应定制服务，以减少费用。不

过，在选择定制服务之前，应该先检查该员工手机使用情况是否合理。比如，国际长途通话其实可以用免费的网络通话（Skype 等）或视频会议工具（Teams、Zoom 等）替代。而多使用电脑网络和 Wi-Fi（无线网络），则可以减少手机数据流量的使用。

关于选择配置手机的型号，只要给员工配置能够胜任工作的手机即可，没有必要公司全员配置最新型号的高端手机。有的时候，电信运营商会推出促销活动，比如高端手机绑定套餐有大幅优惠等，有些公司贪图优惠，给员工配置了高端手机，而实际的支出成本要高不少。其实在商务工作中，用到高端手机的场合并不多，常规智能手机就可以满足工作需要。另外，还有一个"休眠"手机的问题，规模越大的企业，越容易出现采购手机数量过剩的情况，多出来的手机要么放在仓库里"睡大觉"，要么发到员工手里但使用率很低。这无形中造成了很大的浪费，所以公司应该清查"休眠"手机，不需要的手机应该即时和电信运营商解约，以免白白流失费用。

关于合同内容（合同期限、中途解约的违约金条款等）的优化，其中合同期限对成本优化的影响最大。近年来，日本政府制定了降低手机使用成本的政策，所以各个电信运营商的话费套餐都有大幅降价的趋势。虽然电信运营商打出长期合同优惠力度更大的营销策略，但 1~2 年后，它们可能会推出实际价格更低的套餐。所以，我建议尽量和电信运营商签订短期合同（2 年期）。到期后可能出现更便宜的套餐，到时再做选择。

另一方面，有些电信运营商为了增加客户的黏性，会推出"2年+1年，套餐价格优惠10%以上"的政策，如果是这样，公司倒是也可以考虑。假设和电信运营商签了3年的合同，但用了2年，合同期还剩1年的时候，市面上出现了更划算的套餐，这时不要老实地等待合同期满，而应该马上与电信运营商进行谈判，要求变更合同条件，调整为更便宜的套餐。

案例：检查保险是否存在品质过剩的情况

企业都会购买保险，根据企业当前的业务状况，重新审视保险合同的内容，有很大概率可以发现削减成本的空间。精细审查保险产品的合同内容，需要一定的专业知识。但只要按照以下几个基本要点对合同内容进行审查，就能找出最适合自家公司的保险条件（见表2-3-7）。

如表中所示，在优化保险费的时候，首先检查保险合同内容与公司当前的业务状况是否匹配。其中，应该特别关注以下三点。

A. 赔偿内容的最优化
B. 重新审视签约方式
C. 衡量承担的风险

表 2-3-7　优化保险费用时应该检查的项目

根据最合适的条件设定必要的检查项目		实现成本最小化的实施案例
A. 赔偿内容的最优化	赔偿限额	以前没有设定赔偿限额，现在需要计算可能最大损失，据此设定现实的赔偿限额，可以降低保险费
	免责条件	以前没有设定免赔金额，现在将免赔金额设定为 10 万日元。结果，公司每年可能要增加 500 万日元的支出用于填补事故损失，却可以省下 2 000 万日元的保险费
	保险金额	以前按照重置价值对公司拥有的全部设施进行了投保，但发现某些设施发生全损时，公司将放弃这些设施，不再重置。在这种情况下，就不应该按照重置价值对设施进行投保，而应该按照实际价值对其进行投保，这样可以减少投保费用
B. 重新审视签约方式	整体合同	以前对每个设施进行了火灾投保，但某些设施的赔偿内容约定不充分。现在可以改为对全部设施签订整体保险合同，既可以优化赔偿内容，也可以降低投保费用
	合同期限	签订长期保险合同可以享受折扣，降低投保费用
	保险设计方法	将保险金额分割成多个层级。不同保险公司的承保政策不同，利用这一点，按照保险金额的层级选择最合适的保险公司，可以降低投保费用
C. 衡量承担的风险	防灾、防再发的对策	展示自家公司的日常防灾措施以及防止事故再发生的对策，向保险公司证明我们可以降低其承担的风险，从而减少投保费用 □ 防灾、防再发的对策 • 遭受过火灾将工厂全部烧毁的事故，为防止再次发生此类事故，给工厂配备了自动消防喷淋设施
	公司内的防灾措施	
	过去的保险赔偿事故案例	• 遭受过暴雨导致工厂淹水的事故，为防止再次发生此类事故，给工厂配备了防水板、沙袋等设施 □ 公司内的防灾措施 • 成立防灾小组，给门窗更换防火玻璃等

首先，关于赔偿内容的最优化，在保险合同中，最有可能削减保险费的是赔偿限额和免责条件两项。关于赔偿限额，我举两个存在优化空间的案例：一是保险合同中没有设定赔偿限额；二是给公司旗下100家门店购买火灾险的时候，设定赔偿限额的依据是100家门店全部发生火灾时的损失。

设想一下，一家公司旗下有100家门店，这些门店不可能开在同一个地方，肯定是分散在各个城市、地区，100家门店同时发生火灾的情况在现实中不可能发生。即使把时间范围拉长，在1年时间内，100家门店都发生火灾的概率也几乎为零。所以，不能依据100家门店全部发生火灾时的损失来设定赔偿限额。一般来说，公司应该聘请风险咨询公司对门店进行现场调查，请他们计算出通常情况下可能发生的、最坏条件下的单次事故在现实范围内预想的最大损失额，即PML（可能最大损失）。依据PML设定赔偿限额，可以通过保险赔偿完全覆盖损失。

另外，在设定年度累计赔偿限额的时候，要计算"过去10~15年的最多火灾次数/年 × 单次火灾的赔偿限额"，把这个计算结果设定为年度累计赔偿限额。从经验上来说，这样得出的保险赔偿基本可以覆盖最大风险。在这种情况下，根据前面介绍的PML设定单次事故的赔偿限额。总而言之，赔偿限额的设定要点是，先对现实中可能发生的最大规模的事故造成的损失进行量化计算，然后据此设定赔偿限额。

接下来是免责条件，免责是指免除保险公司的赔偿责任，保险公司不必支付赔偿金，免除保险公司赔偿责任的特定条件就是免责条件。一家公司购买了保险，当其受到损害的时候，保险公司有义务按照保险合同的规定对公司进行赔偿。但如果保险合同中规定了免责条件，而且发生的损害符合免责条件，则保险公司没有赔偿的义务。例如，保险合同中一般会规定，投保人故意做出的破坏，或者因战争受到的损害，都属于免责条件，对此保险公司没有赔偿的义务。

现实中，企业对财产保险应该检查的要点，是关于小额损失、小事故的赔偿条件。从本质上说，投保财产保险的目的是对冲风险，但一般只针对那种威胁企业生存的巨大损害或事故。在日常业务运营层面可以应付的小额损失、小事故，没有必要请保险公司赔偿。甚至可以说，企业自行填补小事故造成的小额损失，从财务的角度来讲更加经济，因为这样可以降低保险费用。我们来看一个合理设定免责条件的成功案例。一家公司把免赔金额设定为10万日元，即10万日元以下的损失自己承担，不需要保险公司赔偿。结果，该公司一年花费500万日元填补各种小损失，但投保的费用却减少了2 000万日元。

接下来是重新审视签约方式，其中明显有助于削减保险费用的是整体合同和合同期限。相比赔偿内容的最优化，重新审视签约方式不需要太多专业知识，所以建议企业的经营管理者一定要对保险合同的签约方式进行检查。整体合同，如字面意思，就是和一家保险公司签订一份整体保险合同。有些企业，各个分公司、各地区门店单独和保险公司签订保险合同，或者按照保险种类分别签合同。而整体合同，就是将上述情况一并打包的一份保险合同。企业与一家保险公司签订整体保险合同，对保险公司来说，不仅可以分散风险，还可以减轻业务上的负担（减少保单数量），所以，保险公司也愿意给整体合同的保险费用打折扣。这样一来，企业作为投保人，不仅可以节省保险费用，还可以提高对保险合同的管理能力（合同条件统一化，防止赔偿内容重复，防止遗漏投保项目等）。

关于合同期限，我建议尽量签订长期保险合同。因为长期合同折扣力度较大，而且合同期间不会受保险费率上调的影响，比单年合同更有优势。

不过，近年来由于大型台风、暴雨等自然灾害在日本多发，保险公司在自然灾害保险方面的收支出现了急剧恶化的倾向，结果导致保险公司对长期合同的折扣率有所下调。

最后，关于衡量承担的风险，企业可以采取一些降低事故发生概率的措施（保险公司认可的措施），减少保险公司承担的风险，保险公司也会相应降低保险费用。保险公司会规定一些防灾和防再发的对策、公司内的防灾措施，投保企业可以积极与保险公司的相关负责人沟通，了解保险公司的规定，然后在公司内采取相应的防灾措施，得到保险公司的认可后，便有可能获得保险费用方面的优惠。

视角2：检查是否存在频率过剩的情况

接下来是对频率过剩（品质水平适当，但使用频率过剩）的检查。检查频率过剩问题，是将过度的工作频率降低到正常水平。但令人意外的是，很多一线负责人没有意识到这个问题。举例来说，办公室的清洁（使用吸尘器）、门店的现金回收等日常工作，由于长年工作形成的习惯，很少有人质疑每天都做是否合适。

另外，如果不了解同行业其他企业在同一项工作上的操作频率，公司内对现状也不会产生改善意识。从某种意义上说，企业的经营管理层应该跳脱出来，摆脱长年形成的工作习惯，以第三方的角度审视这项工作有必要每天都做吗？总而言之，先客观审视自家公司各项工作的频率，再找出最低限度的频率，然后才能发现需要改进的地方。

案例：检查现金运送是否存在频率过剩的情况

- 工作一线的种种情况

  - 每天到门店回收现金是理所当然的工作。
  - 每天结账时，对账要精确到1日元，为此花费很多时间。

- 问题出在哪儿？

  - 每天都要回收现金，缺乏必要性。
  - 不仅结账时进行对账，现金回收后还要花人工、时间进行对账。

- 具体的解决方法

  - 将现金回收频率从每天1次降低为每周2次或3次［采用大型收银机（可存储现金）或保险柜］。
  - 采用大型收银机保管现金后，节省了自家公司和押运公司双方统计现金总额的时间。
  - 不再使用押运公司指定的保险柜、配送箱。

现金运送的成本，基本上全是配送、回收现金产生的人工费用。以现在的市场行情，想要降低人工费用（包括业务外包费、人员派遣费）的单价是不太可能的。所以，在削减现金运送的费用时，应该把关注点放在减轻押运公司的工作负担和减少勤务时间上。减轻工作负担、减少勤务时间后，可以要求押运公司相应降低费用。为此，具有代表性的举措有如下3个。

措施1：降低配送、回收现金的频率（从每天1次降为每周数次）。

措施2：减轻现场作业（核对金额、必须在场）的负担。

措施3：对于押运公司提供的机器设备，协商降价或干脆不用。

减轻押运公司工作负担最有效的是上述第1项措施。现金运送业务的成本中，人工费用占了绝大部分，所以降低业务频率就可以直接减少人工费用。

经常有企业的管理者主张"从经营层面说，需要掌握门店每天的销售额情况，所以有必要每天回收现金"，但实际上，管理门店每天的销售额数据和把当天的现金存入银行是两回事。即使每周配送、回收现金1~2次，也同样可以管理门店的每日销售额数据。不过，降低配送、回收现金的频率后，门店保管的现金销售款、找零现金就会比以往有所增加，因此可能需要引进大型的收银机或保险柜。

下面我用一个具体案例来讲解，一家门店配送、回收现金的频率可以降低到什么程度。我将假设几种频率（每周4次、每周3次、每周2次）分别进行分析（见表2-3-8）。

表2-3-8 将运送现金的频率由每天1次降低为每周数次

	运送频率/周	运送日期（例）	1次的运送量 （1次运送几天的量）
现状	每天	周一到周日	7次1天的量
不同运送频率的分析	每周4次	周日、周二、周四、周六	3次2天的量、 1次1天的量
	每周3次	周一、周四、周六	1次3天的量、 2次2天的量
	每周2次	周二、周六	1次4天的量、 1次3天的量

降低运送现金的频率后，门店要保管的销售款、找零现金的量自然会有所增加。与每天运送现金相比，每周2次的话，最多要保管4天的销售款及找零现金。粗略计算一下，最大现金保管量是原来的4倍。所以，在降低现金运送频率之前，要分析多大的保管容量才能满足需求。为此，需要检查过去12

个月，这家门店每天的销售额数据。

我们将"销售款（仅限现金）+ 找零现金的合计量"与"收银机存储现金的容量"进行比较。为此，需要的数据和检查事项如下所示。

分析需要的数据：

• 过去 1 年中每天的销售额数据
• 每天销售款与找零现金的比例

对上述数据进行分析验证：

验证 1：保管现金数量是否能控制在现有收银机最大容量的 85% 以内。

验证 2：保管量如果超过了现有收银机最大容量的 85%，该引进什么规格的大型收银机。

将频率降为每周 4 次对应的每次运送现金的详情是 3 次 2 天的现金量、1 次 1 天的现金量。对于一周中销售额最多的那一天，可以运送 1 次，其他日子则可以 2 天运送一次（例如，一周中周日的销售额最多，那么就周日运送 1 次，其余的日子按照"周一+周二""周三+周四""周五+周六"，2 天运送 1 次即可）。

确定了每天 1 次到每周 4 次的改变之后，再根据过去 12 个月中每天的销售额数据，找出保管现金量（销售款+找零现金）最多的日子。比如，周日的销售额最多、保管的现金量最多，或者"周一+周二""周三+周四""周五+周六"中某2天需要保管的现金量最多。确定保管现金量最多的日子后，就可以估算出需要多大容量的收银机了（见表2-3-9）。

像这样，以每日销售额数据为基础，按照设想的现金运送频率进行分析，就可以判断出收银机的合理容量，以及足够的找零现金。前面举例的"每天1次到每周4次"的验证方法，同样也适用于验证"每天1次到每周3次""每天1次到每周2次"的转变。最终，这些方法可以帮我们判断现有的收银机容量可以把现金运送频率降低到什么程度（下面的计划1），或者换成大型收银机可以进一步把现金运送频率降低到什么程度（下面的计划2）。

计划1：以现有的收银机容量可以把现金运送频率降低到什么程度（以过去最大的现金保管量不超过收银机容量的85%为标准）。

计划2：更换大型收银机（保管现金容量更大），可以把现金运送频率降低到什么程度。

在本次的试验中，在维持现有收银机不变的情况下，将现金运送频率降为每周3次是最优选择，但如果降到每周2次，现有收银机存储现金的容量就不够了。如果把现有收银机更换为2倍容量的大型收银机，那么降到每周2次，也足够保管现金，所以这种情况是次优方案。

表 2-3-9 降低现金运送频率的模拟试验

□ 关于现金运送频率，我们从每天的运送量到频率可降低的范围，进行全面分析
- 按照不同运送频率，分析应该保管的"销售款现金＋找零现金"的最大量／金额
- 检查该应保管现金最大量是否能控制在收银机存储容量的85%以内

<table>
<tr><th rowspan="3">运送频率
门店编号</th><th colspan="4">需要放入收银机保管现金的最大金额（日元）
"销售款现金＋找零现金"</th><th colspan="6">收银机容量的利用率</th></tr>
<tr><th>每天</th><th>每周4次
（日、二、四、六）</th><th>每周3次
（一、四、六）</th><th>每周2次
（二、六）</th><th colspan="2">每周4次
（日、二、四、六）</th><th colspan="2">每周3次
（一、四、六）</th><th colspan="2">每周2次
（二、六）</th></tr>
<tr><th></th><th></th><th></th><th></th><th>现有机</th><th>大型机（新购）</th><th>现有机</th><th>大型机（新购）</th><th>现有机</th><th>大型机（新购）</th></tr>
<tr><td>门店A</td><td>○○,○○○</td><td>○○,○○○</td><td>○○,○○○</td><td>○○,○○○</td><td>56%</td><td>28%</td><td>84%</td><td>42%</td><td>143%</td><td>71%</td></tr>
<tr><td>门店B</td><td>○○,○○○</td><td>○○,○○○</td><td>○○,○○○</td><td>○○,○○○</td><td>48%</td><td>24%</td><td>72%</td><td>36%</td><td>122%</td><td>61%</td></tr>
<tr><td>门店C</td><td>○○,○○○</td><td>○○,○○○</td><td>○○,○○○</td><td>○○,○○○</td><td>43%</td><td>22%</td><td>65%</td><td>33%</td><td>111%</td><td>55%</td></tr>
<tr><td>门店D</td><td>○○,○○○</td><td>○○,○○○</td><td>○○,○○○</td><td>○○,○○○</td><td>41%</td><td>20%</td><td>61%</td><td>31%</td><td>104%</td><td>52%</td></tr>
<tr><td colspan="5">运送频率与收银机容量的综合评价</td><td colspan="2">最优◎</td><td colspan="2"></td><td colspan="2">次优○</td></tr>
</table>

注：○○,○○○表示门店需要放入收银机保管的现金的具体最大金额。

利润为王　114

最优方案"使用现有收银机每周运送现金 3 次"和次优方案"更换大型收银机每周运送现金 2 次",都可以削减运送现金产生的相关费用。

一般情况下,收银机的使用期限是 5 年左右,采取长期租赁方式的话,租金可分 5 年支付。如果把现有收银机更换成大型收银机,机器租赁费要高出 60 万日元左右,即 5 年中平均每月多支付 1 万日元(5 年 ×12 个月 / 年 =60 个月)。也就是说,把现有收银机换成大型收银机,每月要多支出 1 万日元。但从每周 3 次降低到每周 2 次,如果每月节省的运送费用不到 1 万日元,那么换成大型收银机每周运送 2 次就没有优势可言。门店的现金运送业务一般都是委托给押运公司来做,下面我们比较一下,门店没有收银机和引进收银机之后,两种情况哪种更有优势。一般来说,门店引进的收银机必须是押运公司认可的机型。

- 优化现金运送频率(每天 1 次→每周 2~4 次)。
- 省去了结账时的现金统计工作(门店和押运公司,双方都省去了这项工作)。
- 现场的现金配送、回收工作,门店方面的工作人员不需要在场。

以上三点是门店引进可存储现金的收银机之后,获得的好处。明显减轻了押运公司的工作负担和人工费用,所以押运公司会降低收费,而且降低的运送费用很大概率会大于租赁收银机的费用。这就是引进收银机的优势。

押运公司在为我们提供现金运送服务的过程中，会用到一些机器设备，如存取款机、保险柜、配送箱等，使用这些机器设备都需要支付费用。这部分费用可能存在优化的余地。以门店需要引进押运公司指定的存取款机为例，相同的存取款机，不同押运公司的费用报价是不同的。即使是同一家押运公司，在面对不同客户的时候，对同一款存取款机的报价也可能不同，所以在和押运公司谈判之前要多做调查。建议事先多找几家押运公司（包括地方、中小型押运公司）报价，掌握市场行情价格，从而在和押运公司谈判的时候不至于陷入被动。另外，据我们了解，有些大型物流公司也会提供现金运送服务，它们的服务价格比较有竞争力。

另外，在请押运公司负责现金运送业务时，合同中可能规定了使用押运公司指定的某些机器设备（如存取款机、专业保险柜、配送箱等）。但实际工作中发现，部分机器设备可能用不上，这时候需要检查是否有必要解除多余设备的合同。我们先来看看使用押运公司指定设备的一些好处。

- 存取款机使用指纹或人脸识别，现金的存取不需要门店方面的工作人员在场。
- 现金在押运公司保管的过程中，押运公司提供安全保证。

使用押运公司指定的设备具有上述好处，但公司自己采购或租赁同类设备在价格方面会更便宜。

使用押运公司的保险柜、配送箱,每月的使用费(租赁费+保险费)有数万日元,如果使用公司自己的保险柜,每月只需支付1 000日元左右的保险费即可(但使用自己的设备,在现金交接给押运公司之前,安全责任是公司自己承担的,那就需要评估操作过程的安全性问题)。

案例:检查保洁工作是否存在频率过剩的情况

- 工作一线的种种情况

  - 日常保洁工作不限场所(办公区、走廊、楼梯、卫生间、外部区域等),每天对所有区域都进行保洁。
  - 定期清洁的项目,如清洗打蜡、擦玻璃等,全部按照外包公司指定的频率进行。
  - 同一区域的清洁方式多种多样。

- 问题出在哪儿?

  - 关于"脏污程度"和"必要的清洁等级",不同区域有不同的标准,如果按照统一的频率来做保洁,那么必定有些区域会出现保洁频率过剩的情况。
  - 公司自己没有掌握保洁的频率,把工作全权交给外包保洁公司。
  - 对同一区域的保洁工作,不同负责人有不同的工作程序和工作时间。

- 具体的解决方法

  - 对不同的区域，逐一调整保洁频率。
  - 重审保洁指导手册，进行彻底优化。
  - 对各个分公司、办事处之间存在的保洁频率、实施方法的差异进行统一纠正。
  - 根据现场的需求以及和同行其他公司的比较，检查保洁品质、水平的妥当性。
  - 引进自动清洁机器人等高科技工具。

保洁成本中占最大比例的是人工费用，国家规定了最低时薪，所以降低保洁人员的时薪是不太可能的。因此，在考虑削减保洁费用的时候，压低单价不太现实。这时应该关注的是减少保洁时间，调整保洁频率，改善保洁方法，提高保洁工作效率。特别是对于没有必要的保洁工作，要果断削减；再者，通过采用效率更高的保洁流程，以更短的工作时间实现同等的保洁效果。

实现保洁工作的最优化，主要着眼点有以下几个。

着眼点1：按照保洁区域，逐一调整保洁频率。

着眼点2：扩大可以进行保洁工作的时间段，请外包保洁公司调整工作时间表。

着眼点3：彻底优化保洁指导手册，将保洁工作所需时间和方法标准化。

着眼点4：灵活运用各种保洁工具、药剂、机器人，实现省力化。

削减保洁成本，效果最明显的当数按照保洁区域，逐一调整保洁频率。通过对保洁区域进行逐一检查，找出保洁频率过剩的区域，降低过剩区域的保洁频率，就等于削减了保洁时间（相当于削减了保洁人员的人工费用）。对于一般的公司来说，日常保洁区域主要有办公区域、走廊、会议室（宾客用、自用）、大厅前台、卫生间、楼梯、外部区域等。

卫生间是每天必须打扫的，这没什么疑问，但来访客人一般不会经过的办公区域、楼梯等不一定要每天打扫。另外，关于需要定期保洁的项目，如地板打蜡、擦玻璃等，每年做几次合适，可能各个分公司、各地办事处的标准各不相同。在这种情况下，实施频率的标准化、统一化更有助于节约成本。

那么，怎样才能将每个区域的保洁频率调整到最合适的程度呢？下面为大家列举4种具体调整方法，大家可以先选取其中两种方法进行分析，然后在实际操作过程中再根据现场需要分析其余两种方法（见表2-3-10）。

表2-3-10 找到最合适保洁频率的方法

	验证方法	概要
方法1	对公司内各个门店、营业点进行横向对比	✓ 查明各个门店、营业点实际保洁频率的差异 ✓ 在确认现场卫生水平的基础上，设定统一、合理的保洁频率
方法2	听取现场保洁负责人的意见	✓ 向现场保洁负责人询问，确定是否存在不太容易脏的区域，是否存在保洁频率过高的情况

(续表)

	验证方法	概要
方法3	请新的保洁公司提供方案	✓ 请新的保洁公司来现场进行实地调查，请它们提供新的保洁方案 ✓ 检查是否存在可以降低保洁频率或简化保洁程序的区域
方法4	与同行业其他公司的保洁服务水平进行比较	✓ 在与同行业其他公司举行研讨会时，听取对方公司保洁服务的水平，或者向跳槽过来的员工询问其原公司实施保洁的频率和方法 ✓ 与同行业其他公司的保洁频率进行比较，检查自家公司是否存在保洁频率过剩的情况

方法1：对公司内各个门店、营业点进行横向对比。通过横向对比，掌握各个门店、营业点在保洁工作方面存在的差异（见表2-3-11）。已经实现连锁经营的大企业，一般会在总公司的主导下，为各个门店、营业点的保洁工作制定统一标准。但是，尚未做到这一点的企业往往会把保洁工作的裁量权授予各个门店、营业点的负责人。因此，保洁工作的标准、频率参差不齐。在这种情况下，首先应该对各个门店、营业点的保洁频率、方法进行比较，在此基础上为保洁工作设定一个统一标准。

表2-3-11 不同营业点保洁频率的差异与纠正

营业点	面积（平方米）	外包保洁公司	保洁频率/周			
			地板清洁	办公桌清洁	垃圾回收	烟蒂和烟灰回收
东京	2 000	无	2次	2次	2次	—
新宿	1 000	无	3次	—	3次	—
横滨	2 000	无	5次	5次	5次	5次
埼玉	4 000	有	3次	—	3次	—
大阪	1 000	有	3次	3次	3次	3次

(续表)

营业点	面积（平方米）	外包保洁公司	保洁频率/周			
			地板清洁	办公桌清洁	垃圾回收	烟蒂和烟灰回收
名古屋	1 000	无	5次	5次	5次	5次
札幌	1 000	有	—	—	—	—
仙台	1 000	有	—	—	—	—
福冈	1 000	无	5次		5次	

▼ 设定新标准

新的统一标准	2次	员工自行清洁个人办公桌	2次	员工自行回收

在表 2-3-11 的案例中，公司各地营业点对于地板清洁、办公桌清洁、垃圾回收、烟蒂和烟灰回收等保洁工作独立进行管理，实施频率、方法各不相同。只要写字楼业主或物业公司没有具体的规定，那么公司就应该在满足现场需求的基础上，对各地营业点的保洁频率、方法制定统一标准（有些地区的营业点，在入驻写字楼签订租赁合同的时候，就已经在合同中规定了保洁公司、保洁频率、方法等，这些是无法更改的）。在这个案例中我们可以看到，最终公司将各地营业点地板清洁、垃圾回收的频率统一为每周 2 次，桌面清洁、烟蒂和烟灰回收则让员工每日自行处理。这样一来，在没有降低卫生标准的前提下，实现了成本的削减。

方法 2：听取现场保洁负责人的意见。现场保洁负责人或保洁员是最了解现场情况的人，询问他们的意见，就可以掌握保洁频率降低到什么程度不会影响卫生水平、保洁方法还可以做哪些方面的简化等情况。有了现场调查的结果，就有制订优化方案的依据。制订出优化方案后，可以先试运行几周时间，以验证方案的妥当性。如果没有方法1中的比较对象，就可以采取现场调查、制订方案、试错、修改方案、再执行的策略。

方法3：请新的保洁公司提供方案。保洁公司是专业公司，为很多公司服务，拥有丰富的相关知识和经验，对于最低必要限度的清洁品质、频率、方法等，肯定更有发言权。需要注意的是，如果和当前聘请的保洁公司谈判削减保洁员、保洁时间，肯定会损害对方的利益，对方不会积极配合，甚至会产生抵触情绪。这时，可以接触两三家新的保洁公司，请他们来现场实地考察，然后提出新的方案。新的保洁公司为了获取新客户，一般会尽职尽责设计方案，还有可能提供更具竞争力的报价。

方法4：与同行业其他公司的保洁服务水平进行比较。这也是调整保洁频率的有效方法（见表2-3-12）。不过，对于民营企业来说，要想详细了解同行业其他公司的卫生水平、保洁频率等信息，机会和渠道并不多。但是，近年来跳槽到同行业公司的人越来越多，倒是给了公司经营者打听其他公司情况的好机会。另外，同行业企业组织的研讨会也是一个信息共享的好渠道，参会的时候，多和同行交流，可以获得很多有用的信息和经验。扩大可以进行保洁工作的时间段，请外包保洁公司调整工作时间表，也是优化保洁成本的手段之一。一般来说，如果门店等经营场所可以做保洁的时间段受到限制，那么保洁公司对保洁员的轮班安排就会变得很麻烦，难以保证保洁员按要求到位。而为了克服这一困难，保洁公司就要投入更多的成本，因此报出的保洁单价也会相应提高。尤其是要现场接待顾客的门店，保洁工作只能在营业时间结束后进行。保洁工作的时间段只有营业结束到员工下班之间的短短几小时。我建议充分利用开店前的时间、午后客流少的时间，见缝插针地做保洁。这样就扩展了可做保洁的时间段，保洁公司据此灵活修改工作时间表，可以节省人工成本，从而降低保洁费用。

表 2-3-12　不同公司实施日常/定期保洁的频率

		高　　　　　保洁频率　　　　　低				
	清洁场所	保洁频率				
		一般标准	A公司	B公司	C公司	D公司
日常保洁	工作区域	每周：2~5次	5次	5次	3次	2次
	会议室（对外）	每周：1~5次	5次	5次	3次	1次
	会议室（对内）	每周：1~5次	5次	3次	3次	1次
	卫生间	每周：3~5次	5次	5次	5次	3次
	走廊	每周：1~5次	5次	3次	3次	1次
	楼梯	每周：1~5次	5次	3次	3次	1次
	大厅前台	每周：2~5次	5次	5次	3次	2次
	外部区域	每周：1~5次	5次	5次	3次	1次
定期保洁	清洁地板（打蜡）	每年：2~6次	6次	2次	2次	2次
	擦玻璃	每年2~6次	6次	6次	2次	2次
	清洗空调过滤器	每年4~12次	12次	4次	4次	4次
	清洗换气系统过滤器	每年4~12次	12次	6次	6次	4次

彻底优化保洁指导手册，将保洁工作所需时间和方法标准化，是为了提高保洁工作的效率。我们在现实中遇到过很多保洁工作效率不高、水平参差不齐的情况，主要原因并不是没有

保洁指导手册，而是虽然有保洁指导手册，但保洁员并没有按照手册执行。到工作一线检查保洁工作的具体流程，是一项烦琐的工作，而且很费时间。我们可以通过酒店客房保洁的案例，来看保洁指导手册实施的重要性。酒店对于客房的清洁流程，都会在保洁指导手册中有具体规定，但很多保洁员并不按手册的规定执行。尤其是经验丰富的老员工，他们往往有一套自己的清洁流程，在带新员工的时候，也会按自己的流程教他们，而完全无视手册的规定。当然，保洁指导手册中规定的流程也未必是最科学、高效的，所以需要定期听取老员工的意见，借鉴他们丰富的经验，对手册进行修改、完善，然后加以推广。这样做的目的，是保证保洁服务水平、时间和方法的标准化，从而提高工作效率。

最后是灵活运用各种保洁工具、药剂、机器人，实现省力化。举例来说，地板打蜡是重要的定期保洁项目，不同品牌的地板蜡，在功能和耐用期上存在很大差别。高价的地板蜡品质好、耐用期长，但施工费用也高，不过可以减少每年打蜡的次数，综合成本反而有可能降低。另外，对于大厅、走廊等障碍物比较少的地方，可以在下班时间或深夜利用自动清洁机器人进行打扫。现在已经有一些大企业引进了自动清洁机器人，虽然初期投入相对较大，但与人工保洁相比，综合成本还是有竞争力的。而且，现在有的保洁公司可以提供清洁机器人租赁服务，可以大大减少初期投入。

视角 3：消除浪费现象

消除了品质过剩、频率过剩之后，不能以为成本优化就走到了终点，其实还可以更进一步，检查公司里有没有浪费的情况，有些采购项目本身就没有必要，及时终止不必要的采购，可以给公司节省一大笔支出。之前一直进行的采购项目，可能大家都没有怀疑过它的合理性，理所当然地认为"买了这些东西，总比没有强""即使现在用不上，以后没准什么时候能用上"。但如果换一个角度思考，"如果没买这些东西，我们可以用什么来替代呢？""缺了这些东西，业务就没法开展了吗？"就可能发现，之前采购的这些商品或服务，也许并不是不可或缺的。

另外，很多小额支出是最容易被忽视的，比如每月固定支出的小额费用（杂志的订阅费、网站服务的月租费等），这些就像没拧紧的水龙头，一点一滴地浪费着公司的钱。所以，要对支出项目的"长尾"部分进行彻底审查，没必要的支出一定要果断终止。尤其是那些自动续约的收费项目，多半存在优化的空间。

案例：终止不必要的软件授权
- 工作一线的种种情况

- 没有掌握工作现场必需的软件授权数量。
- 按照公司的电脑数量来管理软件授权数量（默认每台电脑都要安装相应软件）。

- 公司电脑一律安装微软的 Office Professional Edition（专业版）。
- 签订整体授权合同。

• 问题出在哪儿？

- 工作一线需要的软件数量和购买的软件数量存在偏差（这等于购买了多余的软件，增加了不必要的支出）。
- 当电脑发生故障或更换电脑的时候，原电脑中授权使用的软件没有转移到新电脑中。
- Professional Edition 中的 Access 和 InfoPath 基本上用不到。
- 采用整体授权合同，需要支付更高的费用。

• 具体的解决方法

- 不要依据电脑数量来确定安装软件的数量，而要依据实际使用软件的情况来购买软件。
- 安装微软 Office 的 Standard Edition（标准版）。
- 解除整体授权合同。

公司中关于软件授权费用的浪费问题，不只是微软的 Office 365，还涉及表 2-3-13 中罗列的群组协同工作软件（Google Workspace、Cybozu 等）、销售辅助软件（Salesforce 等）、云平台服务软件（AWS、Azure 等）、办公社交软件（Chatwork、LINE WORKS 等）、存储服务软件（Box、Dropbox 等）。不管哪种软件的使用，都应该基于公司内必要的授权数量和 ID 数量进行管理，根据现场工作的实际需要，制订合理的软件使用计划。但是，对于组织规模大、员工人数多的大企业来说，准确掌握工作一线软件的实际使用情况，以及对软件授权数量、ID 数量进行管理，并不是一件容易的事情。因此，每年为获得软件授权而支出的费用严重超预算的情况十分常见。为了防止这种情况的发生，以实现节约开支降低成本，需要构筑起把控软件授权的管理体制。

表 2-3-13　企业工作中的常用软件

类型	主要软件名称
群组协同工作软件	√ Microsoft 365 √ Google Workspace √ Cybozu Garoon/Office √ Adobe
销售辅助软件（销售管理）	√ Salesforce √ Microsoft Dynamics 365 √ Oracle Sales cloud
云平台服务软件	√ AWS(Amazon Web Services) √ Azure(Microsoft Azure) √ GCP(Google Cloud Platform)
办公社交软件	√ Microsoft Teams √ Zoom √ Slack √ Chatwork √ LINE WORKS
存储服务软件	√ Box √ Dropbox √ Google Drive

优化软件授权费用的方法主要有两个。方法1：根据工作一线的实际软件使用情况，管理软件的授权；方法2：寻找新的授权代理商。

方法1：根据工作一线的实际软件使用情况，管理软件的授权

第一种方法需要做到以下三点。

（1）了解工作一线实际使用软件的情况，据此管理软件授权数量。

已经签约授权使用的软件数量，一般由公司的信息系统部门管理，首先应该查清每一台设备（电脑、服务器、智能手机等）安装、授权使用软件的数量。这时可能发现，设备安装软件的数量和工作中实际使用软件的数量可能不一致。比如，电脑中安装的某些软件（例如Access）可能员工一次也没有使用过（我们公司的电脑中就安装了Access，但6年来我一次也没有用过）。在对软件授权数量进行管理的时候，不能只看安装软件的数量，还要每隔几个月就对各设备上软件的使用情况进行一次远程监控，根据实际使用情况，对必要的软件授权数量进行管理。

另外，还有一些公司在电脑、服务器出现故障或更换这些设备时，对设备上授权使用的软件没有进行转移，而是随旧设备一起处理掉了，这就造成了软件授权费用的浪费。通常的授权合同中，是允许软件授权在不同设备之间进行转移的。所以，对于即将报废的设备，一定要将其中授权的软件转移到新设备上。

（2）根据每一位员工的实际工作需求，选择合适的软件功能套餐。

很多公司给一线员工的电脑中统一安装了相同的软件包（包括很多工作软件）。如果其中包含 Microsoft 365 E5（面向大企业的升级版本），那么企业经营者就该想一想了：所有员工都需要 E5 这个版本吗？是不是有些员工只需要低一点的 E3（每月 3 910 日元）或 F3（每月 870 日元）版本就够了呢？如果能查清这些信息，就不需要花高价让全体员工使用高级版本了。

大家可能认为查清一线工作现场对软件的具体使用需求是一件非常麻烦的事情，但实际上，对于设备上是否启动了某个软件，软件启动后是只用来浏览文件还是编辑文件，信息系统部门是可以通过远程监视进行统一管理的。以 Adobe 公司的 Acrobat 软件为例，绝大部分一般员工都只会用到其中的浏览功能，而不会用到它的编辑功能。

再比如，公司中只有极少数人会用到 Excel 软件中的"数据透视表"和"宏"功能，只为他们单独授权这些功能即可，其他大部分员工都用不到这些功能，所以没必要花高价给所有员工解锁这些功能。

（3）解除整体授权合同。

在获得软件使用权的授权时，签订整体授权合同当然最省事，可以减少管理人员的工作量，但也要为此付出更高的授权费用。签订整体合同后，并不等于不需要管理了，只是对签约软件的管理要轻松一些。那些不包含在整体合同之内的软件还是需要花时间管理的。即使是签了整体合同的软件，至少也需要一年盘点一次。

微软的整体授权软件，假设签约了 1 万台电脑，新签的 3 年合同大约需要花费 10 亿日元，后面续约还要花费 6 亿日元。如果软件一出新版本就马上更新，花费是非常惊人的，但一般情况下，老一代甚至老两代的版本也完全可以应付日常工作。软件公司推出软件的新版本后，也不会马上下架旧版本，一般会在 5~10 年内继续支持旧版本的使用。所以，在这段时间内继续使用旧版本是控制成本的一个好办法。

方法 2：寻找新的授权代理商

企业可以直接从软件开发公司购买软件的使用授权，也可以从软件代理商那里购买，从代理商那里可能获得较大的折扣。不同代理商的采购渠道和利润率不同，所以他们对外的代理价格也会有所不同。所以，企业找代理商购买软件使用授权的时候，需要货比三家，这也是节约成本的一种手段。

案例：信用卡手续费中的浪费情况

- 工作一线的种种情况

  - 和多家收单机构以不同的费率签订收单（acquiring）合同或自行收单（on-us）合同。

- 问题出在哪儿？

- 以高费率签订了不必要的收单合同或自行收单合同。
- 结果，额外支付的手续费占到销售额的 0.5%~1.0%。

- 具体的解决方法

  - 严格筛选签约的信用卡公司。
    √对收单机构（acquirer）进行集约。
    √废除不必要的自行收单合同。
  - 严格筛选信用卡品牌（实际上维萨卡、万事达卡就够了）。

近年来，日本零售行业的销售额中，无现金支付占到了三四成，而且无现金支付的比例还有逐年上升的趋势。无现金支付以信用卡支付为主，其他还有电子货币、借记卡、条形码、二维码等支付形式。本小节我将站在加盟商户的角度，分析无现金支付中费用负担最大的信用卡手续费的优化问题。

比较知名的国际信用卡品牌有维萨、万事达、JCB（日本信用卡株式会社）、American Express（AMEX，美国运通卡）、Diners Club（大来卡）等。其中，维萨、万事达自己并不涉足发卡和加盟商户管理业务，只进行信用卡规则的管理运营。承担加盟商户管理业务的公司叫作收单机构。维萨、万事达采取面对 1 家加盟商户存在多个收单机构的多重收单方式（见图 2-3-2）。

■ 即使加盟商户和所有信用卡公司都没有签约，消费者也可以用任何信用卡进行结算

多重收单方式

| 加盟商户 | 收单合同方 | 自行收单合同方 | 没有直接签约 |

收单签约 → 信用卡公司 A
代行销售额管理 → 信用卡公司 D

零售企业 G 公司

自行收单签约 → 信用卡公司 B → 信用卡公司 E

自行收单签约 → 信用卡公司 C → 信用卡公司 F

- 可以与拥有维萨、万事达发卡授权的所有信用卡公司（即收单机构）签约
- 签约的信用卡公司可以代行管理加盟商户与未直接签约的信用卡公司之间发生的销售额

- 可以与拥有维萨、万事达发卡授权的所有信用卡公司（即收单机构）签约

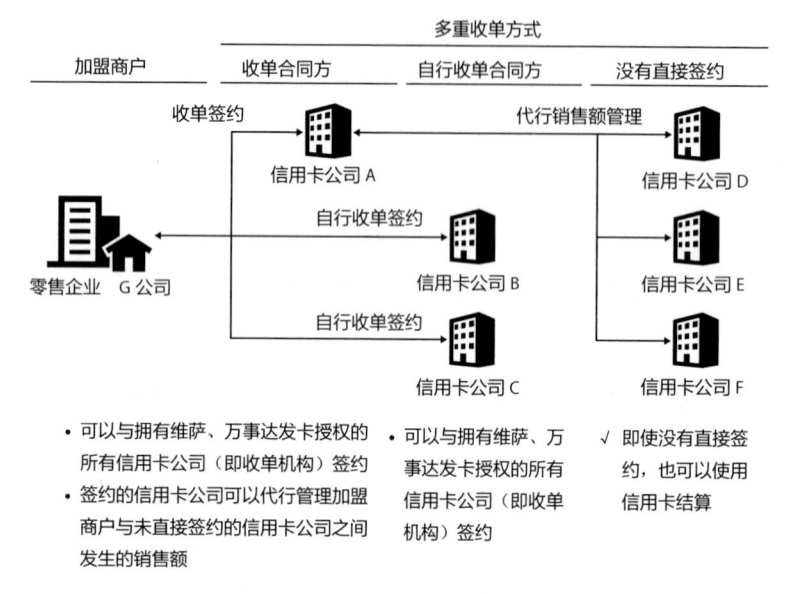

√ 即使没有直接签约，也可以使用信用卡结算

图 2-3-2　维萨、万事达的多重收单合同

具体来讲，三菱 UFJ NICOS、三井住友信用卡、UC 信用卡、AEON 信用卡、乐天信用卡等信用卡公司，都是维萨、万事达的收单机构。虽然维萨、万事达涉及的收单机构很多，但加盟商户没有必要和所有收单机构签约，只要和其中任意一家签约，就可以使用维萨、万事达的信用卡服务。各个收单机构之间是竞争关系，所以会竞相压低手续费。

当一家加盟商户和多个收单机构签约时，有两种签约形式：一种是加盟商户与没有签约的收单机构之间发生的销售款也会由签约收单机构代行管理，这种叫作"收单合同"；另一种是签约的收单机构只管理加盟商户和自己发生的销售款，这

种叫作"自行收单合同"。另一方面，JCB、美国运通卡、大来卡，既要运营品牌，还要承担发卡业务、加盟商户管理业务。一家信用卡公司作为代表，对加盟商户进行管理，这叫作"单一收单"方式。具体的收单机构有JCB、美国运通卡、三井住友信用卡。

因此，可以和JCB、美国运通卡、三井住友信用卡三家发单机构分别单独签约，或者和JCB一家机构签约，其他品牌就都可以使用了。

另外，JCB、美国运通卡、大来卡品牌的手续费费率是独立制定的，不存在竞争关系，所以和维萨、万事达品牌相比，费率会高一些。

如果商户和JMS、GMO Financial Gate等代理结算公司签约，那么消费者就可以使用任何国际品牌的信用卡进行结算。和代理结算公司签约后，就不需要逐一和信用卡公司签约了，这样做的好处是有利于统一管理信息，但需要支付代理服务费。

使用信用卡的手续费（即加盟商户的手续费），是按每笔结算支付给收单公司的，其背后产生了什么样的交易流程，产生了哪些费用呢？下面以一个具体案例来讲解。假设零售行业的A公司和收单机构三菱UFJ NICOS签订了收单合同，合同中约定的信用卡手续费率是3%（见图2-3-3）。

```
                    ┌──────────────────────────┐
                    │      信用卡品牌           │
                    │ • 维萨、万事达            │
  品牌授权费         │ • UnionPay（银联国际）    │   品牌授权费
  费率 0.05%         │ • JCB、美国运通卡、大来卡 │   费率 0.05%
                    └──────────────────────────┘
┌──────────────────┐   终端设备使用费    ┌──────────────────┐
│   信用卡公司      │    5 日元/次       │   信用卡公司      │
│ 三菱 UFJ NICOS    │◄──────────────────│   乐天信用卡      │
│ • 与零售行业 A 公司│                   │ • 与零售行业 A 公司│
│   签订收单合同    │ IRF（卡外交换补   │   没有直接签约    │
│ • 在门店配置结算  │ 偿费率）2.3%      │                   │
│   终端设备        │                   │                   │
└──────────────────┘                   └──────────────────┘
  加盟商户手续费                              （信用卡年费）
  费率 3.00%
┌──────────────────┐                   ┌──────────────────┐
│    加盟商户       │                   │     消费者        │
│  零售行业 A 公司  │◄──（购物支付）────│（使用乐天信用卡） │
└──────────────────┘                   └──────────────────┘
```

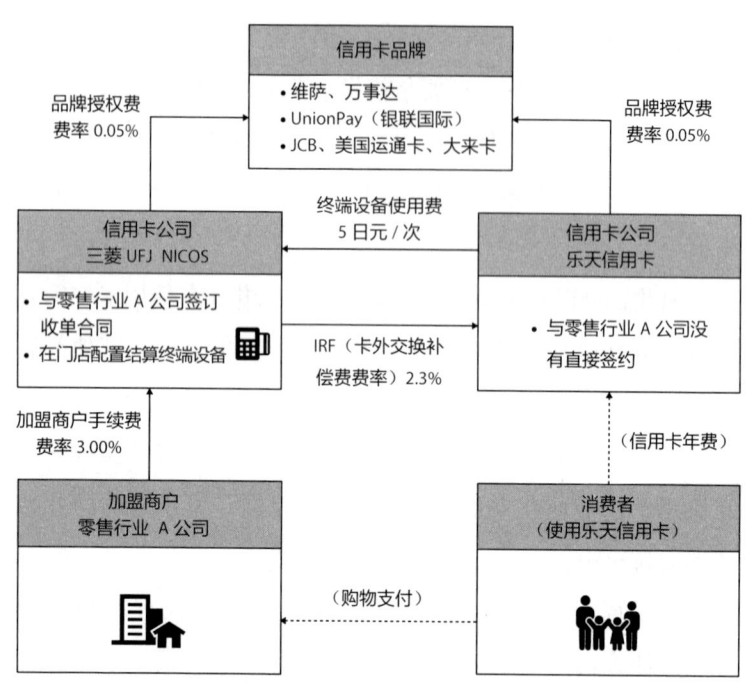

图 2-3-3　信用卡手续费费率（即加盟商户的手续费费率）为 3% 的情况下，背后的成本解析

前提条件如下所示：

- 零售行业 A 公司与收单机构三菱 UFJ NICOS 签订了收单合同，A 公司作为加盟商户，信用卡手续费率是 3%。
- A 公司与乐天信用卡没有签约。
- 消费者在 A 公司的门店里，使用维萨的乐天信用卡支付购物款。

在这种情况下，加盟商户 A 公司付出的 3% 的手续费会分给以下 3 家公司。

- 乐天信用卡（与 A 公司没有直接签约）：2.3%。
- 维萨（信用卡品牌）：0.1%。
- 三菱 UFJ NICOS（收单机构）：0.6%。

3% 的手续费中，有 2.3% 给了信用卡的发卡方乐天信用卡。可以看出，乐天信用卡拿的比例最高。这是为什么呢？因为发卡方为了获得更多的信用卡用户，会采取一些促销活动，因此发卡方要承担促销成本。再有，发卡方还要给信用卡用户"返点"并承担用户违约的风险。总而言之，发卡方为了获得新用户、维护老用户，要付出较高的成本。

通常情况下，乐天信用卡不会和所有加盟商户直接签约，所以像前面案例中那样，加盟商户和三菱 UFJ NICOS 签约，而消费者使用乐天信用卡在该加盟商户中刷卡消费后，乐天信用卡公司会向三菱 UFJ NICOS 收取 2.3% 的 IRF。IRF 是信用卡品牌设定的费率，品牌会根据加盟商户的行业和信用卡结算规模适度调整费率。

那么，站在加盟商户的角度考虑，该如何优化手续费呢？当前在日本国内，使用萨维、万事达品牌信用卡结算系统的结算金额占到了 7 成左右。前面讲过，在萨维、万事达的多重收单方式下，各个收单机构是竞争关系，它们会竞相压低手续费。所以我将以萨维、万事达信用卡服务为例，讲解加盟商户如何优化手续费。

在维萨、万事达的多重收单方式下，优化手续费有三个要点。

要点1：对多余的收单合同、自行收单合同进行解约或集约处理

当加盟商户想使用维萨、万事达的信用卡结算服务时，只要和1家收单机构签约就足够了。但现实中，不少加盟商户和多家收单机构签订了收单合同，而且费率各不相同。例如，一家加盟商户和三井住友信用卡、三菱UFJ NICOS、UC信用卡都签约，3家的手续费率又不一样，那么可以选择手续费率最低的那家保留合同，和其他两家解约。将与收单机构的合同数量控制在最低限度，可以减轻财务工作的负担，从而削减业务成本（见表2-3-14）。

表2-3-14　与不必要的收单机构解除合同

	信用卡			礼品卡
收单机构	A公司	B公司	C公司	C公司
加盟商户手续费	2.5%	3.0%	3.4%	3.4%

集约到A公司1家收单机构，废止礼品卡

	信用卡	（废止）
收单机构	A公司	—
加盟商户手续费	2.5%	—

另外，不同的自行收单合同，手续费率也有差异，如果其设定的手续费率比收单合同的手续费率更高，也需要解除部分合同，让整体手续费率统一到最低水平。

不过，礼品卡需要分收单机构进行管理，没有签约的收单机构的礼品卡，加盟商户是无法使用的。比如，和UC信用卡公司解除收单合同之后，加盟商户就无法使用UC信用卡公司的礼品卡了。

另一方面，对于地方企业来说，与大型信用卡公司签约，手续费率一般比较高，而当地银行体系的信用卡公司的手续费率会相对低一些。因为地方银行为了从大型信用卡公司手里抢客户，会对地方企业给予更多优惠。再加上当地企业一般和当地银行存在资金交易，从整体利益考虑，当地银行一般也会给当地企业降低信用卡手续费率。

要点2：统一各个地区、分店的手续费率

和收单机构签订合同时，合同内容、手续费率一般是以法人或品牌为单位设定的，但偶尔也有同一法人按照不同门店签约的情况。比如，某些在日本各地都有分店的酒店公司，因为历史原因，各个分店是以不同信用卡手续费率签约的。遇到这种情况，可以由总公司主导，将全部门店统合起来签约。这样一来，年度结算金额大幅增加，就可以和收单机构谈判争取更低的手续费率。

要点3：按照业态对手续费率进行分类

以大型酒店业为例，一般在酒店内不仅有住宿服务，还有婚宴、餐厅、商店等多种业态的服务。当酒店和信用卡公司签约的时候，会以同一法人为单位，把酒店内的所有业态的信用卡手续费率设定为相同。但是信用卡品牌会给不同行业、业态设定不同的手续费率，举例来说，在日本，婚宴用途的费率会比住宿用途的费率低0.5%~1.0%。所以，对于同一酒店来说，应该按照自己酒店内的各种业态，分别与信用卡公司约定不同的手续费率。

可以和 JCB、美国运通卡、大来卡品牌解约吗？

最后，我们来分析一下维萨、万事达品牌之外的 JCB、美国运通卡、大来卡品牌的必要性。直接说结论，和 JCB、美国运通卡、大来卡品牌解约，对企业的销售额基本上没有影响，解约后甚至还可能将营业利润率提高 0.12% 左右。根据一般统计的推算，不同信用卡品牌的情况如下所示。

- 现在的无现金结算比例为 30%~40%。
- 维萨、万事达品牌与其他品牌（JCB、美国运通卡、大来卡）的持卡比例为 7∶3。
- 与维萨、万事达品牌相比，其他信用卡品牌的手续费率要高 0.5%~1.0%。
- 在信用卡的持有者中，没有维萨、万事达品牌的只占 6%。

我们来分析一下，如果和 JCB、美国运通卡、大来卡品牌解约，全部使用维萨、万事达品牌结算，有什么好处与坏处。

使用 JCB、美国运通卡、大来卡品牌的结算金额占销售额的比例为 10.5% 左右（10.5%= 销售额 100%× 无现金结算比例 35%× JCB、美国运通卡、大来卡品牌的持卡比例 30%）。假设把这 10.5% 的结算金额全部切换给维萨、万事达品牌，那么加盟商户的信用卡手续费率最多可以降低 1% 左右，全公司的营业利润率可以提高 0.1% 左右。而全日本零售企业的平均营业利润率才仅有 2.1% 左右。在 2.1% 的基础上提高 0.1%，相当于将营业利润率提高了 5% 左右，还是非常可观的。

另一方面，如果使用 JCB、美国运通卡、大来卡品牌的结算金额占到销售额的 10.5%，那么和 JCB、美国运通卡、大来卡品牌解约，可能面临销售额减少 10.5% 的风险。但是，我们服务过的客户企业通过成本削减 PJT（实际业务训练），在和 JCB、美国运通卡、大来卡品牌解约之后，没有出现一例销售额减少的情况。而且解约后，它们全部使用维萨、万事达品牌的信用卡结算业务，经过一段时间之后，自己也感觉没有再和其他信用卡品牌签约的必要了。

消费者持有的信用卡中，不属于维萨、万事达品牌的只占 6%。我们对这 6% 的持卡者进行详细分析后发现，这些人多是只持有 1 张信用卡的老年人，或者第一次办信用卡使用 JCB 品牌的年轻学生。不过，不使用维萨、万事达品牌信用卡的比例有逐年下降的趋势，所以从企业角度看，也没有必要花太多精力去应对非维萨、万事达品牌的信用卡结算问题。另外，从营业一线的情况来看，即使这家门店不能使用 JCB、美国运通卡、大来卡品牌的信用卡进行结算，也并不一定影响消费者来这家门店消费的热情，即使有影响也非常小，基本上可以忽略不计。

如果企业实在担心和 JCB、美国运通卡、大来卡品牌解约后会造成不可预测的风险，可以在一部分门店中和 JCB、美国运通卡、大来卡品牌签约，进行测试对比。经过一段时间，就可以分析出是否有必要和 JCB、美国运通卡、大来卡品牌签约了。

案例：消除交通差旅费的浪费

- 工作一线的种种情况

  - 个人可以自由安排出差（机票、酒店等）事宜，事后申请报销费用。
  - 为了只有2小时的公司内部会议而安排2天1夜的出差。
  - 以"客户希望当面商谈"为理由，提出出差、拜访的申请。

- 问题出在哪儿？

  - 相同的交通工具、路线、酒店，却支付了较高的费用。
  - 频繁进行必要性低的出差，现场的工作效率低下。
  - 差旅费不透明，没有对其性比价进行审查的机制。

- 具体的解决方法

  - 重新制定出差申请和津贴支付的制度。
  - 彻底优化交通工具、酒店的费用，将费用降到最低。
  - 统一管理企业优惠的申请流程。
  - 和旅行社、航空公司、酒店连锁企业等进行谈判，争取对公司更有利的特别折扣或差旅套餐。
  - 利用大型显示器、平板电脑等设备进行视频/电话会议等远程会议。

- 计算差旅费的性价比。

曾经，商务出差、拜访所产生的差旅交通费是令很多企业头痛的一项支出，但近年来，由于新冠疫情的原因，远程工作、居家办公兴起，差旅交通费的支出有所下降。但是，随着新冠疫情的消除，社会面人流量恢复，预计企业的差旅交通费有可能反弹到以前的水平。

要想控制或削减差旅交通费这项成本，除了全公司采取低价机票、低价酒店的指导方针，还应该削减那些必要性低的出差、拜访。这需要经营管理层做出判断，并制定差旅标准。

削减差旅交通费成本的着眼点

着眼点1：不批准必要性低的出差、拜访（改为远程会议）。

着眼点2：使用最新的IT技术和硬件设备。

着眼点3：计算差旅交通费的性价比。

着眼点4：选择便宜的旅行社、连锁酒店、航空公司。

着眼点5：重新制定有关差旅交通费的指导方针和申请流程。

在本小节中，我们只探讨与废止必要性低的出差、拜访相关的着眼点 1~3 及其改善方法。

削减差旅交通费最容易见效的方法是不批准必要性低的出差、拜访（改为远程会议）。受新冠疫情的影响，很多企业引进了远程办公／会议、居家办公等新的工作形式，实践一段时间后，相信很多朋友已经感觉到以前那些出差、拜访大多都没有必要，很多沟通可以通过网络解决。以前，日本企业非常重视面对面商谈，认为见面商谈成功的概率更高，不见面商谈就无法构筑深入的关系。但是，为了 1 个小时或几个小时的面谈，还要乘飞机出差，不管从时间效率还是金钱支出看，性价比都非常低，这也是很多企业对视频会议等远程办公方式大加赞赏的原因。所以，我建议企业积极引进远程办公设备，并重新制定出差的判定标准。

另外，很多公司里的销售部、项目部有自行决定出差的权限，而且不同部门判断出差必要性的标准也各不相同，这样容易导致一个结果——总觉得哪个出差都有必要。所以，我建议管理部门参与判断出差的必要性，如果不满足公司制定的出差标准，管理部有权叫停出差。

再看使用最新的 IT 技术和硬件设备。从技术层面上说，随着 IT 技术、通信技术、硬件设备的进步，远程会议已经非常成熟。低价甚至免费的高品质视频会议，已经得到广泛应用。商务人士使用电脑、耳机、麦克风等设备和客户进行视频会议，和面对面商谈几乎没有区别。另外，在公司会议室中配置大型显示器、网络摄像头，就可以和分公司或客户举行在线视频会议。虽然初期需要一点设备投资，但与以往的差旅交通费相比，省下来的钱很快就能覆盖初期投资。

最后看计算差旅交通费的性价比。多少差旅交通费才合理？或者付出的差旅交通费是否得到了相应的回报？非常遗憾，很多企业都没有评估差旅交通费性价比的机制。

以销售部为例，虽说为销售部计算合理的差旅交通费预算范围是一件困难的事情，但我们可以对每位销售员的销售业绩与差旅交通费进行比对分析。（1）选出几名业绩排名靠前的销售员，对他们的出差情况进行定性分析，总结出指导出差的基本思路和方针；（2）将每一位销售员的销售业绩和差旅交通费透明化、可视化，性价比低的销售员所浪费的差旅交通费便显现出来。另外，通过公开分析结果，也可以提高每一位销售员的成本控制意识。

视角 4：采用最新的 IT 工具或服务进行升级改造

在本节中，我们一起探讨使用最新的 IT 工具或服务替代旧商品、旧服务的可行性。实际上，最新的 IT 工具或服务，具有更快速、更简洁、更便利、更便宜等诸多优点，替代旧商品、旧服务后，可能带来成本的大幅削减。在谈削减差旅交通费的时候我们就知道，不仅要从寻求低价机票、低价酒店入手，还要通过使用远程视频会议等先进手段，直接叫停那些不必要的出差。可见，远程视频会议对于削减差旅交通费贡献很大。

对于电梯、自动扶梯、POS 机、收银机等设备，在公司引进的时候，一般厂家都会提供全包保修服务。可是，一旦这些设备交付给我们使用，厂家就没有了竞争对手，对设备维护的服务质量可能打折扣，而维护费用则可能居高不下。与全包保修合同相比，按照每次维护、修理实际发生的费用支付的点价合同或保修合同，可能是更好的选择。以 POS 机为例，有些保险公司会为 POS 机提供保险，可以覆盖每次的保养、修理费用。大家可以研究一下，与厂家的全包保修合同相比，为 POS 机购买保险是不是更划算。

使用最新的 IT 工具、机器人等，不仅可以降低对外部企业支付的费用，还可能大幅缩减公司内的工时数、人工费用等。近年来，出现了面向企业的自动清洁机器人服务。公司购买或租赁清洁机器人，可以自行解决一部分保洁工作，不用再请第三方保洁公司，从而削减了保洁费用。

案例：重新审视 POS 机保修服务合同

- 工作一线的种种情况

  - 在购入 POS 机相关设备的时候，和厂家签订全包保修合同。

- 问题出在哪儿？

  - 设备发生故障的频率不高，却签订了服务费用较高的全包保修合同。

- 具体的解决方法

    - 先以那些故障频率低的设备为中心，和厂家谈判降低全包保修的服务费。
    - 故障发生频率"高"：收银机、找零机。
    - 故障发生频率"低"：POS机、信用卡刷卡机、扫码机等。
    - 对于故障发生频率"低"的设备，变更为点价保修合同。
    - 在点价保修合同基础上，再购买动产综合保险。
    - 停止使用高价POS机相关设备，更换为简易的平板电脑、智能结算终端等。

POS设备的保修服务费是一项比较常规的费用，所以容易被忽视。但是对于一些大企业来说，全国有很多家门店，每家门店有几台POS机，合计起来每年为POS机支付的保修服务费用还是相当可观的。一些设备厂家，其实是靠保修服务费赚钱的，POS机相关设备和多功能打印机、IT系统、电梯等一样，厂家会尽量压低客户初期引进这些产品的费用，但在随后的5~10年（电梯为20~25年）时间里，通过收取保修服务费来赚钱。有些企业在引进硬件设备的时候，会与厂家签订全包保修合同，对于那些故障频率不高的设备来说，企业可能支付了没必要的高额维护保修费用。

削减POS机保修服务费的着眼点

着眼点1：确认设备发生故障的频率，对于故障概率低的设备，与厂家谈判降低保修服务费。

着眼点2：将全包保修合同与点价保修合同进行对比。

着眼点3：和厂家签订点价保修合同后，还要考虑为设备购买动产综合保险。

着眼点4：评估高价POS机相关设备的必要性（考虑用简易平板电脑或智能结算终端进行替代）。

关于POS机的保修服务，可以将年度POS机保修服务费与过去12个月实际发生故障的时候厂家维修设备付出的人工成本（推算）进行比较，看是否存在较大偏差（着眼点1）。对于故障频率低的设备来说，如果签订了全包保修合同，那么保修服务费就明显偏高了。对于这部分设备，即使不修改全包保修合同，也可以和厂家谈判降低保修服务费。如果厂家对降低保修服务费持消极态度，那么可以请他们提交能够证明全包保修服务费合理的成本明细（直接人工费、间接人工费、外包费、零部件/材料费、折旧费、其他经费、利润等）。

我们应该先根据过去12个月中设备发生故障的次数，推算出厂家派人维修时付出的人工成本。首先，根据过去12个月的月度保修报告书统计出总维修次数，以及厂家维修的情况；其次，分现场维修情况和远程（电话指导）维修情况，计算出平均每次维修的时间，再乘年度总维修次数，算出总维修时间，最后用总维修时间乘维修工人时薪，就可以推算出年度所需的维修人工费用。

现场维修成本＝年度总维修次数×161分钟/次÷60分钟/小时×人工费用5 000日元/小时

远程维修成本＝年度总维修次数×51分钟/次÷60分钟/小时×人工费用5 000日元/小时

（现场维修时间，包含维修工人往返现场的时间）

详细分析的话，厂家的保修成本中还包含零部件费用、交通费、管理成本等，但这些费用的占比很小，占比最大的就是维修工人的人工费用。所以，使用上面的公式基本上可以推算出接近实际保修成本的金额。除POS机之外的相关设备，其年度保修服务费与实际发生维修时的人工费用，也可以推算出来（见表2-3-15）。

表2-3-15　不同POS相关设备的保修服务费与实际发生维修时的人工费用的比较

对象设备	配置台数	保修服务费/年 总额（千日元）	（1）平均每台的保修服务费（日元）	过去12个月实际发生修理时的人工费用（推算） 平均每台发生修理的次数	平均每天的修理时间（分钟）	（2）平均每台的修理人工费用（日元）	偏离率（1）÷（2）
POS终端	1 688	13 016	7 710	0.5	35	2 833	2.7倍
找零机	1 187	13 064	11 006	0.29	36	2 917	3.8倍
称重打印机	281	6 396	22 800	0.39	57	4 667	4.9倍
扫码机	598	7 171	12 000	0.28	28	2 167	5.5倍
自助POS机	202	7 741	38 400	1.25	88	7 167	5.4倍

从上表中的推算结果我们可以看出，公司支付给厂家的全包保修服务费，是过去12个月实际发生修理时的人工费用的2.7~5.5倍。特别是称重打印机、扫码机、自助POS机，这一数值接近或超过了5倍水平，可见存在着巨大的优化余地。

接下来是对全包保修合同与点价保修合同进行对比。从POS机设备厂家的角度来看，他们当然愿意维持全包保修合同，那样可以保证更大的利润。但从我们的角度考虑，可以先找到那些故障频率低的设备，和厂家谈判看能不能将全包保修合同更改为点价保修合同，请他们对点价保修合同报价。即使最终谈判失败，厂家坚持全包保修合同，我们也有必要计算出点价合同的保修价格，以便继续谈判，让厂家在全包保修合同范围内，降低相应设备的保修价格。

根据经验来看，收银机、找零机发生故障的频率相对较高，而且上述机型一般1个门店只配置1台，出故障的话影响比较大。因此，对于上述故障频率较高的机型，还是采取全包保修合同比较稳妥，因为全包保修合同可以使设备得到快速维修（而且是365天24小时待机）。另一方面，像POS机、刷卡机等结算终端故障频率相对较低，而且1个门店一般会配置多台同型号设备，即使1台发生故障，也有备用品，不需要紧急维修，所以对于这样的设备，采用点价保修合同更合理一些。如果和厂家谈判成功，把全包保修合同更改为点价保修合同，将保修费用减少一半甚至9成，都是可能的事情。

成功把全包保修合同变更为点价保修合同之后，点价合同中支付的保修费用可以通过购买动产综合保险进行覆盖（着眼点3）。三井住友海上保险公司等擅长系统维护风险管理的保险公司有这类保险产品。另外，除了设备厂家，市场上还有一些第三方企业也可以为POS机相关设备提供保修服务，它们的价格更具竞争力。

最后是评估高价POS机相关设备的必要性。以食品超市为例，因为商品结算量大，需要高速、大量的专用POS设备，但像服装店、餐饮店等，就用不到高效率的专用POS设备。所以，服装店、餐饮店可以使用便宜的平板电脑、智能结算终端等设备代替POS机，以降低成本。

案例：引进清洁机器人

使用新式清洁工具、清洁机器人、最新的清洁药剂（地板蜡、窗户玻璃遮光剂等）等新商品、新服务，可以减少保洁工时数，降低保洁成本。

清洁机器人大多还处于实验认证阶段，但也有一些成熟产品已经推向市场。我推荐公司引进清洁机器人，并不是让清洁机器人完成所有保洁工作，以现阶段清洁机器人的功能使其完成所有保洁工作是不可能的。但可以像家庭扫地机那样，把公司地面清洁的工作交给清洁机器人。如今，保洁员的人工费用不断上涨，而且在日本劳动力短缺的情况下，能否聘请到足够的保洁员都是一个问题，所以对保洁工作省力化、省人工的改进是必要的。

以大型购物中心的地面清洁（地面除尘、擦拭）为例，假设每天的清洁工作量为 3 000 平方米，我们分析一下引进清洁机器人的好处。首先，计算一下人工清洁地面的成本。

- 人工费用单价：1 600 日元 / 小时
- 清洁时间：8 小时
- 每月清洁天数：30 天

这样计算下来，清洁地面每月需要花费 38.4 万日元的人工费用。接下来，我们假设使用清洁机器人代替保洁员做清洁地面（地面除尘、擦拭）的工作。

使用清洁机器人的必要成本包括以下几项：

- 人工费用（事前准备、清洁机器人的调试等）
- 清洁机器人租赁费用
- 清洁机器人保养、维修费用

上述合计成本如果能控制在每月 30 万日元（比人工清洁的成本低 2 成以上），就可以考虑引进清洁机器人。现在，越来越多的企业可以提供清洁机器人租赁服务（租金为月付），有需要的企业经营者可以探讨一下引进清洁机器人的性价比。

不仅清洁机器人可以提高保洁工作的效率，将清洁工具、药剂等进行合理搭配的系统化保洁服务，也能大幅提高保洁工作效率，还能实现保洁作业的标准化，提高保洁质量和安全性。

比如用最新微纤维材料制成的抹布、拖布，以及合理收纳这些工具的清洁手推车，都有助于提高工作效率。除了工具，制定保洁员的培训制度、激励制度也是降本增效的有效途径。实践证明，使用系统化保洁服务，可缩短写字楼一层楼10%的清洁时间（地面+卫生间+茶水间），可以缩短1个卫生间30%的清洁时间。

除此之外，使用新型地板蜡、遮光剂，可以延长地板、窗户的清洁周期，减少清洁次数。

4

步骤 4：重新审视采购制度

把批量折扣效果发挥到最大的 4 种方法

采购总金额的大小会对单价、费率造成很大的影响。在着手优化采购单价（步骤 5）之前，企业经营者应该对公司现有的采购制度进行重新审视、调整，进行集中采购，或者对公司的全部采购业务进行统一管理，以发挥采购规模的优势，和供应商谈判交易条件。本章将讲解如何调整采购制度以获得规模优势，从而将批量折扣的效果发挥到最大。

下面是将批量折扣效果发挥到最大的 4 种方法。

方法 1：将全公司的采购业务集中起来，进行一揽子签约/整体支付。

方法 2：各个分公司单独签约、单独支付的情况下，也可以利用集团的采购规模和供应商进行谈判。

方法3：对连锁店的采购业务进行整合。

方法4：和其他公司合作或共同采购，发挥规模效应。

下面就为大家详细讲解各种方法。

方法1：将全公司的采购业务集中起来，进行一揽子签约/整体支付

为了达到批量折扣的效果，首先应该将公司内的采购/订货业务集中起来，形成大规模的年度采购金额，并将其作为和供应商谈判交易的条件。对于原材料等与直接成本相关的项目，大多数公司都有专门的采购部负责集中采购，但纵观间接成本，因为涉及项目繁多、错综复杂，能够实现集中采购的程度并不高。不少间接成本的项目是分公司、门店、项目部等单独与供应商签约采购的，交易条件千差万别。当然，将所有间接成本项目都实现集中采购也是不现实的，对于某些间接成本项目来说，有些地区的分公司在当地能够找到最合适的供应商，单独签约采购的价格还会更低廉一些。

所以，我们先要找出那些适合集中采购/订货的间接成本项目，下面列出了两个条件，符合这两个条件的间接成本项目，就适合进行集中采购。

条件1：备选供应商都是大型企业，其业务从地域上

可以覆盖全国。

条件 2：不管从哪家供应商采购，产品或服务的水平没有（或少有）差异。

在表 2-4-1 中，位于第三列的电、通信、多功能打印机（打印、复印）、办公用品、信用卡的使用等，供应商基本都是大企业，只要谈妥了价格和合同内容，不管和哪家企业合作，它们提供的商品或服务水平都不会有太大的差别。而在第四列中，像保洁、废弃物处理、物业一类的服务，一般会和当地的供应商合作，地方企业的规模参差不齐，它们提供的商品和服务水平也会存在较大差异。

表 2-4-1　容易进行集中采购/订货的间接成本项目有哪些特点

		不同供应商提供的商品、服务的差异	
		基本相同	存在差异
供应商企业的特点（全国性还是地方性）	以全国性供应商为主	电、通信、多功能打印机（打印、复印）、办公用品、信用卡、电梯维保、门店消耗品	现金运送、网络广告、制服、快递
	全国性供应商和地方性供应商都有	租赁地毯、包装材料	印刷、物业
	以地方性供应商为主	燃气、电气设备维护、体检	保洁、废弃物处理、仓库保管、机密文件处理、租金、纺织品、第三方物流或交通运输

最适合集中采购/订货的间接成本项目是供应商为全国性企业且不同供应商提供的商品、服务水平基本相同的项目。具体来说，比如电、通信、多功能打印机（打印、复印）、办公

用品、信用卡、电梯维保、门店消耗品等，都适合集中采购。现实中，很多企业已经对上述项目实现了集中采购。所以，接下来我们重点讨论的是供应商为全国性企业且不同供应商提供的商品、服务水平存在差异的项目。虽说存在差异，但因为供应商为全国性企业，是能够在全国开展业务的大企业，其商品、服务的水平一般还是有保证的，所以即使更换供应商，也不会出现太大的问题。

另外，分公司、门店对于一些间接成本项目主要从当地的供应商那里采购，这些成本项目就难以实现集中采购，或者说，不从地方供应商而集中从全国性大供应商那里采购，成本反而有可能升高。假设一家分公司一直从当地的供应商那里采购商品，但有一天总公司忽然宣布要更换供应商，用一家全国性大供应商代替当地的供应商。这样很可能出现滑稽的一幕，即那家全国性供应商只是一个一级承包商，它会在各地寻找分包商。结果，很有可能依然是那家当地供应商给分公司供货，但价格却因为几经转包而提高了。遇到这种情况，总公司首先应该做一个比较，看是分公司与当地供应商单独签约采购划算，还是和全国性供应商签订一揽子供货合同划算，然后再做定夺。

和地方供应商合作的时候，最重要的是公司要自己设定一个合理的单价或费率标准。与核心城市相比，肯定是各地三、四线城市供应商的单价、费率更低，但它们之间也会存在较大差异。所以，公司内部设定一个单价、费率标准，可以尽可能缩小地域差异。

方法2：各个分公司单独签约、单独支付的情况下，也可以利用集团的采购规模和供应商进行谈判

如果确实有困难，无法实现前面所讲的集中采购/订货（只整体签订合同、整体支付），那至少也可以按照等同于集中采购的交易条件进行谈判。

一家大型集团公司旗下有很多分公司、品牌等，各个分公司、品牌基本上都是独立运营，虽然同属一个集团，但各自相当于独立的公司。在采购/订货的时候，它们大多也是独立签约、独立支付。

- 通过企业并购，不同品牌、不同业务种类的公司被纳入一家企业集团当中。
- 总公司之外存在很多子公司、关联公司。
- 一家控股集团之下，有很多事业公司、品牌。

对于大型集团企业下属公司、品牌来说，要想站在集团的角度进行集中采购/订货是非常困难的，只能独立与供应商签约、采购、支付。但是，下属公司、品牌在和供应商谈判的时候，也可以利用整个集团的巨大采购规模，向供应商争取最优惠的交易条件，这也是发挥批量折扣效应的一种方法。

集团内的下属公司要发挥批量折扣效应，首先需要把集团中各个公司、品牌横向串联起来，然后需要一个领导者的角色把各个供应商的交易信息汇总起来，进行统一管理。这个领导

者应该在总公司或集团总部任职，具有较高的权限。尽管如此，他在向下属公司的负责人收集交易信息的时候，也不一定能及时、顺畅地收集到想要的信息。尤其是规模很大的企业集团，下属公司所属行业、事业类型差异较大，各个下属公司都有自己独立的命令系统，当总部的领导者向下属公司相关负责人要交易信息的时候，相关负责人可能会以各种理由不配合或干脆拒绝。结果，可能半年、1 年后，领导者还无法收集到想要的信息，最终导致整个计划搁浅。

另外，如果下属公司对总部领导者采取的措施持有明确的反对意见，那么总部高层就有必要出手相助了。为了让所有下属公司统一思想，拧成一股绳，集团总部的一把手（总裁）或二把手（专务董事或首席财务官级别的领导）应该积极地以总部名义发声，甚至把下属公司的高层管理者召集到总部来，直接做出指示。总部高层不摆出这种强硬姿态，短时间内就很难取得成果。

方法 3：对连锁店的采购业务进行整合

对采购业务的整合不应只局限于集团公司内部，零售、餐饮等行业中开展加盟业务的企业把加盟门店的采购业务整合起来，同样可以发挥规模效应，以大批量采购为依托，向供应商争取更多的优惠。如果企业已经和供应商签订整体合同，把它们对各个加盟门店的供应条件明确写进了合同中，那就没有什么问题了。今后只需总公司直接出面与供应商交涉，争取更有利的交易条件。

但是，如果各个加盟门店分别和不同的供应商签约、采购、支付，那就很有可能存在优化采购成本、提高利润的空间。理想的解决方法如图 2-4-1 的模式 A 所示，总公司将加盟门店与供应商之间的合同整合到一起。不过，从另一个方面看，采取模式 A 的话，总公司增加了接受订货/向外订货的业务，而且财务上每月会有大量现金流入流出。所以，要把模式 A 落实到实际工作中，还是有一定困难的。

☐ 加盟门店和总公司签约，总公司和供应商签约，每月支付
☐ 总公司在供应商和加盟门店之间赚取采购差价，作为总公司的利润

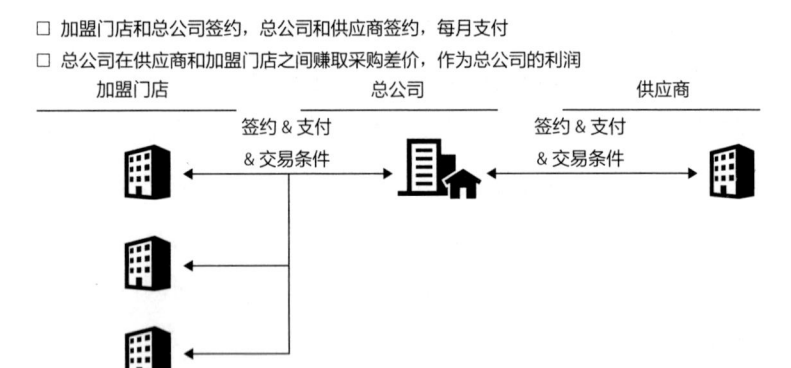

图 2-4-1　加盟门店的采购业务：模式 A

模式 B 不同于模式 A（见图 2-4-2），保持各个加盟门店与供应商直接签约的现状不变，总公司主导实施与供应商的谈判，对交易条件进行优化。总公司出面交涉的好处是可以发挥公司整体采购规模大的优势，借此要求供应商给出优惠，然后，将优惠反映在各个加盟门店与供应商的交易中（就是说，供应商给出优惠的条件，各个加盟门店可以享受到财务上的好处，而总公司享受不到）。

□ 各个加盟门店和供应商签约，每月支付
　• 总公司只负责与供应商谈判交易条件，不参与每月的支付
□ 总公司向供应商争取到的优惠，反映在各个加盟门店与供应商之间的交易条件上

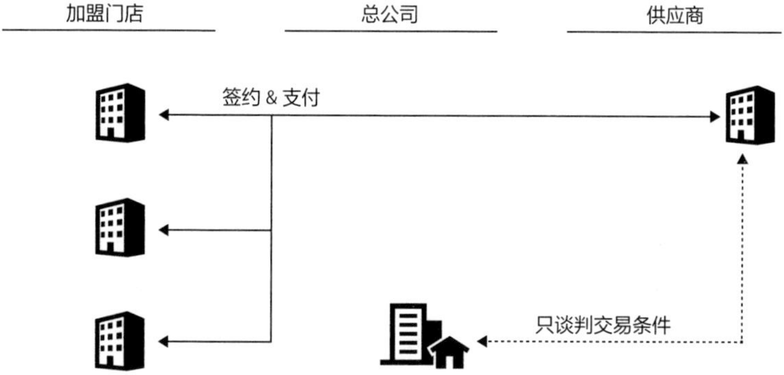

加盟门店　　　　　　　　总公司　　　　　　　　供应商

签约＆支付

只谈判交易条件

图 2-4-2　加盟门店的采购业务：模式 B

方法 4：和其他公司合作或共同采购，发挥规模效应

除了企业集团内部统一采购可以发挥批量折扣的效应，和其他公司合作（共同采购、共同订货、共同委托），可以进一步扩大交易规模，在面对供应商时形成更为有利的谈判地位。一般来说，通过以下 3 种方案可以实现与同行业其他公司共同采购/订货/委托。

1. 与同行业其他公司共同采购（己方主导）

企业与同行业竞争对手也有可以合作的领域（采购、物流），在该领域与竞争对手制定统一的操作标准，在提高工作效率的同时，也增强了面对供应商的话语权。

2. 共同配送（供应商主导）

加入供应商的运作平台，可以享受比自家公司单独采购大10倍的规模效应，类似于批发商的效果。

3.加入合作组织（加入团体）

采购/订货规模有限的地区中小企业，可以通过加入合作组织等团体，享受大规模采购带来的低单价或费率。

方案1：与同行业其他公司共同采购（己方主导）

与同行业企业共同采购/订货的合作模式，如今在各个行业中已经非常普遍。行业内几家大型公司联合起来共同采购/订货，可以达到远高于单一企业的采购数量和金额的规模，在与供应商谈判的时候，就拥有了压倒性的优势。

下面通过真实案例为大家进行说明，比如：4家大型住宅建造商联合起来进行共同采购，还有麒麟啤酒和朝日啤酒的共同物流，这两家大型啤酒企业联合起来的市场占有率非常高，原材料供应商面临的是规模巨大的采购量，迫使供应商不得不下调供货单价。另外，麒麟啤酒和朝日啤酒通过采用共同物流，提高了运输的效率（装载率提高等），客观上也起到了降低成本的作用。

但另一方面，同行业企业往往存在竞争关系，和竞争对手合作也不是一件容易的事情。对于原材料等直接成本的采购，自家公司与供应商之间的交易价格属于重要商业秘密，不太适合向竞争对手分享。间接成本也存在类似的问题，拿物流来说，物流费用是比较大额的支出，把自家公司如此大额的交易公开给竞争对手，任谁都会感觉有风险。同行业大企业之间的合作，只有满足以下 3 个条件，才有实现的可能。

条件 1：行业内处于过度竞争状态，所有企业的利润率都很低。
条件 2：与企业核心竞争力没有直接关系的领域，可以开展合作。
条件 3：发挥规模效应明确预计可以改变现状。

如果能满足以上 3 个条件，那么与企业之间公开各自的交易条件所产生的风险、坏处相比，明显是相互合作、削减成本获得的好处更大。下面我们就看几个现实中行业头部企业相互合作，取得积极成果的案例。

案例：4 家大型住宅建造商（旭化成住宅、住友林业、三井住宅、积水化学工业）的共同采购

4 家大型住宅建造商联合设立了一个共同采购委员会。目的是通过大规模的采购，获得稳定的供给，降低采购成本，并向供应商争取材料、零部件的延长质保。而且，通过保修零部件的统一化，降低检查、维修的费用。

- 旭化成住宅、住友林业、三井住宅 3 家公司于 2006 年联合设立共同采购委员会，实现住宅建造材料的共同采购。2009 年积水化学工业也加入该委员会。
- 初期的共同采购对象为空调、照明设备、热水器、木地板、厨房设备等21个品种。
- 以住宅设备为中心，选定更多的采购对象，并决定将采购对象扩大到与住宅结构和外观相关的材料。
- 评估共同采购进口材料，以及使用相同的物流。

案例：啤酒行业两家头部公司（麒麟啤酒和朝日啤酒）的共同配送

两家公司在石川县金泽市开设了共同配送中心，从关西地区的工厂通过铁路向外进行共同配送。

之前：向北陆地区的商品配送，是从中京圈的工厂分别用卡车进行运输的：

- 朝日啤酒：从名古屋工厂用大型卡车向北陆直送。
- 麒麟啤酒：从名古屋工厂和滋贺工厂用大型卡车向北陆直送。

之后：关西工厂生产的啤酒使用同一班次火车向北陆地区运输：

- 朝日的吹田工厂、麒麟的神户工厂发货，运送到吹田的货物中转站。
- 从吹田（关西）到金泽（北陆）用火车进行共同运输。
- 经由日本通运的金泽中心，向石川县、富山县进行共同运输。

几家行业头部企业联合起来进行共同采购、共同配送，可以发挥规模效应、降低成本。对中小企业来说，虽然难以形成大企业那样的庞大规模，但也可以利用大企业构建的业务平台。下面举一个大庄株式会社的例子。"庄屋"是大庄的餐饮店品牌，以加盟连锁的方式运营。大庄有自己的原料采购渠道和门店配送网络，除了自家的连锁店，还为其他中小餐饮店提供原料供给、配送的服务。对于中小餐饮店来说，大庄还扮演着原料供应商、配送商的角色。在某些地区，大庄有自己的规模优势，所以很多中小餐饮店愿意和大庄合作。

案例：利用大庄株式会社共同采购原料、共同配送的平台

大庄株式会社运营着"庄屋"品牌的连锁加盟餐饮店，所以有自己成熟的原料采购渠道、物流配送网络。借此，大庄也为其他餐饮店提供原料供给、配送的服务。

大庄的主要特点是：

- 从日本全国各地的产地直接采购高品质原料。
- 有自己的物流网络，全年运转，配送到门店的原料可以保持很高的新鲜度。
- 早晨下单，当日送达。

方案 2：共同配送（供应商主导）

企业在实施采购/订货、配送的时候，也可以争取利用供应商/受托企业的平台，尽量发挥规模效应，以实现降本增效。

一般来说，大型贸易公司、批发商（都属于中间商）会对下一级供应商进行整合，同时采购多种多样的商品，以追求规模效应，实现批量折扣的优惠。所以，如果找大型贸易公司、批发商作为自己的供应商，就可以享受它们的规模效应。不过，我们也不能只从大型中间商那里进行采购，也要积极和下一级供应商接触，和同行业其他公司联合起来，直接找一级供应商采购，这样就能逐渐构筑自己的平台，创造规模效应。

举一个有代表性的例子，在物流的共同配送中，如果需要配送的商品和其他公司相同而且配送的地区重合，就可以选择某个特定的物流公司，利用它的基础设施和配送网络，和其他公司进行共同配送。能否实现共同配送，要看自家公司配送的商品、地区和物流公司其他客户的需求是否匹配。计划开展共同配送的时候，建议多询问几家物流公司，这样适配的概率会大一些。另外，即使这次没有找到合适的物流公司进行共同配送，也不要放弃。因为半年以后，物流公司及其客户的业务环境都可能发生变化，所以应该定期询问物流公司，看能否满足共同配送的条件。

案例：日立物流——鞋、运动服行业的共同配送平台

日立物流是10家以上的鞋类、运动服企业加入的共同配送平台。以千叶县西部为中心，向1都（东京）5县（茨城、栃木、埼玉、千叶、神奈川）区域的大约3 000家门店配送商品。

• 相同或相近中心发出的商品，实现共同配送。

- 是包机、铁路运输、快递到家的补充,以这种配送模式进行共同配送。
- 核心设置在千叶县西部,并将仓库进行整合,这样在繁忙期有利于操作员的沟通,便于顺畅地工作,也有助于运营经验的分享。
- 采取这种形式还可以在商品流通过程中进行检查、贴价签等附加作业。从商品制成到交货完成之间的供应链管理(SCM),可以通过共同配送平台一站式完成,为物流环节提供了很高的附加价值。

方案3:加入合作组织(加入团体)

企业加入现有的合作组织,成为会员,可以享受该组织的折价优惠、特别费率等优待政策。几家行业头部企业建立的合作组织,对于中小企业来说,基本是可望而不可即的。但地方的中小企业也有自己的合作组织,现在有几十家甚至数百家中小企业建立的合作组织,如果企业规模有限、采购量不大,可以加入这样的合作组织,享受它的规模效应。不过,也不是所有行业都有自己的合作组织,不是所有的合作组织都适合你的企业,要学会甄别,找到适合自己企业的组织。另一方面,如果暂时还没有找到合适的合作组织,不妨积极参与所属行业的行业协会,与同行业其他企业建立深厚联系,说不定有机会联合它们创建自己的合作组织,以实现共同采购、降低成本。

案例：CGC 集团（全日本中小超市的合作组织）

如果你的企业是地区性中小规模的食品超市，可以考虑加入 CGC 集团。加入 CGC 集团后，该集团可以在电费、信用卡手续费、废弃物处理费方面，以集团的身份出面和供应商签订整体合同。

- 1973 年，三德株式会社（位于东京·新宿）牵头成立了 CGC 集团。
- 全日本共有大约 210 家公司的 4 000 家门店加入了 CGC 集团，该集团号称"日本最大的企业合作组织"。
- 这个集团的主要任务是为会员企业提供支持，协助它们开展商品开发、采购、物流、信息系统、促销、教育等方面的业务。该集团提供的服务已经比肩大型连锁超市。
- 因为 CGC 集团可以和供应商签订整体合同，所以加入该集团的地方中小食品超市可以在电费、信用卡手续费、废弃物处理费等方面享受特别优惠的价格、费率。

案例：ETC（电子收费）合作组织

企业加入 ETC 合作组织后，可以办理"企业卡""里程卡"，使用这些卡，企业车辆使用高速公路时，过路费可以比正常过路费低 5%~30%。一般来说，1 辆车或者 1 名驾驶员，每月的高速公路过路费在 3 万日元以上，可以考虑办理 NEXCO（日本道路公团）的企业卡。

5

步骤5：采购单价的最优化

不是请求供应商降低单价，而是优化到最合适的单价水平

企业高层经常会要求采购部门的负责人降低成本。另外，公司在制订年度计划的时候，也会将从整体上把费用降低3%~5%的重任压在部门或个人的肩膀上。另一方面，为了降低成本，有的企业只会要求供应商把价格降低5%，而得到的答复大多是"现在的价格不能再降了""降价我们就亏损了"。最终，企业往往得不到想要的结果。

而且，从企业与供应商的交易地位来说，很多供应商处于弱势地位。在这种情况下，如果企业强行要求供应商降低供货价格，其实从中长期看，不利于供应链稳定、自身可持续发展。所以，作为企业一方，我们优化成本的目标不是强行要求供应商降低价格，而是找出那些还有优化余地的价格、费率，将其修正到市场行情的正常水平。

采取多家报价或逆向竞价（一买方多卖方，卖方通过竞价的方式争取获得买方的订单）的方式，让多家供应商进行竞争，是压低采购价格的有效手段。向 3~5 家供应商寻求报价，有人认为其中最低的报价是最合适的。但是，从成本结构角度考虑，并不能单从报价高低看出其合理性。如图 2-5-1 的案例中所示，在多家供应商的报价中，我们可以找出最便宜的那家（8.7 日元/张），但这并不能作为选择供应商的唯一依据。我们应该先分析印刷品的成本构成，从原材料、操作费（人工费用）、利润等大体可以判断出 6 日元就能印制一张印刷品，从而掌握现实的印刷价格水平，并可以看出成本的改善余地（见图 2-5-2）。

□ 寻求报价中的问题和注意点
- 多家供应商报价中，最便宜的报价为 8.7 日元/张，但我们并不能判断这个报价的根据和合理性
  — 新的供应商为了赢得新客户的订单，有强行压低报价的倾向
  — 选择报价最低的供应商，一个常见的结果是用不了半年，供应商就提出涨价要求

（日元/张）

印刷品的多家供应商报价

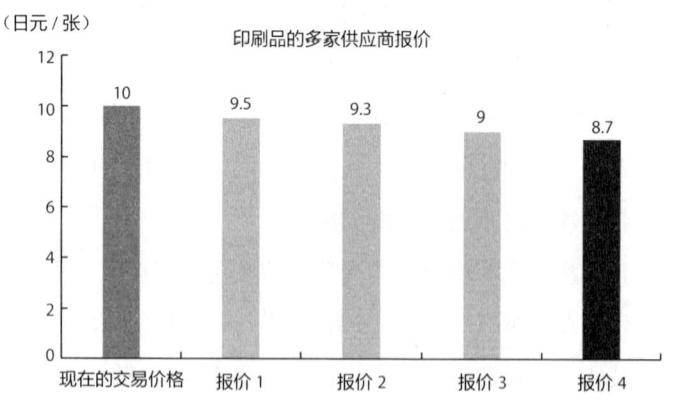

现在的交易价格	报价 1	报价 2	报价 3	报价 4
10	9.5	9.3	9	8.7

图 2-5-1　印刷品：通过多家报价寻找最合理的价格

□ 成本推算
- 按照印刷品的制作工序，推算其原材料、操作费等成本，据此寻找最合理的价格水平

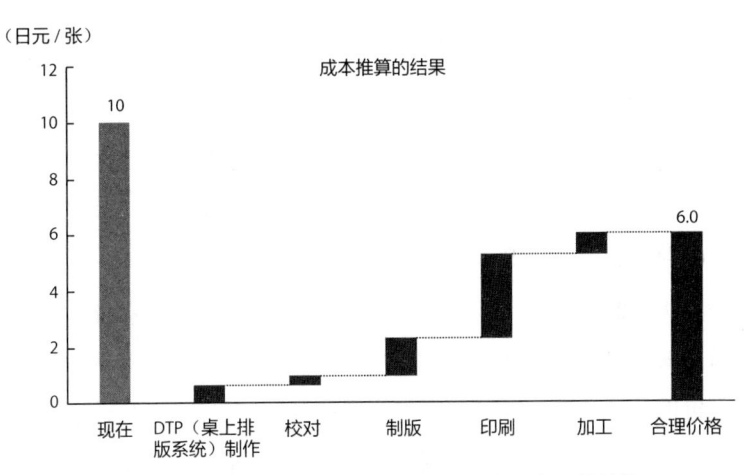

（日元/张）

成本推算的结果

现在	DTP（桌上排版系统）制作	校对	制版	印刷	加工	合理价格
10						6.0

图 2-5-2　印刷品：通过成本推算来寻找最合理的价格

如果向多家供应商寻求报价，并草率地选择与报价最低者签约，那么即使事先已经定好品质标准，在随后的合作中，供应商也极有可能短期内要求涨价，或降低品质标准，从而发生纠纷。另外，这么做也会在其他供应商中造成负面影响，他们会认为："那家公司只凭价格选择供应商，根本不注重品质！"那么，当我们下次再进行逆向竞价的时候，这些供应商可能根本没兴趣参加。到时我们的供应链就会变得非常脆弱、不稳定。所以，在选择供应商的时候，不能一切以价格为基准，应该采取必要的手段找到最合理的单价、费率。在这一节中，我会告诉大家如何判断当前的单价、费率是否合理。

对单价、费率进行成本分解的 3 种方法

根据企业当前支付给供应商的金额、单价，以及对方提供的产品质量、服务标准，瞬间判断出采购单价、费率是否合理，恐怕专家也难以做到。即使是同一产品或服务，也会因为每年的订购量、标准、细节的修改而出现差异，还会有对个别情况特殊对待的时候。所以，我们不可能笼统地断定采购价格是高了还是低了。为了分析出最合理的单价、费率，首先应该做的是将成本分解到最小单位（成本结构分析）。成本结构是定价的依据，通过将成本结构进行分解，对每一个要素进行分析，才能更容易、更准确地判断定价的合理性。

方法 1：按承包商层级进行分解（总承包商、下一级承包商、再下一级承包商）

企业在采购商品或服务的时候，直接签约的承包商叫总承包商。但是在一线开展工作或施工的时候，总承包商有可能把部分工作委托给下一级供应商，即下一级承包商。一般来说，全国性大企业在各地设有分公司、办事处等，对于各地分公司的物业管理、商品采购、物流服务等，总公司会和一家全国性总承包商签订合同，总承包商再委托多个下一级承包商为各地分公司提供服务。总承包商和下一级承包商都要保证一定的利润，所以，承包商的层级越多，我们要支付的费用也就越多。另外，站在发包企业的角度，难以发现总承包商是否委托了下一级承包商，难以发觉现场工作到底是

谁在实施，因此，也就难以对个别服务价格的合理性做出判断（见图 2-5-3）。

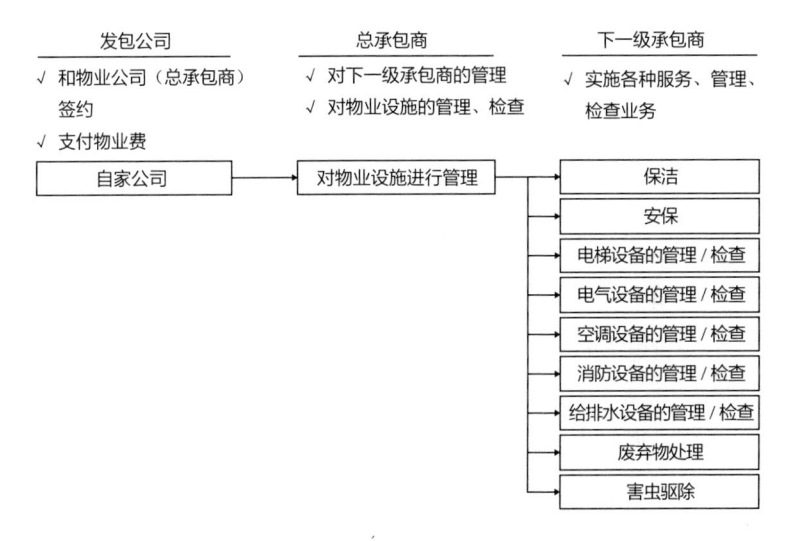

发包公司	总承包商	下一级承包商
✓ 和物业公司（总承包商）签约 ✓ 支付物业费	✓ 对下一级承包商的管理 ✓ 对物业设施的管理、检查	✓ 实施各种服务、管理、检查业务

自家公司 → 对物业设施进行管理 →
- 保洁
- 安保
- 电梯设备的管理/检查
- 电气设备的管理/检查
- 空调设备的管理/检查
- 消防设备的管理/检查
- 给排水设备的管理/检查
- 废弃物处理
- 害虫驱除

图 2-5-3 物业公司（总承包商）与下一级承包商的关系图

所以，发包企业首先应该掌握总承包商、下一级承包商、再下一级承包商各自的功能、作用，再查清它们之间的交易价格水平，然后才能和市场行情进行比较，找出最合理的采购价格、费率。

案例：物业费的成本分解方法
• 工作一线的种种情况

• 把物业管理打包委托给大型物业公司或集团内的物业公司。
• 不清楚为每项委托内容支付的管理费是否合理。

第二部分 削减间接成本的 8 个步骤　171

- 无法判断物业公司的收费标准是否合理，以及它与下一级承包商之间的交易价格、费率等。

- 问题出在哪儿？

  - 支付的管理费（费率）可能高于市场行情。
  - 下一级承包商的价格、服务质量可能比其他公司差。

- 具体的解决方法

  - 将物业公司的管理费（费率）优化到合理水平。
  - 放弃大型物业公司，更换为地方/实力强的中小物业公司。
  - 对于个别委托内容，优化下一级承包商（保洁、设备维护等）。
  - 跳过总承包商，直接和下一级承包商签约。

对于物业费用的优化，如表 2-5-1 所示，可以分为 4 个阶段开展。首先，在把握现状的同时，在不更换当前物业公司的前提下，优化物业成本。基本上来说，是和现有的总承包商物业公司合作，寻找成本优化的空间，但首先要查清物业公司自身成本的结构（向下一级承包商收取的价格）和管理费率（管理利润率）。

物业公司的管理费率受物业公司负责的业务内容的影响，但一般来说，日本物业公司的管理费率为：

- 业务覆盖全国的大型物业公司：10%~25%
- 业务限定在一定区域的实力强的中小物业公司/地方性物业公司：5%~15%

表 2-5-1 优化物业费用的流程

流程		概要
步骤1	在不更换当前物业公司的前提下，优化物业成本	• 在把握现状的同时，摸清各家公司之间的交易价格和条件 ✓ 优化物业公司的管理费率 ✓ 优化总承包商向下一级承包商发包的费用、单价 ✓ 重审、简化下一级承包商的详细服务流程 ✓ 用更具价格竞争力的公司替换下一级承包商
步骤2	和一部分下一级承包商直接签约	• 对于那些不会增加自家公司业务负担的项目，跳过总承包商，和下一级承包商直接签约 ✓ 电梯、机器安保、电气设备、消防设备等基本上不会发生追加业务
步骤3	更换物业公司	• 如果让大型物业公司或自己集团内的物业公司承担物业管理，价格、交易条件可能会高于市场行情。在这种情况下，可以考虑更换实力强的中小物业公司、地方性物业公司，或者将物业管理内置化（自己承担） ✓ 大型物业公司的管理费率：10%~25% ✓ 实力强的中小物业公司、地方性物业公司的管理费率：5%~10% ✓ 自己集团内的子公司/关联公司：要一一进行审查
步骤4	物业管理内置化（自己承担）	• 考虑将物业管理交给公司内的管理部门负责，实现业务内置化 ✓ 为发生追加业务的项目列一个清单，区分可以内置的业务和需要外包的业务

可见，实力强的中小物业公司、地方性物业公司的管理费率明显低一些。另外，由于全国性大型物业公司基本上可以应对全部物业管理，所以它的人工费用、固定费用都比较高，物

业服务费率在15%左右也是比较合理的。

掌握了总承包商的物业费率，接下来还要摸清总承包商和下一级承包商之间的交易价格、条件。了解总承包商向下一级承包商发包的费用、单价、下一级承包商的详细服务流程之后，将其和市场行情进行比较，看是否存在偏离，偏离程度有多大，以及是否存在不需要的业务项目，从而发现改善的余地。我们要求总承包商优化它向下一级承包商的发包费用、单价，对总承包商来说没有好处，所以它一般不会积极作为。解决方法是我们多找几家物业公司进行报价，了解市场行情，在掌握目标价格的基础上，与总承包商进行谈判。

接下来是和一部分下一级承包商直接签约。本来，公司支付给物业公司的费用是对其提供服务给予的报酬，但是总承包商把一部分业务分包给下一级承包商，在这个过程中，总承包商并没有做实际业务。特别是升降机设备（电梯、自动扶梯）、机器安保、电气设备、消防设备等的管理、检查服务，基本上都是下一级承包商实施的，总承包商主要做的只是每月处理申请书、制作月度报告、调整检查日程等事务性工作。所以，如果能够直接和下一级承包商签订物业合同，那么不仅不会增加我们自己的工作量，还能降低物业费率，实现削减成本的目的。

如果总承包商的物业费率居高不下（高于15%），我们和他们谈判要求降低费率时，他们不积极配合，或者不愿公开他们向下一级承包商的发包价格，我们就应该考虑换掉这家总承包商。如果总承包商拒绝提供必要的信息，那么我们应该向多家新的物业公司询价，并进行实地调查。如果最终确定更换新的总承包商，可以根据条件保留现有下一级承包商，让这些下一级承包商和新的总承包商签约，这样可以保证工作一线的服务水平不变。

另外，对于物业管理来说，更换总承包商是一个方法，但企业将部分物业管理内置化也是一个选择。但自己进行物业管理，势必要增加员工人数、工时数，人工费用便随之增加。所以，选择内置还是外包，要量化比较二者的成本，最后选择成本较低的一方。

方法2：根据供应商的工序来分解成本

印刷品、物流、IT开发等业务，企业一般会外包给供应商来进行。按照供应商的工序来分解成本可以分析出各个工序的具体成本，从而判断供应商付出的成本、工时数的合理性。一般来说，把与企业自身竞争力没有直接关系的业务（非核心领域）委托给专业公司来做，是降本增效的常用方法。而站在接受委托的供应商角度来看，他们希望尽可能广泛、尽可能多地接受业务委托，以扩大自己的销售额，从而增加委托企业对自己的依赖，提高委托企业更换供应商的门槛和成本，使自己能在中长期维持较高的利润率。因此，委托企业如果不能很好地管理供应商，那么业务实施的实际状态和成本就会逐渐"暗箱化"，结果陷入在支付高额费用的同时，还不得不继续和该供应商合作的困境。

所以，为了适当地控制供应商，委托企业应该对供应商各个工序的作业内容、费用（单价 × 工时数）有所把握，同时，对供应商使用材料的构成也要进行分解调查，以判断是否存在优化成本的余地。

案例：印刷费的成本分解方法

- 工作一线的种种情况

  - 把印刷品的全部制作工序（策划/设计、印刷）都委托给大型印刷公司。
  - 非常紧急地向印刷公司派送任务，时间表上没给印刷公司留出任何余地。
  - 印刷品使用了超标的纸张（克数）和色数。

- 问题出在哪儿？

  - 大型印刷公司的成本相对较高。
  - 对策划/设计、印刷、装订等各个工序的合理成本没有清晰了解。
  - 虽然制作印刷品是出于同一目的，但企业内不同品牌、分公司制作的印刷品品质各异。

- 具体的解决方法

  - 不同的印刷品制作工序委托给不同的专业公司（策划/设计与印刷分离）。

- 部分工序内置化（例如，自己进行策划/设计）。
- 用实力强的中小印刷公司、地区性印刷公司替换大型印刷公司。
- 优化、简化印刷品的标准（用纸的种类、印刷色数）。
- 用较为宽松的时间表向印刷公司派发任务，印刷公司可以有效利用处于空闲状态的印刷设备。

优化印刷品制作成本的时候，主要考察的对象是单页印刷品、成册印刷品、特殊印刷品（见表2-5-2）。虽然同为印刷品，但不同种类的印刷品削减成本的空间和难易度不同（使用公司的多功能打印机打印或复印的印刷品，其成本计入多功能打印机的成本，不在本节的讨论范围内）。

表2-5-2　委托外部供应商制作印刷品

	概要	实物图	削减成本余地	削减难易度
单页印刷品（宣传单等）	• 1页纸的独立印刷品 • 例：海报、宣传单、折页宣传单等		低	低
成册印刷品（书籍等）	• 由多页纸构成，带有页码需要装订成册的印刷品 • 例：书籍、杂志、小册子等		高	中
特殊印刷品（除上述两种以外）	• 不属于单页印刷品、成册印刷品 • 除印刷以外，往往还需要其他加工 • 例：旗帜、锦旗、信封等		中	高

第二部分　削减间接成本的8个步骤

单页印刷品，顾名思义，就是1页纸的独立印刷品，优化成本的方法比较简单。如今，价格低廉的印刷服务已经普及，只要确定了印刷张数、标准，印刷公司就会给出报价，我们可以算出1张的平均价格，多找几家印刷公司进行横向对比是非常容易的。印刷公司通过薄利多销，也可以保证一定的利润率，所以，单页印刷品的成本没有太多的削减余地。但是，把单页印刷品委托给大型印刷公司，单价会比较高，如果换成中小印刷公司或地区性印刷公司，价格能降低不少。

成册印刷品比单页印刷品的制作工序多、结构复杂，所以每册的单价也比较高。基于上述原因，对于印刷公司来说，成册印刷品的利润率比单页印刷品高，而对于我们来说，成本优化的空间也就大一些。另外，特殊印刷品需要额外加工，而具体加工操作只有特定的企业才能实施，但成册印刷品不存在这个问题，印刷公司都可以做，它们之间存在竞争，所以压低价格的可能性比较大。因此，在各种印刷品中，应该最先考虑优化成册印刷品的成本。

特殊印刷品单价比较高，而且属于个性化定制商品，其价格难以和市场行情价格进行比较，所以公司可能在毫无察觉的情况下支付了较高的费用。而且，能够实施我们需要的特殊加工的印刷公司也比较少，难以通过同行竞争压低价格。所以，考虑优化特殊印刷品成本的时候，不能只从压低单价出发，应该在策划、设计阶段就尽量简化特殊印刷品的样式、造型等，以减少加工时的工序流程，降低复杂程度，从而降低成本。

接下来，我们将印刷品的制作工序分解开来进行逐一分析。制作印刷品的工序主要分为 4 个阶段——策划/设计、印刷、特殊加工、交货（见图 2-5-4）。

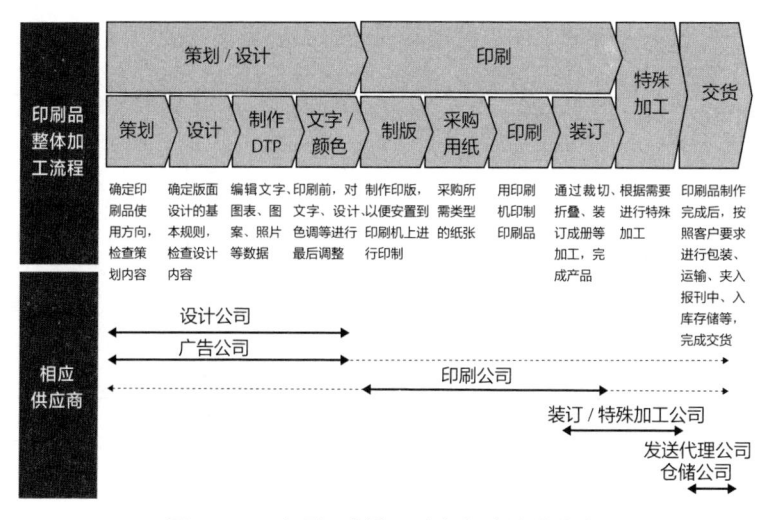

印刷品整体加工流程	策划/设计				印刷				特殊加工	交货
	策划	设计	制作DTP	文字/颜色	制版	采购用纸	印刷	装订		
	确定印刷品使用方向，检查策划内容	确定版面设计的基本规则，检查设计内容	编辑文字、图表、图案、照片等数据	印刷前，对文字、设计、色调等进行最后调整	制作印版，以便安置到印刷机上进行印刷	采购所需类型的纸张	用印刷机印刷印刷品	通过裁切、折叠、装订成册等加工，完成产品	根据需要进行特殊加工	印刷品制作完成后，按照客户要求进行包装、运输、夹入报刊中、入库存储等，完成交货
相应供应商	←设计公司→									
	←广告公司→									
					←印刷公司→					
								←装订/特殊加工公司→		
									←发送代理公司→	
									←仓储公司→	

图 2-5-4　印刷品制作工序与相应的供应商

提到制作印刷品的成本，大家想到的可能只是印刷（可细分为制版、采购纸张、印刷、装订等工序）这个工序的费用，但我们在分析制作印刷品成本的时候，还要考虑前期的策划/设计（策划、设计、制作 DTP、文字/颜色）成本，这个工序一般委托给专业的广告公司或设计公司执行。在印刷工序完成之后，如果是特殊印刷品（旗帜、锦旗、信封等），还需要请专业的公司对印刷品进行定制加工。最后，制作好的印刷品还要根据需要进行包装、运输、（宣传单）夹入报刊中、入库存储等一系列交货工序。

现在，上述每个工序都有专业公司可以承接业务，但不少大型印刷公司、广告公司可以提供从策划/设计到交货的全流程服务。不过,我们把制作印刷品的全部工序整体委托给大型印刷公司或广告公司后,其实这些公司作为总承包商只做属于自己核心业务的工序,会把其他非核心业务工序分包给下一级承包商。比如,一家大型印刷公司接受整体业务委托成为总承包商后,自己可能只做印刷工序,而其他 3 个工序会分包给下一级承包商。

削减印刷品制作成本,可以从以下 4 个视角出发进行审视(见表 2-5-3)。

表 2-5-3 削减印刷品成本的 4 个视角

	削减成本的视角	概要	具体措施

1	简化样式	印刷品尽量简化为简单、省钱的样式	• 对于印刷品的每个要素,找出最低标准
			  ✓ 纸质 / 厚度
			  ✓ 色数
			  ✓ 加工难度

2	重新选择供应商	• 按照各个工序,重新选择供应商 • 检查是否存在可以内置化的工序	• 除了全流程外包,还应该考虑把不同的工序委托给不同的供应商 • 用中小、地方性印刷公司替换大型印刷公司 • 优化总承包商的管理费率 • 部分工序(策划 / 设计、交货)考虑内置化
3	优化制作时间表	• 公司内的发包和截止日期尽量提前 • 给印刷公司的工作时间表留出合理的富余,有足够的灵活性,让它们可以利用机器的闲暇时间	• 重审发包时机、频率、每次的订单量 • 整体时间表提前,给印刷公司留出合理的富余时间,以便它们利用机器的闲暇时间,提高效率 • 削减高价的航空快递、其他快递、夜间作业等
4	精细审查制作该印刷品的必要性	• 不必要的印刷物果断废止 • 多用数字媒体	• 废止性价比低的印刷品 • 使用 WEB 或应用程序等数字媒体代替纸质印刷品

关于简化样式和精细审查制作该印刷品的必要性，很多企业已经从这两个视角出发进行了优化。但是，对于大型企业来说，尤其是旗下运营多个品牌、各地有分公司的集团性企业，其各地分公司基本上都有自己合作的广告公司或印刷公司，统一进行优化存在一定困难。

在另一个例子中，集团旗下的3个品牌（甲、乙、丙）在各地都有分公司，集团公司按照日本东部和日本西部两大区域分别与两家印刷公司合作。在检查促销宣传单用纸等级的时候，集团发现不同品牌、不同地区的分公司用纸等级各不相同，各种克数的纸张都有，差异很大。

集团公司向各地区负责人询问情况，又对竞争对手印制促销宣传单的用纸等级进行了调查，结果发现，最大几家竞争对手在印制促销宣传单时使用了较低克数的纸张。而且还了解到，降低印制促销宣传单的纸张质量并不会对促销效果产生太大影响，于是集团公司规定，今后各个品牌、各地分公司印制宣传单的用纸标准统一为克数较小的纸。

另一方面，和现有供应商谈判优化有关印刷品的业务流程和时间表的时候，对方常以"保持现状是咱们合作的前提，不能改变"为理由，拒绝配合，因此优化的难度较大。另外，在和某一大型印刷公司或广告公司签订整体合同之后，对方一般会用ASP（应用服务提供商）的服务或WEB管理平台来管理交易数据，当我们想将其和其他供应商进行对比的时候，获得以往交易数据的难度较大。也就是说，更换供应商的成本较高。

再看重新选择供应商。将制作印刷品的全部4个工序都委托给一家印刷公司或广告公司，削减成本的空间相对会比较大。和一家公司签订整体合同，就难以把握对方的成本构成，因此无法和其他供应商进行横向对比，不能让供应商之间形成竞争环境，而现有的供应商却可以高枕无忧地保持较高的利润率。在这种情况下，可以考虑把总承包商更换为价格更具竞争力的中小或地方性印刷公司。同时，为了准确把握4个工序的合理单价，应该按工序分别向不同的供应商询价。另外，现在已经有很多企业自行承担策划/设计和交货工序，所以，我们可以比较一下是将部分工序外包的成本高还是自己实施的成本高，然后选择合适的方案（表2-5-4）。

表2-5-4　各个印刷工序可以委托的候选企业

□ 为各个印刷工序寻找最合适的供应商，同时评估部分工序内置化的可能性
- ◎：专业企业，竞争力（品质+价格）强
- ○：专业领域，自己比较擅长，可以不用外包
- △：不是自己的专业领域

委托候选企业		策划/设计	印刷	特殊加工	交货
	设计公司	◎	—	—	—
	广告公司	○	△	△	△
	大型印刷公司	△	○	△	△
	中小/地区性印刷公司	△	◎	—	—
	特殊加工公司	—	—	○	—
	发送代理公司 仓储公司	—	—	—	○
自家公司内置化		○	○	—	○

最后看优化制作时间表。假设当前的情况是策划/设计工序每次都要花较长时间，到截止日期还没有拿出确定方案，结

果留给后面印刷工序的时间就很紧张。在这种情况下，首先应该检查时间表的设置是否合理。举例来说，食品超市要印制宣传单，但是特卖品的品种、价格等内容，往往到即将散发宣传单的日子还难以确定下来。结果，留给后面印刷、特殊加工、交货工序的时间非常少，最终导致各工序的成本都很高。

在条件允许的情况下，应该当天早上完成宣传单的策划/设计工作，给印刷工序留出充裕的时间，以便印刷公司保证印刷机的使用率和操作人员的合理排班，从而避免付出额外的费用。

因为时间表设置不合理，造成成本增加的原因主要有以下几个。

- 印刷公司为了应对紧急业务，需要采取应急方案，并增加操作人员数量。
- 印刷公司现场负责人需要加班，甚至在夜间赶工。
- 时间紧张的话，印刷机无法在闲暇时间使用，只能在繁忙时段挤时间印刷。
- 配送不能使用普通物流，需要加急快递、航空快递。

业务委托费用的成本构成也容易"暗箱化"，所以有必要按照成本项目分解开来进行分析。举个例子，比如第三方物流委托费，具体可以分解为配送费、仓库内作业费、保管费/租金、材料费、设备和WMS（仓储管理系统）的使用费、管理费等。对于物流一线的工作流程以及工作效率的合理性，我们是很难把握的，比如，我们根本无法判断仓库内作业费或保管费／租金的费率是否合理。对于这种情况，企业应该定期和第三方物流公司进行交涉，以推动现状的"可视化"，明确成本项目的详细内容和主要KPI（各个工序的绩效）。

案例：IT相关业务委托费的成本分解方法
- 工作一线的种种情况

  - 与IT相关的业务委托费很高，而且每年增加。
  - 实质上无法更换受托企业，对受托企业只能言听计从。
  - 无法把握IT相关业务委托费的详细内容。

- 问题出在哪儿？

  - 无法根据IT相关业务的实际成绩，把握委托费用的详细内容。
  - 受托方的工作人员用什么技术、开展什么业务，都不清楚。
  - 对于受托方的业务时间，只有根据受托方的报告才能了解。
  - 自己公司内的信息部门无法主导工作，全听受托方的。

- 具体的解决方法

  - 检查受托方每个工作人员的月度单价与实际业务内容是否相符（现场考察）。
  - 建立掌握每个工作人员工作时间的机制。
    - ✓ 使用电脑等远程管理工具。
    - ✓ 到工作现场实地调查工作人员的业务量（限定期间）。
  - 着眼于数年后更换受托方，现在就开始积极寻找候选受托企业，并向它们询价。

近年来，大型企业每年花在 IT 相关业务上的委托费在不断增加，很多企业站在全公司层面检查削减成本的时候，从支出规模角度看，发现 IT 相关业务的委托费已经成为最重要的成本项目之一。而另一方面，当企业把 IT 相关业务委托给大型 IT 顾问公司或 SIer 公司[①]的时候，支付委托费的详情基本上无从把握（"暗箱化"），自然也就无法判断对方报价的合理性。当受托方提出增加费用的时候，委托企业也毫无反驳的余地，只能增加支出。

实际上，大型 IT 顾问公司或主要的 SIer 公司在给企业提供 IT 相关业务服务的时候，为了保证较高的利润率，会把

[①] 在日本，SIer 公司的主要服务内容就是帮助客户开发系统或应用程序，并在指定日期交付，交付后会持续进行运维等售后服务。与客户签订的是"请负契约"，即根据交货成果来获取相应报酬。——编者注

业务内容"暗箱化",以提高委托方更换受托方的门槛和成本。所以,站在委托方企业的角度,要想削减IT相关业务委托费,首先要做的就是彻底摸清这笔费用的成本构成,并掌握委托业务的实际情况。

IT相关业务委托费的削减方法主要有以下三种:

方法1:分析人工费单价的合理性(精细检查受托方每个工作人员的月度单价的合理性)。

方法2:分析必要人数和必要工作时间的合理性(不要以受托方的报告为基础,而是直接进行实地考察和测算)。

方法3:向其他受托企业寻求新方案、报价(当委托方发现有明显降低价格的余地,但受托方拒不配合的时候)。

先看分析人工费单价的合理性。委托企业在与受托方签订IT相关业务委托合同的时候,合同中会规定什么职务的工作人员、每月的人工费用是多少。后面实际开展工作之后,委托企业应该检查工作人员在现场的实际工作情况与每月支付的人工费用是否相符。首先应该根据工作时间和工作量,判断每个工作人员的月度人工费(单价)是否合理。这么做的理由是人工费用的"单价",即人才市场的薪水行情基本上是固定的,如果支付的人工费用单价与市场行情有较大出入,那么优化起来也比较容易,毕竟有市场行情做依据。

另一方面，关于工作时间、工作量，不同受托企业对于现场工作有不同的标准，因为没有统一的标准，所以受托企业可以找出无数理由和依据为自己的工作时间、工作量进行辩解，借此拒绝配合优化，结果使委托企业优化成本的计划泡汤。

虽然 IT 顾问公司或 SIer 公司向委托企业提出的工作人员月度人工费，会因为受托企业自身的特点和经营方针而有所不同，但大体范围如表 2-5-5 所示。

对于委托企业来说，在和受托方签约之前的谈判阶段，就应该做市场调查，了解同类其他 IT 企业的人工费用行情，以判断受托方的要求是否合理。而签约之后，在实际合作的过程中，如果委托企业发现人工费用存在较大的削减空间，那很可能是因为受托企业配置的现场工作人员的职责、技术水平与当初合同中约定的条件出现了偏离。

举例来说，委托企业与一家大型 IT 顾问公司签订了业务委托合同，合同规定受托企业派遣 1 名高级顾问到现场工作，但实际上现场只派来了 1 名工作年限只有一两年的年轻工作人员（系统分析员等），承担的工作也只限于简单的事务性工作。合同中约定，高级顾问每月的人工费用为 300 万日元左右，但现场配置的年轻工作人员的人工费用只在 100 万~150 万日元之间。如果不了解现场的人员情况，委托企业就吃了大亏。所以，委托企业至少每 3 个月（1 季度）要对委托方派来的每个工作人员的实际业务内容和职责进行一次彻底的检查（见表 2-5-5）。

表2-5-5　日本IT业务委托行业的月度人工费市场行情

	职务	职务定义	人工费单价（万日元/月）	
			外资大型公司	国内大型公司
IT顾问公司	高级经理	经理的上级领导	450~600	300~450
	经理	负责项目的统筹、推进（入职5年以上）	300~500	250~400
	高级顾问	比经理低一级（入职3~5年）	250~350	150~250
	顾问	负责一定范围的业务（入职3~4年）	150~250	100~200
	分析师	年轻员工，普通工作人员（入职1~2年）	100~200	80~120

	职务	职务定义	大型公司	下一级承包商、个人
SIer公司	超高级SE（系统工程师或软件工程师）	部长级，拥有专业技术的SE，项目经理	180~250	120~200
	高级SE	部门主管级，和客户对接的项目负责人	150~200	120~150
	中级SE	管理多名SE或程序员团队的二把手	120~150	80~120
	初级SE	开发、设计个别功能的系统的SE	80~120	50~80
	程序员	具有一定专业性，可以独立开展工作的程序员	100~150	70~120
		可应对的工作范围比较小，需要按上级指令开展工作	70~100	35~70

　　再看分析必要人数和必要工作时间的合理性。委托企业要检查受托方派来的工作人员数量、实际工作时间是否与每月支付的费用相符，另外还要分析受托方认为的必要人数、必要工作时间是否合理。受托方每月提交的报告中，会记录实际工作人数和工作时间，但因为这个数据是受托方自己统计的，对委

托方来说没有什么帮助。具体来讲，受托方提交的报告基本上是按照合同中约定的工作人数、工作量制作的，只是走一个形式，并不能反映现场的实际工作情况。

那么，到底该怎么掌握现场的实际工作情况（工作内容、工作时间）呢？解决这个问题虽然困难，但还是有办法的，请参考以下两个方法。

第一，利用实地调查的传统方法，去工作现场进行实地调查，询问工作人员，直接确认工作内容和工作时间的实际情况。在受托公司派遣工作人员常驻委托公司，开展开发、维护业务的时候，可以对他们进行现场调查，让他们每隔5分钟或15分钟记录自己的工作内容。因为受托方派来的员工和委托方员工在同一区域开展工作，所以他们的记录应该是比较真实的，不敢造假（但是，如果受托方派来的员工单独在一个区域工作，那么他们记录的工作内容可信度存疑，委托企业要采取必要的措施防止记录造假的情况发生）。现实中有成功大幅削减外派程序员人数的案例，某企业让外派程序员记录自己的工作内容，结果发现，1天中程序员实际编程的时间只有全部工作时间的20%~30%，于是和受托企业谈判，大幅减少了外派程序员的人数，实现了成本削减。所以，对于程序员的工作，让他们记录1天中的实际编程量及其成果的质量，是一种有效的监督手段。

另外，在业务流程重组（BPR）项目中，经营顾问会一整天形影不离地跟着现场负责人，以"分钟"为单位记录该负责人的工作内容。因为自己的工作被实时记录，所以在一开始的

1~2小时中，现场负责人会比较紧张，但时间一久他就可以放松下来，按照平时的工作状态开展工作了。所以经营顾问的记录，也基本上符合现实情况。而且，现场负责人的全部发言也会被经营顾问记录下来，在日后进行分析的时候，可以定性地判断出这位现场负责人具有什么程度的专业知识、技能，他被赋予了何种程度的决策权。由此可见，工作现场的记录对把握实际工作情况、优化业务流程，是非常重要的依据。

第二，利用电脑远程监视软件，对受托方派来的工作人员使用电脑的详细情况进行监督。借助远程监视软件，系统工程师、程序员使用电脑的情况可以实现"可视化"，通过软件启动管理、Web浏览历史管理、屏幕扫描、键盘记录管理等，对他们的工作数据进行分析，可以推算出必要的工作人员数量和工时数（见表2-5-6）。

表2-5-6　电脑远程监视软件的功能以及对于不同工序的有效性

□ 了解受托方派来的现场工作人员实际工作情况的功能
从比较适合到不适合依次用◎、○、△、×表示

电脑监视工具的功能		定义重要事项/设计	程序设计/编程	测试	维护
软件启动管理	记录各种软件的使用时间（激活窗口进行操作的时间）	○	○	○	○
Web浏览历史管理	浏览网页的历史记录、各个网页的浏览次数、输入的内容	△	○	○	○
屏幕扫描	管理者可以监视员工的电脑屏幕 对于特定的禁止行为，或监测到特定关键词时，可以自动对员工电脑屏幕进行录像	△	○	○	○

(续表)

□ 了解受托方派来的现场工作人员实际工作情况的功能
从比较适合到不适合依次用◎、○、△、×表示

电脑监视工具的功能		定义重要事项/设计	程序设计/编程	测试	维护
键盘记录管理	• 记录键盘输入的文字 • 记录在每个软件中输入的文字	×	◎	△	○
文件修改历史管理	• 记录对文件的修改、操作	△	○	△	△
电子邮件管理	• 记录收发的电子邮件	△	○	○	○

可以对4种类型工作时间的比例进行量化,将其作为业务分析的结果:

- 核心业务时间(定义重要事项的时间、编程的时间)
- 间接业务时间(向上司汇报、制作报告等,与工作成果不直接相关的业务的时间)
- 空闲/休息时间(没有操作电脑的时间)
- 无关的业务时间(与委托业务毫无关系的业务的时间)

间接业务时间、空闲/休息时间属于必要的时间,但有一定的比例,至于多大的比例是合理的,没有一个绝对的评判标准。我们可以通过分析每个工作人员的实际工作情况的数据,找出核心业务时间占比最高的最佳工作状态,或者根据表现最好的几名工作人员的核心业务时间计算出一个平均值,将其作为衡量核心业务时间比例的标准。有了这个标准,就可以找出哪些工作人员的间接业务时间、空闲/休息时间、无关的业务

时间占比高，即工作效率不高。

由此可见，通过分析每个员工的实际工作情况的数据，能够找出多余的工作人员和多余的业务时间，为削减常驻外派工作人员提供依据。另外，对于那些只是从事事务性工作的工作人员，委托方可以和受托方交涉，降低他们的月度单价。

案例：第三方物流费用的成本分解方法

- 工作一线的种种情况

  - 把物流业务全部打包委托给第三方物流企业。
  - 无法掌握物流现场的相关工序和作业内容。
  - 无法掌握操作费、保管费等变动费用的依据。
  - 当受托方提出涨价时，委托方无法判断其合理性。

- 问题出在哪儿？

  - 不清楚配送费、操作费、租金/保管费、材料费的费率是否合理。
  - 通过现场改善活动，无法推进成本削减和绩效提升。
  - 委托方对第三方物流企业言听计从，当对方提出涨价要求时，不得不接受。
  - 委托方想更换第三方物流企业的时候，因为不了解物流现场的工作情况，根本无法制订方案。

具体的解决方法参见表 2-5-7。

表 2-5-7 第三方物流业务委托费的成本分解及其验证方法

	验证项目	验证方法和解决方法
配送费	1. 配送手段	合理区分使用送货上门、铁路运送、公路运送、航空包机运送
	2. 配送公司	同样的服务水平下，比较不同配送公司的价格
	3. 配送单价、关税表	向候选配送公司寻求报价
	4. 配送要件	以当前配送条件为基础，找出最合适的配送手段（路径）
操作费	5. 操作的变动费	向第三方物流企业确认费率、单价的计算依据
	6. 现场的作业内容	掌握各种作业（入库、发货、打包、退货）的作业内容（工序）
	7. 货物量、物流指标（KPI）	确认主要 KPI（配送周转率、配送行程指标、配送耗时指标等）
	8. 绩效	监测每日业务情况，找出绩效极端下降的工作日，分析其中原因，找到解决对策
仓库租金/保管费	9. 保管量的变动	与邻近仓库比较单位面积的保管单价，确认现有保管单价的合理性。比较三期制（存储期）和固定存储面积哪种方式更合理
	10. 使用面积与布局	根据仓库图纸和区域掌握单位面积，根据作业内容动态考虑货品布局的设计
	11. 单位面积的保管量	掌握单位面积的保管量（容积/件数/m³），并分析其合理性
	12. 租金	根据仓库的构造，与邻近仓库比较租金，分析租金的合理性
材料/设备（物料搬运）/WMS（仓库管理系统）	13. 材料（纸箱、缓冲材料等）	不经由第三方物流企业，考虑直接从生产企业采购材料
	14. 大型设备（自动仓库、分拣机等）	在引进大型设备之前，先比较人工操作与机械化的性价比。向第三方物流企业确认大型设备月度使用费的依据
	15. 租赁	不是短期临时使用的话，考虑直接购买可能更划算
	16. WMS	比较系统套装和云系统的性价比。存储量大的话，考虑自己开发仓库管理系统

方法3：通过材料与施工分离，将成本分解到最小单位

当企业需要做一项工程，向施工企业询价的时候，有时得到的报价方式是"总共需要多少万日元"。承包商只提供最终价格的报价方式，让我们无法判断其价格的合理性。所以，我们首先应该要求承包商提供人工费、材料费等费用的详细内容。在向承包商寻求报价的时候，我们向对方明确了各种重要事项的定义，从多家承包商获取报价后，通过比较最终价格来选定承包商，这个过程看似没有问题，殊不知其中隐藏着巨大的问题。

即使我们向承包商明确传达了重要事项的定义和详细标准，对方也不一定会按照我们的要求制作报价单。承包商会自行解释委托业务的内容，并按照自己的标准制作方案和报价单。结果，我们在对多家承包商的方案进行比较的时候，可能发现各家的方案内容存在微妙的差异，比如 A 承包商提出的内容 B 承包商没有，委托中指定的事项承包商用差不多同级别的产品或服务进行了替代等等。虽然有不少方案看起来合情合理，但其实承包商只是为了自己节约成本，结果很可能是便宜没好货。因此，只根据最终报价根本无法发现承包商的这些套路。

当企业需要外包某项工程，或者有设备需要维护检修的时候，应该以材料和施工分离的方式向承包商询价，以了解各种材料和各项人工费的价格，借此计算出总价格。材料费可以通过每种材料的"单价 × 数量"计算出来，现场的操作费则可以通过"1 人所需操作时间 × 时薪 × 人数"计算出来

（见图2-5-5）。另外，委托方在向承包商询价的时候，可以提供一个模板，让承包商按照这个模板报出详细价格。有了统一的报价模板，更便于比较各家承包商各项费用的详细情况，它们之间的差异一目了然。

- 只记录了电气设备工程大项
  - 工程包含哪些内容一概没有注明
  - 结果，无法判断报价的合理性

工程项目	数量	单位	单价（日元）	金额（日元）
电气设备工程	1	项	354 000	354 000

工程项目	数量	单位	单价（日元）	金额（日元）
电灯配线	22	处	1 200	26 400
输电配线	16	处	600	9 600
单控开关	18	处	1 400	25 200
双控开关	14	处	1 700	23 800
三控开关	1	处	2 000	2 000
插座	28	处	1 400	39 200
太阳能板	4	千瓦/时	……	……
太阳能板配置工程	……	小时	……	……
……	……	……	……	……
……	……	……	……	……

图2-5-5 总体工程报价无法评价其合理性，也难以和其他承包商进行比较

对于委托企业提供的报价模板，很多承包商持抗拒态度，和不愿意提供材料与施工分离报价的承包商合作，日后往往会出现纠纷。因为一开始就不能明确承诺材料品质和施工质量的供应商，在实际施工过程中，容易降低材料品质和施工标准。从避免日后纠纷的角度来看，一开始就提高承包商报价的透明度是一种有效的方法。

案例：电气设备工程费的成本分解方法

- 工作一线的种种情况

  - 工程报价或者工程预算书，仅以"一项工程"为单位记录了总价。
  - 对于"一项工程"的定义，各个承包商有微妙的差别。

- 问题出在哪儿？

  - 不清楚工程的详细内容，也就无法判断工程总价的合理性。
  - 难以准确横向比较各个承包商的报价。
  - 工程完成后，发现与事前预想的存在差距，因此与承包商发生纠纷。

- 具体的解决方法

  - 要求承包商按照材料与施工分离的原则，将成本分解到最小单位进行报价。
  - 各种材料按照"单价 × 数量"进行标注。
  - 不同工序的人工费按照"人数 × 时间 × 时薪"进行标注。
  - 委托企业提供报价模板，让承包商按照模板进行详细报价。

如果承包商能够按照材料与施工分离的原则,把每种材料/器材的单价和人工费分解开来报价,那么委托企业就可以对单价、数量、所需时间的合理性做出判断。如果报价的项目太多、太复杂,不适合全部分解开来报价,那么至少应该要求承包商对单价最高的项目、金额最高的项目进行详细报价。承包商为了确保自己获得足够高的利润而把总金额报得较高时,通常会采取提高单价最高的项目的"单价"的方法。因为对于承包商来说,抬高那些单价低的材料、器材的单价,或者抬高金额小的项目的总金额,对于项目的整体报价来说,不会有太大的影响。

材料、器材的费用可以通过"单价 × 数量"计算出来,委托企业可以按照单价由高到低的顺序,对需要的材料、器材一一进行检查确认。除了通用产品,可能还会用到定制产品或某个厂家独特的产品,对于这类产品,不请教相关专家就无法准确评价其价格的合理性,但一般情况下用不到这类特殊产品,涉及金额也不大。而对于使用量大的通用产品,可以通过比对市场行情大体把握承包商报价的合理性。对于通用产品,只要到相关原材料网站搜索产品正式名称或产品型号,就可以找到多家供应商的报价,直接采购的价格一目了然。另外,施工中使用的工具,有大型工具批发公司可以提供各种品牌的产品,找它们询价可以对同级别产品的价格进行横向比较(见图 2-5-6)。

对于一些常用材料、器材,承包商的采购量一般比较大,它们会从厂家直接采购,因此其采购价格往往低于市场定价

☐ 将各项工程分解成单价与数量进行报价，更容易确认其合理性
☐ 对于单价是否合理，可以通过上网查询市场行情，与其他承包商的报价进行比较，请专家进行评价等方式进行判断

案例："恢复原状工程"的报价单

单价合理性的确认方法

分类	费用项目	标准	数量	单位	单价	合计金额
临时设备	保养	—	4 460	m²	180	802 800
改造费	铺设地毯块	—	4 460	m²	2 300	10 258 000
	新增电地板	—	196	m²	3 000	588 000
	防静电地板不平整的调整	—	224	m²	300	67 200
	铺设软质踢脚线	—	782	m	350	273 700
	铺设集成吊顶	—	196	m²	4 000	784 000
	安装检查口	—	76	处	3 500	266 000
	百叶窗超声波清洗	—	780	m²	670	522 600
	照明设备清洁	—	640	处	600	384 000
拆除费	拆除地毯块	—	4 460	m²	380	1 694 800
	拆除防静电地板	—	196	m²	950	186 200
	拆除软质踢脚线	—	782	m	100	78 200
	拆除隔板	—	938	m²	1 800	1 688 400
	拆除房间隔壁	—	105	m²	1 600	168 000
	拆除集成吊顶	—	196	m²	800	156 800
	拆除插座	—	20	处	3 000	60 000
处理费	处理建筑垃圾	—	220	m³	10 800	2 376 000
	合计					20 354 700

上网查询市场行情
- 对于通用商品，上网检索商品名或型号，可以查到该类商品的市场行情
- 大型批发商经营数千种商品，在其网站可以查到相关商品价格

与其他承包商的报价进行比较
- 承包商按照委托企业提供的模板进行报价，便于横向比较多家承包商的报价
- 对于当地有施工资质的承包商，可以询问几十家乃至上百家

请专家进行评价
- 如果委托企业没有专家，应该委托设计事务所或会计师事务所对承包商报价的合理性进行评估
- 如果承包某项报价比市场价格高两三成，专业人士一般不会告知，需要委托企业自己发现

对不同工程的单价、数量进行合理性判断

图 2-5-6 可以通过网络检索等方法检查各项工程的单价

（公示价格）。但是，承包商在给委托企业的报价中，对于某些材料或器材会报出比市场定价更高的价格。根据我们以前处理过的案例，在承包商的报价单中，查询那些单价较高的商品，甚至发现报价是市场定价 2~3 倍的情况。

对于现场施工人员的人工费，让供应商分解成"1 人所需操作时间（或天数）× 时薪（或日薪）× 人数"进行详细报价非常重要。时薪（或日薪）有市场行情可以参考，所以承包商在这个项目上做手脚的空间不大。接下来，对于所需操作时间（或天数），施工过程中不容易判断，只有完工后，委托企业才能判断施工的时间是否合理。所以，承包商在前期报价阶段，有可能虚报（多报）所需时间。所以，要求承包商按照"1 人所需操作时间（或天数）× 时薪（或日薪）× 人数"进行分解报价，对于委托企业判断报价合理性非常有帮助。

如果委托企业中缺乏专家，可以委托设计事务所或会计师事务所的专业人士帮忙评估承包商报价的合理性。不过有一点需要注意：对于一般工程或通用商品，如果承包商的报价高于市场价格 2 倍以上，专业人士会提醒委托企业"他们的报价高了，有交涉的空间"；但如果报价只比市场价格高两三成，设计事务所或会计师事务所的专业人士一般不会提醒委托企业。只有承包商报价和市场行情存在巨大偏差的时候，他们才会发出提醒。要么从一开始就要求设计事务所或会计师事务所从严评估，要么委托企业自己多花精力，寻找报价中不合理的地方。

案例：外墙工程的成本分解方法

全国性大企业在对各地分公司大楼的外墙进行改造施工的时候，理所当然地认为各地区施工公司（承包商）的工程单价是不一样的。另外，不少大企业为了统一各地分公司外墙施工的单价，把各地区承包商都能接受的高单价作为统一标准。其实，表面上看起来各地差异较大的施工单价，只要把成本构成分解开来，就可以找到比较合理的价格水平。

接下来，我们分析影响外墙工程施工单价的3个要素（见图2-5-7）。

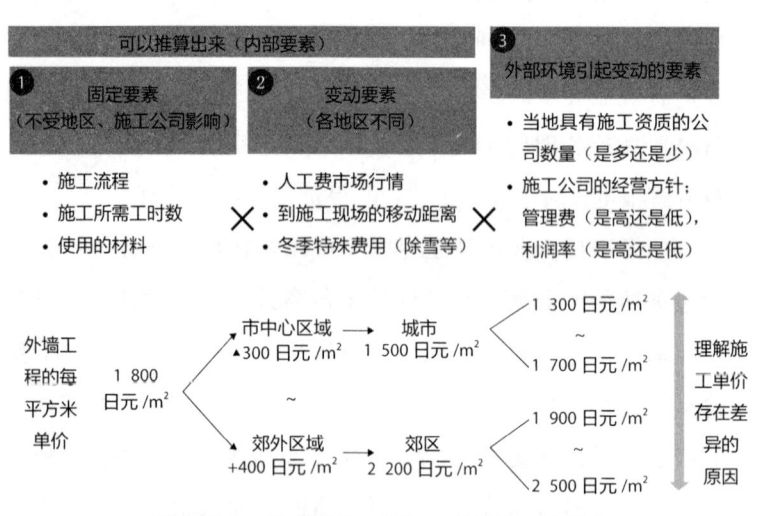

可以推算出来（内部要素）		③ 外部环境引起变动的要素
① 固定要素（不受地区、施工公司影响）	② 变动要素（各地区不同）	
• 施工流程 • 施工所需工时数 • 使用的材料	• 人工费市场行情 • 到施工现场的移动距离 • 冬季特殊费用（除雪等）	• 当地具有施工资质的公司数量（是多还是少） • 施工公司的经营方针：管理费（是高还是低），利润率（是高还是低）

外墙工程的每平方米单价 1 800 日元/m²
- 市中心区域 ▲300 日元/m² → 城市 1 500 日元/m² → 1 300 日元/m² ~ 1 700 日元/m²
- 郊外区域 +400 日元/m² → 郊区 2 200 日元/m² → 1 900 日元/m² ~ 2 500 日元/m²

理解施工单价存在差异的原因

图2-5-7　影响外墙工程施工单价的3个要素

第一，在外墙工程的成本构成中，有一些不受地区、施工公司影响的固定要素。在外墙工程中，施工流程、施工所需工时数、使用的材料，不管在全国哪个地区、哪家施工公司，基本都是一样的。

第二，在外墙工程的成本构成中，有一些受地区影响的变动要素。各地区有不同的特点，所以一些要素会因地区的不同而发生变化，比如人工费市场行情、到施工现场的移动距离、冬季特殊费用（除雪等）。

第三，与外墙工程没有直接关系的外部要素。例如，当地具有外墙施工资质的公司非常少，因为是卖方市场，所以施工单价特别高。如果委托企业每年发包的外墙工程量相当大，那么就可以发挥规模优势与施工公司谈判，成功压低价格的概率就比较大。

在判断外墙工程施工单价是否合理的时候，建议姑且不考虑第三项——外部要素，而把主要精力聚焦在第一项（固定要素）和第二项（变动要素）这两种内部要素上，根据这两种要素，基本上可以找到合理的施工单价水平。而在固定要素和变动要素中，变动要素又是一个重点考察对象。变动要素中影响最大的当数施工地区是寒冷地区还是非寒冷地区，以及是城市区域还是郊外区域。结合这些要素，判断施工单价水平，基本上不会出太大的偏差。

案例：加工食品（可乐饼）的成本分解方法

• 工作一线的种种情况

- 对成本的掌握只局限在"1个80克的可乐饼（一种冷冻食品）多少日元"的程度。
- 向新的供应商询价时，只是把现有的样品交给新供应商，请新供应商根据样品来报价。

- 问题出在哪儿？（不清楚所使用的具体原料和加工流程，难以对供应商进行横向对比）

  - 不清楚价格的具体构成。
  - 各个供应商使用的具体原料和加工流程不同，难以评价其价格的合理性。
  - 当供应商提出涨价时，无法判断涨价金额的合理性。

- 具体的解决方法

  - 将食品的成本构成（原料、加工、保管、包装、物流、利润率等）可视化。

对于餐饮连锁行业来说，主要销售的食品一般从原材料的种植/采购、工厂加工，到烹调等环节，都是内部完成的，但对于副食小吃等加工食品，大多是向外部商家采购的。可乐饼就是向外部企业采购最多的一款小吃。但现实中，即使是大型餐饮连锁企业，在向外采购可乐饼的时候，也只停留在掌握可乐饼的重量、单价的层面，而对于可乐饼的原料、味道，只有在进行试吃时才有所了解。在因需要更换可乐饼的供应商而向其他供应商询价的时候，一般只会把现有的可乐饼样品交给对方，请对方按照样品的标准报价。可以说这是一种非常粗放的做法，与精细优化成本的要求相去甚远。

尽量将可乐饼的成本构成进行细分，掌握其中每一项的成本，这样才能精准判断这家供应商的报价与它提供的可乐饼的品质是否相符。另外，只有这样才能精确地对比不同供应商报价中每一项的成本，在和供应商谈判降低单价的时候，便可以具体指出某项成本可以降低到什么程度（见表2-5-8）。

表2-5-8　100克可乐饼的成本构成

成本分类		单价（日元）	计算依据
制作成本	原料费 土豆	2.6	50日元/千克 ×0.04千克 ÷0.75
	原料费 肉馅	6.0	600日元/千克 ×0.01千克
	原料费 面包粉	2.8	……
	原料费 其他	0.2	……
	加工费	3.6	……
	保管费	2.4	……
	包装费	1.2	……
	工厂方的利润	2.4	……
销售管理费	出入库保管费	0.4	……
	配送费	2.6	……
出品企业的利润		2.0	……
100克可乐饼的价格		26.2	

定期筛选候补供应商

电费、打印费、手机话费、信用卡手续费等费用项目，分解其成本构成是比较困难的，而且，即使详细拆分了其成本构成，对于实际的降价谈判也几乎没什么帮助。因为这些项目的最终服务费或手续费和前面介绍那些费用项目（成本构成以变动费用为主）不同，这些项目是以对企业划算的价格或费率来设定的。换句话说，其成本构成以固定费用为主。

对于这些以固定费用为主的费用项目,当企业向供应商提出降价请求的时候,对方常会以"现在的价格和交易条件已经是最低的了""再降价,我们公司就要亏损了"为理由加以拒绝,但并不会提供这些理由背后的依据。面对这种情况,我们应该多找几家新的供应商,获取这些供应商的方案和报价,并分析其合理性。对于新的供应商来说,为了获取新客户,他们一般会降低自己的利润率,拿出一个具有竞争力的价格和交易条件。所以,找新的供应商报价,可以帮助我们了解市场行情,并试探出最低价格水平。

要想在多方询价中获得最低报价,需要事先对候补供应商进行一系列调查。首先,要想发掘出新的合适供应商,需要找出所有潜在供应商,给它们列一个清单。然后,对这份清单进行认真筛选,选出有望合作的供应商(见表2-5-9)。

表2-5-9 发掘新的优质供应商的步骤

步骤1:收集候补供应商的信息	步骤2:制作候补供应商清单	步骤3:筛选出优质候补供应商

• 网罗行业内所有潜在供应商,收集这些供应商的信息,不放过任何一家有希望合作的企业
  ✓ 行业团体/协会
  ✓ 该行业的企业名录/年鉴、行业调查报告
  ✓ 获得认证的注册企业一览等
(只通过网络检索,查到的信息可能不完整)
	• 把所有候补供应商企业列出来,制作一份清单
	  ✓ 地方性企业、外资企业、外国企业都不遗漏
		• 初次筛选
		  ✓ 分析企业公开信息,将不符合要求的企业排除
		  ✓ 通过电子邮件或电话,初步接触候补供应商
		• 二次筛选
		  ✓ 请求对方提供简易报价单

可能大家会想"这不是理所当然的流程吗?"但实际工作中,很多企业在向供应商询价的时候,也就找 3~5 家公司。而且,询价的这 3~5 家公司,要么是以前合作过的供应商,要么是行业中知名的大企业,获得有新意的方案的概率比较低。在这里为大家介绍发掘新的候补供应商的方法,我建议从几十乃至几百家供应商中,寻找没有合作过的优质候补供应商。

首先,找出所有以前没有合作过的候补供应商,做一份清单。当然,有些行业的供应商企业本身就比较少,比如多功能打印机厂商和电信运营商,能找出 3~6 家候补供应商就很不错了。但另一方面,像货车配送公司、印刷公司、废弃物处理公司、各种工程公司等,每个地区都存在数不清的中小企业,要想一下子找出其中的优质企业作为供应商,是比较困难的。所以可以根据行业或地区的行业团体／协会、行业企业名录／年鉴、获得认证的注册企业一览、行业销售额／市场占有率排行榜等,制作一份候补供应商清单(见表 2-5-10)。

如今网络这么发达,只要在搜索引擎中输入行业、地区的关键词,就可以搜索出一系列相关企业。但是,很多地方性中小企业,没有自己的网站,而且不少搜索引擎都有自己的SEO(搜索引擎优化)方法,有些企业虽然很不错,但就是搜索不到。因此,我们不能完全依靠网络搜索。

首先,我们来看候补供应商只有大企业的行业。在价格、交易条件方面,也是大企业占优势,这些行业有通信、多功能

◎: 最优先的信息来源（优先使用这些资源）
○: 有希望的信息来源（最优先资源使用之后，再使用这一资源）

表 2-5-10 寻找新的候补供应商时的信息来源

费用项目	候补供应商信息来源一览							
	行业团体/协会	行业企业名录/年鉴	获得认证的注册企业一览	行业排名	展会/研讨会	网络检索	中介/匹配网站	专业杂志
电力			◎	◎				
燃气	○		◎	◎				
信用卡	○	○						
印刷	○				○	◎		◎
融资租赁	○			○	◎	○		
物业管理	◎			○	◎	◎	○	
保洁	○			◎	◎	○		
除大型公司以外，还存在很多地方性企业 废弃物处理	○		◎			○		
系统开发	○		○			○	○	
电气设备工程	○		◎			○	○	
给排水工程	○					○	○	
修缮工程						○		
现金运送			○			○		
门店消耗品				◎				
汽车租赁	○			◎		○		
网络广告代理				◎		◎	○	
旅行社			○	◎	○	◎		
基本上找大型 通信运营商	○		○	◎				
多功能打印机	○			◎	○			
企业就足够了 保险公司	○		○	◎				○
办公用品/消耗品				◎		○		

利润为王　206

打印机、保险、办公用品/消耗品等。在这种情况下，只要了解销售额、市场份额排名靠前的企业就足够了。如果想找新的电力公司寻求合作，可以在日本经济产业省资源能源厅的官方网站中检索"注册零售电力公司一览"。

有些行业需要获得国家或机构的认证方可从业，那么相关机构就有一个"获得认证的注册企业一览"，其包含的企业数量庞大，很全面。废弃物处理企业的信息，会在一些公益团体的行政信息检索系统上公开，有需要的企业可以在相关信息检索系统上按地区或业务种类搜索到合适的废弃物处理企业。

另一方面，给排水工程企业会在地方相关机构进行注册，各地方相关机构会公开注册企业信息，可以去这些机构的信息平台搜索。还有些行业没有"认证"制度，但出于业界习惯，该行业的企业都会加入行业团体/协会，或者定期发行企业名录/年鉴，企业名录可以比较全面地涵盖行业内的企业。不过，一些新创办的企业可能不在名录中，所以需要辅以其他搜索方式。

再有，展会/研讨会、网络检索、中介、匹配网站、专业杂志也是寻找优质供应商的重要信息来源，虽然这些方式的包罗性差一些，但遇到那些积极获取客户的新兴供应商的机会比较大。很多新兴的企业、获得风险投资的企业在积极寻找合作伙伴，想让更多客户知道自己优秀的新产品、新服务，所以会非常积极地参与各种展会、研讨会，在媒体上曝光。这些新兴企业不仅价格便宜，更主要的是它们往往能带来新的技术、商品、服务。所以，企业在寻找新候补供应商时，一定不要错过上述各种渠道。

从新候补供应商清单中筛选出优质企业

对于某些行业来说，新候补供应商清单里有 1 000 家企业的情况也不少见。这种情况，就需要一些筛选技巧，以高效、准确地找出有合作可能性的优质供应商。初步筛选尽量不要花太多时间，先把那些与本次需求无关的企业以及明显不符合条件的企业排除。

初步筛选的标准

根据各个供应商企业的公开信息，迅速排除不符合需要的企业。

- 业务内容：假设本企业本次的需求是 A，那么那些不从事 A 业务的供应商可以排除，A 业务不是其主业或专业的供应商也可以排除。
- 企业规模（销售额/员工人数）：规模不够大的供应商可以排除。
- 业务对应区域：不在我们需要的区域内开展业务的供应商可以排除。
- 本次交易最低限度的必要条件：没有公司网站的供应商可以排除；征信度没有达到一定水平的供应商可以排除。

初步筛选的确认方法

- 根据企业信息一览或各家供应商网站中的公开信息进行筛选。
- 无法获得上述公开信息的话，通过电话/电子邮件直接与供应商接触。

初步筛选之后，我们在留下来的企业中寻找有可能合作的优质供应商。这时，对这些企业直接发出询价请求是不现实的，因为初筛后留下来的企业数量还是很多。首先应该做的是把本公司这次业务的基本内容和目标价格发给这些供应商，询问他们能否接受或者是否有兴趣进一步洽谈。这样的试探，是看对方愿不愿意报价。这种试探性的询问对发包企业来说工作量也不大，用一张 A4 纸就可以把业务委托的概要和相关信息都写完。而且，由于发包企业说明了目标价格，供应商可以马上判断能否接单，所以也能迅速做出回复。最终，对于那些有兴趣提出报价的供应商，发包企业可以正式请求其提供报价。

如果候补供应商的数量太多，具体该采用什么方法进行筛选呢？下面通过各种工程公司的实际案例为大家介绍。假设 A 企业要对东京都内办公大楼的电源设备进行更新，对工程承包商的要求是必须具有特高压/高压受变电设备的施工许可且位于东京地区的企业。以此为基本条件，A 企业为候补承包商制作了一份清单。经过 4 轮筛选之后，从最初的 202 家候补承包商中选出了 2 家公司（见图 2-5-8）。

筛选候补承包商的标准	制作候补承包商清单	根据承包商的公开信息选出对象企业	通过电话/电子邮件进行初步接触	询问是否愿意进行简单报价	对正式报价进行评价
新的候补承包商数量	202 家	136 家	24 家	8 家	2 家
	□ 在工程发包之前，先给满足最低条件的承包商做一份清单	□ 根据企业信息和业务内容，把不符合条件的企业排除	□ 与各家企业接触（电话/电子邮件），确认对方能否承接这一工程	□ 请求提供简单报价，看对方是否愿意	□ 提出正式报价请求，对报价结果进行评价 □ 选定最终的候补承包商
	• 东京地区的电气设备工程企业	• 销售额规模 • 员工人数 • 可以施工的人数 • 财务状况 • 特高压/高压受变电设备、直流电源设备、应急发电设备、UPS（不间断电源）设备的施工许可	• 可否接受这笔新交易 • 施工实绩 • 电话中对方回答的水平 • 回复的速度	• 有兴趣进行简单报价 简单报价请求的特点： — 一张 A4 纸可以说明工程的必要要素 — 提示目标价格的标准	• 报价价格 • 交易条件的合理性 • 施工实绩 • 施工体制 • 对电话/电子邮件的回复内容 • 回复速度

图 2-5-8　电源设备更新工程（特高压/高压受变电设备）（东京都）

再举一个例子，B 企业要对北海道的独栋住宅项目实施给排水施工，为此寻找承包商。先从选择的范围来看，必须是当地的工程公司（函馆、苫小牧、千岁等地区）。于是，B 企业在这个范围内把所有具有给排水施工资质的注册企业都列了出来。然后，以能否为独栋住宅实施给排水施工为评价标准，对清单中候补承包商进行了 4 轮筛选（见图 2-5-9），从最初的 792 家候补承包商中选出了 7 家公司。

通过层层筛选，最终选出了潜在的优质承包商，并向它们发出正式报价请求。关于询价的方法和流程，将在"步骤 6：寻找最佳候补供应商的方法"中进行详细介绍。

	制作候补承包商清单	根据承包商的公开信息选出对象企业	通过电话/电子邮件进行初步接触	询问是否愿意进行简单报价	对正式报价进行评价
北海道全域候补承包商数量	792家	122家	49家	34家	7家
函馆	161家	32家	13家	7家	3家
苫小牧	57家	25家	7家	6家	0家
千岁	87家	18家	8家	10家	1家
札幌	380家	31家	13家	8家	2家
旭川	64家	11家	6家	3家	1家
带广	43家	5家	2家	0家	0家
筛选候补承包商的标准	□ 在工程发包之前，先给满足最低条件的承包商做一份清单 • 北海道各市县当地具有给排水施工资质的工程公司	□ 根据企业信息和业务内容，把不符合条件的企业排除 □ 根据公开信息进行精查 • 能否为独栋住宅进行给排水施工 • 销售额规模 • 员工人数 • 可以施工的人数 • 财务状况	□ 与各家企业接触（电话/电子邮件），确认对方能否承接这一工程 • 能否为独栋住宅进行给排水施工 • 可否接受这笔新交易 • 施工实绩 • 电话中对方回答的水平 • 回复的速度	□ 请求提供简单报价，看对方是否愿意 • 有兴趣进行简单报价 简单报价请求的特点： • 一张A4纸可以说明工程的必要要素 • 提示目标价格的标准	□ 请求提出正式报价，对报价结果进行评价 □ 选定最终的候补承包商 • 报出的价格 • 交易条件的合理性 • 施工实绩 • 可以施工的栋数 • 对电话/电子邮件的回复内容 • 回复速度

图 2-5-9　给排水工程承包商的筛选（北海道的独栋住宅）

把交易条件和单价数据存入数据库，为公司积累知识储备

从各家供应商获取的方案、报价，不管最终采用与否，都是了解当前市场行情的重要信息来源。尤其是以前没有合作过

的新供应商，对它们提供的方案和报价，我们不仅要比较其价格或费率，还要对其服务品质进行定性分析，看哪些方面是它们擅长的，哪些方面是它们不擅长的。总而言之，从供应商报价中获得的单价信息，以及对新供应商信息的整理，对于我们来说都是重要的知识储备，需要存入数据库。

根据供应商的报价信息，建立单价/费率的数据库

从供应商那里获取的报价信息可以打印出来保存，也可以以 PDF 格式的电子文件保存，但这样不便于日后调取数据。比如，日后从其他供应商获得报价信息，想进行横向比较时，还得去翻以前保存的文件，非常麻烦。另外，公司里负责一线实务的工作人员一般 3~5 年就会更换，他们保存的文件即使交接给继任者，继任者也不熟悉文件内容，还得从零开始积累业务知识。所以我不推荐用纸质文件或 PDF 格式的电子文件保存供应商的报价信息。

应该将过去供应商的报价输入 Excel，对单价和交易条件等进行统一管理，这样不管什么时候都可以轻松调取以前的数据。从新的供应商那里获取报价的时候，要想判断其报价的合理性，以前存储的数据是重要的比较对象。接下来，我将以电费、物流配送费（包车）两个案例为大家介绍数据库的构建。

案例：电（高压和特高压）费数据库的构建

在决定电费价格的主要因素中，影响最大的当数地区、合同功率（千瓦）和负荷率（以百分比表示）。所以在构建电费数据库的时候，上述3个要素一定不可缺少。电费价格到底是高还是低，判断标准是什么呢？可以使用公式"支付金额÷用电量＝单价"计算出每千瓦时电的单价。虽然各个用电单位的条件不同、价格不同，但我们可以通过上述公式的计算结果进行横向比较（见表2-5-11）。

按每份合同构建数据库，需要记录的项目一览

（1）用电单位的信息

- 电力公司名称：A工厂、B分店等
- 电力管辖：东京电力管辖、关西电力管辖、中部电力管辖等
- 供电电压：高压、特高压（多少千伏）

（2）有关供电合同或报价的信息

- 电力公司：A电力公司、B电力公司、C电力公司等
- 供电方法：总量或者峰谷
- 合同类别：分为特高压电力、高压电力等
- 合同年限：1年、2年、3年等
- 合同条件适用日期：20××年×月×日
- 合同功率（千瓦）
- 基本电费单价（日元）
- 用量电费单价（日元）

表 2-5-11 单价／费率数据库（电费：高压）

用电单位	电力管辖	电力公司	合同类别	合同条件	报价时间	合同功率	基本电费单价	用量电费单价	用电量（千瓦时）	年度金额（日元）	负荷率	方案单价（日元）
A大厦	○○电力	D电力	特高压电力	单年合同	2021年1月	500kW	430.37	×.××	○○○○○○	16 232 171	38.9%	11.90
A大厦	○○电力	H工程	特高压电力	单年合同	2020年12月	500kW	1 721.50	×.×××	○○○○○○	18 216 348	38.9%	13.36
A大厦	○○电力	E电气	特高压电力	单年合同	2021年1月	500kW	1 162.01	×.×××	○○○○○○	16 007 436	38.9%	11.74
A大厦	○○电力	○○电力	特高压电力	3年合同	2021年1月	500kW	1 721.50	×.×××	○○○○○○	20 158 896	38.9%	14.78
A大厦	○○电力	F服务	特高压电力	单年合同	2021年1月	500kW	100.10	×.×××	○○○○○○	19 992 882	38.9%	14.66
A大厦	○○电力	G解决方案	特高压电力	单年合同	2021年1月	500kW	300.00	×.×××	○○○○○○	16 322 764	38.9%	11.97
A大厦	○○电力	G解决方案	特高压电力	2年合同	2021年1月	500kW	347.01	×.×××	○○○○○○	16 429 575	38.9%	12.05
BB分公司	○○电力	D电力	高压电力	单年合同	2021年1月	95kW	531.30	×.×××	△△△△△△	16 930 264	38.9%	12.41
BB分公司	○○电力	H工程	高压电力	单年合同	2020年12月	95kW	1 765.50	×.×××	△△△△△△	1 820 217	14.6%	16.17
BB分公司	○○电力	E电气	高压电力	单年合同	2021年1月	95kW	1 009.87	×.×××	△△△△△△	1 955 738	14.6%	17.38
BB分公司	○○电力	○○电力	高压电力	3年合同	2021年1月	95kW	1 765.50	×.×××	△△△△△△	1 759 059	14.6%	15.63
BB分公司	○○电力	F服务	高压电力	单年合同	2021年1月	95kW	349.27	×.×××	△△△△△△	2 614 378	14.6%	23.23
BB分公司	○○电力	G解决方案	高压电力	单年合同	2021年1月	95kW	419.56	×.×××	△△△△△△	2 592 848	14.6%	23.04
BB分公司	○○电力	G解决方案	高压电力	2年合同	2021年1月	95kW	550.87	×.×××	△△△△△△	1 804 530	14.6%	16.03
C总公司	○○电力	D电力	高压电力	单年合同	2021年1月	440kW	531.30	×.×××	□□□□□□	1 867 626	14.6%	16.59
C总公司	○○电力	H工程	高压电力	单年合同	2020年12月	440kW	1 765.50		□□□□□□	1 926 354	14.6%	17.11
C总公司	○○电力	E电气	高压电力	单年合同	2021年1月	440kW	1 200.54	×.××	□□□□□□	12 967 062	30.2%	13.57
C总公司	○○电力	○○电力	高压电力	3年合同	2021年1月	440kW	1 765.50	×.××	□□□□□□	14 952 075	30.2%	15.64
C总公司	○○电力	F服务	高压电力	单年合同	2021年1月	440kW	200.52	×.××	□□□□□□	12 988 550	30.2%	13.59
C总公司	○○电力	G解决方案	高压电力	单年合同	2021年1月	440kW	300.00	×.××	□□□□□□	16 236 764	30.2%	16.99
C总公司	○○电力	G解决方案	高压电力	2年合同	2021年1月	440kW	508.95	×.××	□□□□□□	16 103 050	30.2%	16.85
C总公司	○○电力							×.××		13 339 507	30.2%	13.96
C总公司	○○电力							×.××		13 610 235	30.2%	14.24
C总公司	○○电力							×.××		14 029 015	30.2%	14.68

- 附带折扣内容及其计算方法、附带折扣单价/费率

（3）电力的实际使用情况

- 用电量（千瓦时）
- 负荷率（以百分比表示）
[负荷率=年度总用电量（千瓦时）÷合同功率（千瓦）
÷24（小时）÷365（天）]
- 年度支付金额（日元）

（4）重要指标

- 实际用电单价：年度支付金额÷年度用电量
[年度支付金额为基本电费+用量电费（除去燃料调整费和可再生能源发电促进费）]

下面举一个利用数据库的例子。比如，各个分公司在同一区域内且规模相当（即合同功率相当），在这种情况下，各个分公司和电力公司签订供电合同。我们可以单纯地比较各个分公司的实际用电单价，这样做当然没问题，但是，如果结合负荷率（对电费单价影响很大）对各个分公司的实际用电单价进行比较，可以更准确地找出费用高的分公司（见图 2-5-10）。

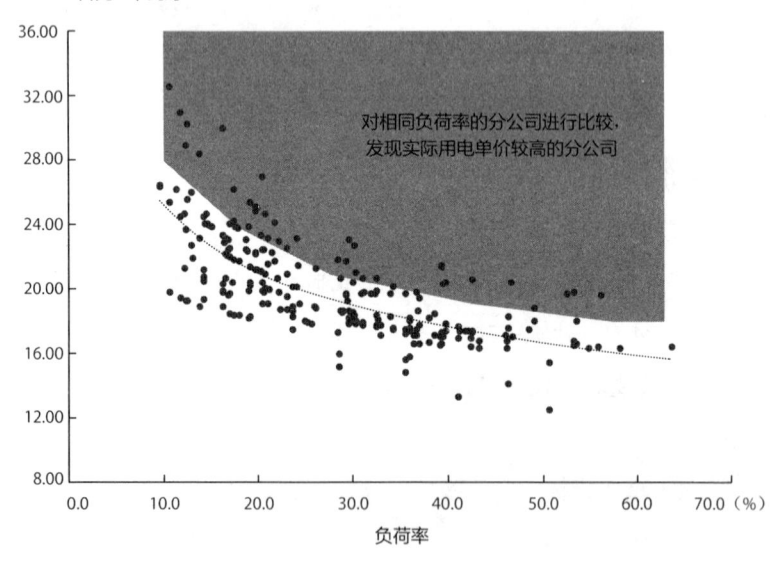

图 2-5-10　电费：结合负荷率的实际用电单价分布图

案例：配送费（包车）数据库的构建

在物流运输中，常会用到包车运输的形式，除了大型物流企业，一些地区性物流公司也可以提供包车服务。如果能为各个物流公司的价格、交易条件建立一个数据库，进行统一管理，就可以更容易在相应地区选出价格最低廉、服务最具竞争力的物流公司。包车运输的费用基本上受到行驶距离、车型、工作时间、常温／冷藏／冷冻、往返还是单程等条件的影响。所以，询价的时候也要向物流公司说明上述具体条件［可能的话，还要考虑卸货件数、附加作业、包装形式（散装还是整装）等因素］（见表 2-5-12）。

表 2-5-12 单价/费率数据库（物流：包车）

配送公司	始发地 都道府县	距离	目的地 都道府县	车型	合同形态	工作时间（星期几）	单价信息 金额	工作时间外的单价	增加距离的单价
A 配送公司	……县	411 千米	富山县	大型	往返		103 000		
A 配送公司	……县	县内	静冈县	大型	单程		42 000		
A 配送公司	……县	504 千米	冈山县	大型	往返		115 000		
A 配送公司	……县	317 千米	滋贺县	大型	往返		118 000		
A 配送公司	……县	356 千米	奈良县	大型	往返		118 000		
A 配送公司	……县	1 032 千米	熊本县	大型	往返		222 100		
A 配送公司	……县	147 千米	神奈川县	大型	往返		98 000		
A 配送公司	……县	434 千米	福岛县	大型	往返		135 000		
A 配送公司	……县	372 千米	三重县	大型	往返		51 750		
A 配送公司	……县	790 千米	山口县	大型	往返		142 760		
A 配送公司	……县	411 千米	石川县	大型	往返		90 000		
A 配送公司	……县	147 千米	神奈川县	4 吨	单程		48 000		
A 配送公司	……县	182 千米	长野县	4 吨	往返		73 000		
A 配送公司	……县	256 千米	岐阜县	4 吨	往返		50 000		
A 配送公司	……县	151 千米	爱知县	4 吨	往返		48 000		
A 配送公司	……县	372 千米	三重县	4 吨	单程		35 000		
A 配送公司	……县	372 千米	三重县	4 吨	单程		35 000		
A 配送公司	……县	372 千米	三重县	拖车	往返		80 000		
A 配送公司	……县	798 千米	大分县	拖车	往返		240 000		
A 配送公司	……县	717 千米	岩手县	拖车	往返		225 000		
A 配送公司	……县	县内	静冈县	拖车	往返		30 000		
A 配送公司	……县	411 千米	富山县	大型	单程		68 000		
A 配送公司	……县	县内	静冈县	拖车	往返		30 000		
A 配送公司	……县	411 千米	富山县	大型	单程		119 000		
A 配送公司	……县	298 千米	群马县	4 吨	单程		65 000		
A 配送公司	……县	610 千米	广岛县	4 吨	单程		130 000		
A 配送公司	……县	317 千米	滋贺县	4 吨	单程		59 000		

(续表)

配送公司	始发地 都道府县	距离	目的地 都道府县	车型	合同形态	工作时间（星期几）	单价信息 金额	工作时间外的单价	增加距离的单价
A配送公司	……县	317千米	滋贺县	大型	单程		73 800		
A配送公司	……县	178千米	东京都	大型	单程		58 000		
A配送公司	……县	372千米	三重县	大型	往返		75 000		
A配送公司	……县	372千米	三重县	4吨	往返		48 000		
A配送公司	……县	372千米	三重县	4吨	往返		35 000		
A配送公司	……县	372千米	三重县	4吨	往返		24 000		
A配送公司	……县	268千米	茨城县		单程		95 000		
A配送公司	……县	268千米	茨城县		单程		98 000		
A配送公司	……县	214千米	埼玉县		单程		20 000		

包车运输，需要记录的项目一览

（1）配送公司

- 配送公司名称：A运输公司、B公司运输等

（2）配送条件

- 始发地：都道府县
- 目的地：都道府县
- 距离（千米）
- 车型：2吨、3吨、4吨、大型、拖车等
- 合同形态：往返、单程、月结、日结等
- 工作时间：周一~周五、周一~周六、周日、周三等

（3）费用

- 基本金额（日元）
- 工作时间外的单价（日元/小时）
- 增加距离的单价：50日元/千米（100千米以上）等

6

步骤6：寻找最佳候补供应商的方法

从询价前的准备到对各家供应商报价进行评估的全部流程

企业对现有供应商的交易条件进行优化的时候，向多家新的候补供应商询价，请他们提出新方案、报价，是行之有效的一种方法。不过，在确定询价的内容之前，先要对采购商品的标准/服务等级进行最优化（步骤3），并调整采购制度，以便最大限度地发挥规模效应（步骤4）。换句话说，在向供应商询价之前，自身要先做好准备。

从询价前的准备到最终确定供应商，可以按照以下6个步骤实施（见表2-6-1）。其中非常重要的一点是，不仅要设置最适合自己的标准、条件、RFP（需求建议书），并将其明确写入询价书，也不仅是把自己的要求直接抛给供应商，还要准备让步方案，以便候补供应商提供优于现有供应商的方案和更有竞争力的价格。对于发包企业来说，某些不太重要的事项，甚至是被忽视的事项，对于供应商而言可能是阻碍其降低价格的重要因素。

表 2-6-1　从发出询价、收到报价到确定供应商的流程

从发出询价、收到报价到确定供应商的流程		概要
1	制作询价书	• 询价书中应该详细注明采购商品的标准或服务等级 • 告知候补供应商：请按照报价模板进行报价
2	调查、选定候补供应商	• 对有可能合作的候补供应商进行调查，制作一个清单 • 根据候补供应商的公开信息通过电话或电子邮件询问，对候补供应商进行初次筛选
3	从发出询价到收到报价的时间表	• 向现有供应商和候补供应商同时发出询价，并同时回收报价结果 • 为防止出现零回复的情况，需要事先调查其中理由，评估让步条件
4	从各个候补供应商处回收报价表	• 发出询价书后，可能收到候补供应商的质询，认真分析，并把回复内容和变更点进行整体反馈 • 对于候补供应商提出的报价，我们可以进行还价，但原则上最多还价 2 次 • 以书面形式将正式的降价申请书交到候补供应商裁决者手中 • 在报价提交期限之前，与候补供应商认真沟通提交进度（发出询价之后，不能只是等待）
5	对报价内容进行评估并最终选定供应商	• 对提出最低报价的候补供应商，调查其报价的依据，以及其与其他公司合作的实际情况
6	对未被选中的候补供应商进行认真反馈	• 对于提交报价的候补供应商，真诚表达谢意 • 将最终采纳的价格和交易条件，尽量详细地告知未被选中的候补供应商 • 了解未被选中的候补供应商的擅长领域和希望获得的订单类型 • 告知未被选中的候补供应商，日后如有合适项目，一定邀其合作

1. 制作询价书

询价书中应该详细注明采购商品的标准或服务等级

在制作询价书的时候，要向候补供应商明确传达本企业需要什么标准的商品、什么等级的服务。一般来说，对于电费或信用卡手续费，只要向候补供应商分享自家公司过去 12 个月该费用的实际情况，对方就会提供报价。另一方面，关于多功能打印机或通信费（手机、网络），只向候补供应商分享过去的实际费用情况还不够，还要在分析自家公司当前的实际使用状态的基础上，确定今后的方向，并向候补供应商提出具体要求，如需要何种功能/具有何种功能的设备、每种设备的用途、适用何种费用计划等。询价书中需要注明的基本项目如下所示。

（1）询价通告

- 询价的内容（概要）
- 询价企业的名称、地址
- 对接负责人的职务、姓名、联络方式（电子邮箱/电话）
- 询价条件以及询价内容的详细情况
- 报价的提交方式
- 关于询价的质询、确认方法
- 报价的时间表
  - √ 询价日期
  - √ 接受质询的日期
  - √ 回复质询的日期

√ 提交报价的日期
- 参考资料一览

（2）详细的说明书/条件一览

（3）过去1年间（12个月）的实际数据

（4）服务、时间表、操作一览

（5）报价模板

（6）质询、确认模板

当企业需要将部分业务委托给其他企业的时候，同样先要进行询价，业务委托的询价书相当于需求建议书，是最复杂的一种询价书。因为要将现场所有操作全部委托给对方，所以询价书中要非常详细地注明业务内容（见表2-6-2）。我们在询价表中将实际业务内容介绍得是否准确、详细，将极大地影响受托方提供方案的精确度。如果我们在询价书中提供的信息不充分，那么对方的报价也只能是个大概范围，如果就此草草签约，那么在后期实际合作中可能出现远高于当初报价的人工费用，或者按照当初的报价根本无法完成业务委托的情况。

尤其是业务要件（操作）、服务等级，如果我们不能在询价书中进行精准、详细的定义，那么对方提供的方案可能就会缺乏可操作性。为了让对方深入理解委托业务的流程，我们不应该笼统地制作一份需求建议书，而是要制作一份精确的业务要件定义书，按照实际的业务流程把每一项操作都落实在这份定义书中（见表2-6-3、表2-6-4）。

表 2-6-2 制作需求建议书（以第三方物流为例）

□ 制作需求建议书的目的
- 向新的候补物流公司介绍自家公司的业务状况和物流需求
- 为了请物流公司制作 / 提交报价单，应该向各个物流公司公开的信息一览

序号	大项目	小项目	序号	大项目	小项目
1	目录	目录	7	业务要件（操作）	取货要件
2	公司概要	公司概要			到货要件
		业务内容			VAS（增值服务）要件
3	注意事项	注意事项			保管要件
4	需求建议书的范围与目的	关于发货人的业务			发货要件
		委托的范围			运输配送要件
		需求建议书的目的			退货要件
		合同条件	8	服务等级	服务等级
5	业务要件（整体）	业务内容、整体流程			KPI
		销售额、数量信息	9	提供资料	提供资料一览
		区域信息	10	请求事项	公司概要
		商品信息			费用表的填写方法
		包装状态信息			方案中应该记录的内容
		术语集	11	时间表	需求建议书时间表
6	业务要件（IT）	整体流程	12	联络清单	联络清单
		I/F（电流频率转换）清单			

表 2-6-3 制作业务要件定义书（以第三方物流为例）

□ 制作业务要件定义书的目的
- 向新的候补物流公司询价的时候，作为需求建议书的补充，向对方传达更具体的现场业务细节，以便获得精准度更高的提案书和报价单
- 也可以用于掌握当前合作的第三方物流公司的业务内容和成本构成

仓储业务的要件定义书的各种项目

序号	大项目	小项目	序号	大项目	小项目	序号	大项目	小项目
1	更新记录	更新记录	5	业务要件（仓库、存储）	保管要件	8	业务要件（VAS）	VAS清单
2	目录	目录			仓库布局			VAS流程
3	概要	目的与相关公司			商品布局	9	业务要件（退货）	退货要件
		术语集			保管方法			退货流程

(续表)

□制作业务要件定义书的目的
- 向新的候补物流公司询价的时候,作为需求建议书的补充,向对方传达更具体的现场业务细节,以便获得精准度更高的提案书和报价单
- 也可以用于掌握当前合作的第三方物流公司的业务内容和成本构成

仓储业务的要件定义书的各种项目

序号	大项目	小项目	序号	大项目	小项目	序号	大项目	小项目
3	概要	联络清单	5	业务要件（仓库、存储）	保管规则	9	业务要件（退货）	使用设备、票据
		预期			位置安排			退货规则
		必要生产能力			盘点存货			检查规则
		分公司（门店）信息			事例			事例
		商品信息	6	业务要件（到货）	取货要件	10	业务要件（异常情况）	异常清单
		包装状态信息			到货要件			异常到货流程
		SOW（工作说明书）			到货流程			异常发货流程
		时间表			适用设备、票据			异常退货流程
		仓库信息			到货规则			系统异常
		作业体制图			事例	11	附录	KPI
4	业务要件（IT）	作业整体流程	7	业务要件（发货）	发货要件			
		整体流程			发货流程			
		I/F 清单			使用设备、票据			
		库存状态			发货规则			
		作业状态			发货批量			
					包装规则			
					事例			

第二部分 削减间接成本的 8 个步骤 225

表 2-6-4 仓库管理系统的要件定义书（以第三方物流为例）

□制作仓库管理系统（WMS）要件定义书的方法
- 当自家公司物流部／信息系统部没有相应资料／信息的时候，需要制作仓库管理系统要件定义书
- 启用成功，在使用后需要进行二次开发的时候，防止成本增加

仓库管理系统要件定义书的项目

序号	大项目	小项目	详情
1		更新记录	更新日期、更新内容、更新理由、更新页数、更新者
2		目录	目录
3	概要	目的与相关公司	要件定义书的对象业务、定性目标、货运线路和物流公司
		术语集	术语／缩略语、说明
		联络清单	部门、姓名、职责、电子邮箱、邮件内容、货运线路和物流公司
		系统整体结构	业务相关系统（ERP、OMS等）与WMS的定位
		I/F协议、手段	I/F方向、连接方针、数据形式等
		I/F清单	I/F名称、From/To（起／止）、频率、时间表
		库存状态	状态名称、目的说明、状态变更规则
		作业状态	状态名称、目的说明、状态变更规则
4	要件（操作类）	I/F布局（附件）	项目名称（讨论对象）、项目名称（物理名称）、属性、字节数、内容说明、样本值
		系统流程	到货、发货、库存、发货、退货、附加服务、库存调整、盘点、雇主合作等
		票据	交货单、包装明细单、发货标签、发货单标签、仓库内管理标签等
		报告（离线）	发货实绩、日报、KPI等
5	要件（系统类）	认证安全	访问控制、注册管理、认证系统、密码更新循环等
		异常处理	发生数据库错误、网络错误时的检测方法和恢复方法
		处理能力	数据容量、响应速度、打印速度、用户数量等
6	其他	测试时间表	SIT（系统集成测试）、UAT（用户验收测试）等

发包企业指定报价模板

在从多家候补供应商那里回收报价单的时候，如果它们的报价形式和内容各不相同，横向比较就会非常麻烦。虽然说比较总金额比较省事，但是只比较总金额是远远不足以判断哪家才是性价比最高的供应商的。所以，除了固定型号的通用商品，对于特殊商品，必须要求候补供应商提供详细清单。如果只根据总金额选择了报价最低的那家供应商，实际收到采购商品时，很可能发现商品标准和自己想要的存在差别。所以，在询价阶段必须要求候补供应商按照我方模板详细填写商品的标准、价格等。

总而言之，在收到候补供应商的报价后，为了更好地对报价进行比较、分析、评估，我建议发包企业在询价的时候，就应该向每家候补供应商发送统一的报价模板。模板要对商品标准、服务内容进行细分，并据此要求候补供应商给出商品或服务的各项分解报价。如果发包企业向候补供应商发出的询价单中只是简单地注明了商品的标准或服务内容，没有细节要求，根据我们的经验，候补供应商很少会按照发包企业提出的条件进行报价。站在候补供应商的角度，它们只会大体理解发包企业的需求，然后把这种需求转换为自己想要方案的内容，再进行报价。结果，各个候补供应商的方案和报价都从自己的角度出发，自然会存在较大的差异，难以进行横向比较。所以，发包企业必须指定统一的报价模板，而且这个模板越详细越好。

关于所采购商品、服务的成本，采购企业也应该请候补供应商提供尽量详细的成本分析。当一家企业要采购某种商品的时候，应该请候补供应商提供该商品成本的构成，包含原材料、加工费、物流费、汇率变动、其他手续费、利润等。获得成本构成的信息，不仅有利于横向比较各家候补供应商的报价，在日后的实际合作中，如果供应商提出涨价，采购企业也可以根据成本构成质询对方要求涨价是因为哪方面的成本上涨、上涨了多少，以防供应商虚抬价格。

举例来说，汇率变动、物流费上涨主要受市场行情影响，其他供应商也会同样涨价，这种情况下的涨价请求一般是合理的。另一方面，加工费、利润提高只是供应商自身的要求，采购方此时就需要研究对方的要求是否合理，是否接受对方的涨价请求。如果不能接受，可能就需要考虑更换其他供应商了。

2. 调查、选定候补供应商

向具有价格竞争力的优秀候补供应商询价，最终获得好方案、好价格的概率比较大。那么，为了找出优秀的候补供应商，需要事先对行业、企业进行认真调查，尽量大范围地列出一份候补供应商清单。在网罗优秀候补供应商的过程中，容易漏掉的是地方性企业和行业中规模小但实力强的企业。与大型企业相比，地方性企业或规模小但实力强的企业的管理成本、员工薪水水平相对较低，因此它们的价格竞争力往往强于大企业。地方性的运输公司、工程公司，在当地可能具有绝对的竞争优势。所以，如何发现这些企业是问题的关键。

另外，对于某些成本项目来说，也可以考虑以亚洲为中心的海外供应商。以光伏发电板来说，如今中国企业在这一领域席卷全球。在日本，中国光伏企业也在积极独立开发市场，或者通过合作的日本施工企业扩大市场份额。光伏发电板的单价还有下降趋势，多年前的采购价格放到现在可能已经不具性价比了。另外，在员工制服等服装领域，或者客户服务中心、系统开发等外包委托业务领域，海外企业也是一个不错的选择，因为相比于日本本土企业，它们的成本具有压倒性的优势。曾经，很多日本企业对海外企业敬而远之，因为和外国企业合作，管理难度增加、沟通成本也很高。但如今，很多外国优秀供应商是日本人经营的离岸企业，管理难度和沟通成本已经大幅下降。

3. 从发出询价到收到报价的时间表

向现有供应商和候补供应商同时发出询价，并同时回收报价结果

从发出询价书、回收报价单，到最终选定供应商，需要事先制定时间表，并严格按照时间表实施。特别是从发出询价书开始，后面有 4 个重要的时间节点。

- 询价书发出日
- 接受候补供应商质询的截止日期
- 对候补供应商的质询进行回复的日期
- 候补供应商提交报价单的截止日期

事先制定时间表，目的在于让现有供应商和新的候补供应商在同等条件下公平地进行报价。通常来说，很多采购企业认为，先向新的候补供应商询价，获得报价后可以判断现有供应商的报价、交易条件是否合理。这些采购企业并没有更换供应商的意思，只是把新的候补供应商的报价作为与现有供应商谈判的筹码。确实，这种方法可能迫使现有供应商降价，但是站在提供报价的候补供应商的角度，他们会觉得自己被利用了，肯定会想："原来这家企业只把我们的报价当筹码来和别人谈判，并不是真心想和我们合作，我们被利用了！"这样的评价会在行业内蔓延，极大地影响采购企业的商誉。就像《狼来了》的故事一样，从中长期看，这家采购企业日后获得新供应商提供报价的可能性越来越小。

为防止出现零回复的情况，需要事先调查其中原由，探讨让步条件

选出有可能合作的候补供应商后，就可以向其发出正式询价书了。不过，有的时候会遇到零回复的情况，给各个候补供应商发出正式询价书后，到了提交报价单的期限，却没有一家提供报价。这种情况，多半是采购企业把各种交易条件、预期的单价/费率定得太低造成的。候补供应商看到这笔交易没有利润空间，自然不会接手。为了防止这种情况的发生，建议在进行询价之前，选择3~4家候补供应商，简单听取他们的意见。

听取意见的时候，不能只停留在确认价格水平的层面。关于商品标准、服务等级等，也要向候补供应商确认，是否存在一部分条件设置过高的情况，给报价造成了不良影响。采购企业可以询问候补供应商："如果以更低的价格合作，贵公司希望我方在哪些条件标准方面做出让步？"听取候补供应商关于削减成本的建议。如果候补供应商提出的条件采购企业能够接受，那就应该积极让步，以便达成双方都可以接受的价格。

案例：门店保洁

- 工作一线的种种情况

  - 因为人工费的高涨和人手不足，每年的保洁费用都在上升。

- 问题出在哪儿？

  - 保洁费的成本构成中，人工费用占绝大部分，单纯降低保洁员的时薪是不现实的。
  - 可以实施保洁工作的时间段和时间表受到限制，给保洁公司人员排班造成困难（而发包企业并没有意识到这个问题）。
  - 结果，保洁公司不得不增加保洁员人数，或者在深夜/早晨等营业外时间开展保洁工作，造成人工费用提高。

- 具体的解决方法

  - 各门店增加可以实施保洁工作的时间段，和保洁公司共同探讨、制定更加高效的保洁时间表。

4. 从各个候补供应商处回收报价表

认真回复各个候补供应商的质询，并把回答内容和变更点进行整体反馈

询价的准备工作完成之后，向各个候补供应商发出初步询价书。随后，请各个候补供应商的负责人确认询价书的内容。询问他们是否存在不清楚的地方或信息不全的事项，同时接受对方的质询。要确保有足够的时间让候补供应商提出质询，并对质询进行积极的回复和沟通。

对于各个候补供应商提出的疑问，有些企业认为应该一一回复。但换一个角度想，一家候补供应商存在的疑问，可能是其他候补供应商共同的疑问。所以，先不要急于单独回复一家候补供应商的疑问，而是在质询期内将所有候补供应商的疑问收集全，进行统一研究、回复，然后把所有问题和回复整理在一个 Excel 文件中，整体反馈给每一个候补供应商。

在提交报价单截止日期之前，向候补供应商确认报价工作进度

采购企业向候补供应商发出询价书的时候，会设置一个提交报价单的截止日期，要求候补供应商按时提交报价单。在发出询价书之后，收到报价单之前，采购企业应该定期与各个候补供应商进行沟通（通过电话、电子邮件等），以确认其报价工作进度。

举个例子。一般来说，供应商收到采购企业的询价请求时，会有 2~3 周的犹豫期，以判断是否提供报价。如果供应商确定提供报价，那么正式制作报价单的时间通常在几小时到几天之间。如果采购企业把提交报价单的时间设定为 3 周后，那么很多供应商会感觉时间充裕，从而放慢工作进度，直到截止日期临近才匆忙制作报价单。结果,临近截止日期,采购企业打电话和供应商的负责人进行沟通时,才发现他还没有认真阅读询价书。有些供应商更加极端,马上到截止日期了,才向采购企业询问具体的交易条件、期待价格等重要信息。为了防止这种情况的发生,采购企业在发出询价书之后,应该定期和各个候补供应商进行沟通,确认他们的报价工作进度,这客观上起到督促作用。如果两周后必须收到报价单,那么采购企业在这两周之内要与供应商通电话2~3次(或者通过电子邮件进行确认)(见表2-6-5)。

表2-6-5 为了两周后收到报价单,应该和候补供应商如何沟通

时间		确认事项
第1天	发出询价书当天	• 向候补供应商确认"是否能够报价?""有何问题?""询价书中是否存在信息披露不充分的情况?"
第3天	发出询价书后第3天	(候补供应商对询价书进行认真研究后) • 再次向候补供应商确认"是否能够报价?""有何问题?""询价书中是否存在信息披露不充分的情况?""能否按时提交报价?"
第7天	中间节点	• 向候补供应商确认,报价工作是否有进展,能否按时提交报价单
第11天	截止期限前3天	• 向候补供应商确认剩余的工作,并暗示其严格遵守提交期限 • 如果候补供应商已经完成报价单,马上回收
第13天	截止期限前1天	• 向候补供应商确认,明天几点前可以提交报价单,暗示其严格遵守时间
第14天	截止日期当天	• 如果超过约定时间1分钟,对方尚未提交报价单,马上打电话联系

但是,也不要每天都打电话询问候补供应商的情况,那样对方会觉得我们在催他,从而产生反感。采购企业和候补供应商沟通时的注意事项是,不要直接问"你们研究到哪一步

了？""能按期提交报价单吗？"这种自上而下的命令口吻令人反感，应该以恳求合作的真诚态度向其确认工作进度。具体来说，可以问"对于我方的询价，贵公司有什么不清楚的地方或实际困难吗？""如果有什么需要，请直说，我方会尽力协助。"以这种协助者的口吻，可以探听到对方的虚实，同时也了解他们的工作进度。

在和候补供应商沟通的过程中，如果发现对方的工作进度明显滞后，或者完全没有进展，则需要直接询问对方滞后的背景和原因。有可能是候补供应商业务繁忙，腾不出手来处理我方询价事宜，也可能确实存在某些原因让供应商对我方的询价持消极态度，还可能是对方相关负责人判断与我方合作的重要性比较低，所以把报价工作排在了其他工作之后。如果能了解到本次合作的瓶颈所在，或者是什么理由让供应商不重视与我方的合作，就可以找到相应的对策。现实中，采购单位不太在意的事情，对供应商来说有可能是非常负面的因素。

采购单位可以还价，但最多还价2次

顺利地从各个候补供应商那里收到报价单后，就可以对各家的方案内容和价格进行横向比较，然后排一个先后顺序。从中选出3~5家候补供应商，进一步就合作细节进行交涉。

在和候补供应商进行细节交涉的时候，大家要注意一点——最多还价2次。在第一次还价之前，先针对选定的3~5家候补供应商，重新整理目标价格和交易条件，在此基础上请求供应商对报价内容进行优化。虽说这一阶段也要尽力争取使交易条件达到最终的妥协点，但同时也要判断是继续与现有供应商合作还是更换为新的候补供应商中最有竞争力的企业。在这种情况下，让现有供应商与新的候补供应商中最有竞争力的2家公司进行竞争，在考虑更换供应商所产生的成本的基础上，向他们提出降价请求（第二次还价）。从各家供应商的回应中，就可以判断出该和现有供应商继续合作，还是换新的供应商。

到此时，应该极力避免再进行第三次还价。如果在这次接触中我们一而再、再而三地进行还价，虽然有可能把价格压得更低，但各个供应商会认为"这家企业反复还价，把价格压得太低，我们的企业形象会受损"。结果，下次当我们再向他们询价的时候，他们默认我们会反复还价，于是在初次报价时，就故意把价格抬得很高。虽然对方可能是非常有竞争力的供应商，但因报价偏高，我们在第一轮筛选中，就把它筛掉了，从而错失与优质供应商合作的机会。

所以，原则上我们最多还价2次：

- 第一次：在初次报价的基础上进行还价，选出3~5家供应商；试探出最终的交易条件、价格的妥协点。
- 第二次：选定2家最优报价的供应商，进行最后的还价谈判；根据上述谈判结果，最终确定供应商和交易条件。

以书面形式将正式的降价申请书交到候补供应商决策者手中

在谈判中，即使我方提出降价请求，对方也不一定会有所回应。站在供应商谈判代表的角度考虑，如果他接受了降价，对他在他的公司的评价不会有好处，甚至会收到负面评价。所以，即使我们提出降价之后供应商依然有利润空间，谈判代表也会以"已经是底线价格了""降到这个价格我们就亏损了"等理由加以拒绝。只要对方没有感受到即将失去这笔交易的风险，他们就不会松口。

这时，一个有效的方法是提交"正式的书面降价申请书"（见图2-6-1）。一方面，通过电话进行口头请求，或者通过电子

□正式书面降价申请书的Word文件样本

〇〇〇〇年〇月〇〇日

〇〇〇〇株式会社　公启

株式会社　△△△

董事长　〇〇〇〇

关于降低□□□费用的申请

时下，贵公司蒸蒸日上的经营形势令人备感振奋！感恩于贵公司平日里对鄙公司的提携与厚待，特此送上由衷的谢意！

当前，鄙公司的国内客户成本意识不断提升，提出了更高的成本要求，使鄙公司的经营状况日渐严峻。于是，举全公司之力进行成本优化，已经对内部〇〇费用和△△费用等经费进行了极限压缩。其中，□□□费用金额较大，我们也在全力削减。贵公司与我们合作已久，但□□□费用对于陷入苦战的我们来说着实难以应付。在其他事业部，我们已经开始通过更换供应商来降低成本，比如××事务所，最近不得已更换了新的低价供应商。

接下来，承蒙〇〇〇〇株式会社各位的关照，虽然于心不忍，但也请务必考量对□□□费用的削减。如果贵公司能够以继续合作为前提，考虑降低□□□费用，我方将备感欣喜！请恕我方冒昧，诚请就以下记事项给予答复。

敬上

记

1. 对象设施　〇〇大厦（〇合同：〇〇〇〇〇〇〇·〇〇〇〇〇〇合同）
2. 单价条件　〇〇〇〇年〇月~〇〇〇〇年〇月的□□□费用实际支出：〇〇〇〇
3. 开始日期　〇〇〇〇年〇月〇〇日
4. 回复期限　〇〇〇〇年〇月〇〇日

以上

质询请致电：
株式会社△△△
电话号码：〇〇〇·〇〇〇〇·〇〇〇〇
负责人：〇〇〇〇

图2-6-1　正式的书面降价申请书（样本）

邮件发送申请书，我方的请求多半只能传达到对方对接此业务的现场负责人层面，他不会向上传达给具有决策权的上司或总经理那里。另一方面，正式的书面申请书中，注明了此次降价申请的背景、理由，希望的目标价格/费率，署名栏中写入董事长姓名，并加盖公司公章。对方现场负责人收到这样的正式书面申请后，不敢压在自己手中，一定会转交给具有决策权的上司去处理。

另外，即使对方谈判代表承诺降价，我方也要向对方的上司/分公司经理/执行董事/总经理进行确认，请他们做出最终决策，所以需要递交正式的书面申请书，而且正式的书面申请书送到对方决策者手中后，获得更大优惠的概率比较大。

5. 对报价内容进行评估并最终选定供应商

对于最低报价，要彻底调查其报价依据和企业经营业绩

比较各家候补供应商的报价之后，如果发现有供应商提供了非常低的报价或者很高的折扣率，则需要对该供应商提起高度重视。要通过调查确认，该供应商是通过创新性的商品/服务或者超越其他公司的独特的成本控制方法才能报出如此低的价格，还是存在其他不为人知的背景或原因（见表2-6-6）。

表2-6-6 鉴别最低报价的"真伪"

"为什么可以报出这么低的价格？"调查其背景/理由	可否采用	为实现安心合作，事先需要采取的应对策略
•通过差异化的业务结构或创新性技术，实现远低于其他供应商的价格水平	合格	•了解对方压倒性的优势来自何处 •请对方注明成本构成详情

(续表)

"为什么可以报出这么低的价格？"调查其背景/理由	可否采用	为实现安心合作，事先需要采取的应对策略
• 为了获得本年年末的销售奖金，而拼命接新单冲业绩	有条件的合格	• 和对方确认，明年能否以同等价格续约 • 在合同中追加相应条款，合同期间供应商有义务按约定价格供货（不得涨价，否则承担违约处罚）
• 供应商的销售人员为了获取新订单，没有获得上司允许，就破格给出超低报价 • 这种情况下，很可能在临近签约的时候，供应商反悔，推翻当初的报价要求涨价	不予采用	• 要获得加盖公章的正式报价单 • 在合同中追加相应条款，合同期间供应商有义务按约定价格供货（不得涨价，否则承担违约处罚）
• 签约是约定了交易条件，但实际履行合同时，供应商提供的商品标准或服务水平没有达到合同标准 • 正式签约后，有可能发现"一分钱一分货"，从而产生纠纷	不予采用	• 调查该供应商与其他公司合作的实际情况和续约情况 • 进行一定时间的试运营，以判断供应商所提供商品的标准和服务水平

另一方面，一些供应商企业的销售人员提升个人业绩心切，非常想赢得客户的订单，有的时候会在没有上司允许的情况下，个人破格给出超低的报价。所以，采购企业在收到供应商的报价单时，要先看有没有加盖公章，盖了公章才是供应商的正式报价单。没盖公章的话，有可能是供应商销售人员的个人行为。另外，草率地选择和报价最低的供应商签约，可能存在风险。比如签约不到 3 个月或半年时间，供应商就以"以这样的价格没法继续合作，必须得涨价"或"如果不涨价，下个月我们就无法供货了"等借口，强行要求涨价。为防止这种情况发生，在签约阶段，合同中必须注明，合同期内供应商有义务按照约定的价格和条件提供商品或服务，否则将受到违约处罚。

一家供应商的报价比其他公司低，有可能是因为其提供的商品、服务的标准也比别人低。商品的标准可以事先进行约定和确认，但提供的服务就不一样了，只有实际合作开始之后才能确认其实际服务水平。所以，有些企业把旧的服务供应商换掉，和新的服务供应商合作一段时间后才发现对方派来的现场工作人员缺乏必要的技能、服务品质比以前显著降低等问题。

就服务水平、品质来说，施工公司的工程完成度事前是无法确认的，但我们可以调查该公司与其他公司合作的实际情况，考察其为其他公司所做工程的质量以及合作时间（需要几年以上）。这可以从侧面反映出该公司的实际能力。有可能的话，可以实际到该工程公司的客户那里去走访调查，这样会获得最为直接的评价。如果确定可以与该工程公司合作，前期最好也要设置一定期限的试运营/试施工时间，以检验其能否提供合乎标准的工程服务。

6. 对未被选中的候补供应商进行认真反馈

如果候补供应商的工作人员辛辛苦苦制作了报价单，最终却没有被选中，那么对于供应商的付出，采购企业应该真诚地表达谢意，并进行认真反馈。如果向 5~8 家候补供应商发出正式询价请求，最终采用的只有一两家而已。就是说，大多数候补供应商都会被拒之门外，那么采购企业最不应该做的事情就是对于那些没被选中的候补供应商毫无反馈，连个"没被采用"的通知都没有，给对方一种利用完了就抛弃的感觉。从买卖双方的地位来说，采购企业处于强势地位，尽管如此，最后也不能对没被选中的候补供应商不理不睬。毕竟对方积极回应了采购企业的询价请求，并劳神费力地制作了报价单。即使没有选择该供应商，最终也要认真地给对方反馈，比如为什么没有选择对方、被选中的供应商有什么优点、最终签约的单价/费率是什么水平等，让对方知道自己没被选中的背景和原因。

对于没被选中的候补供应商，我们应该反馈的内容主要包括以下几项。

（1）告知对方这次没被选中的经过。

（2）尽量具体地介绍被选中的供应商的单价水平和交易条件（不过，不能告知实际的具体数字）。可以说每台设备的价格大约是多少，或者向每家门店提供的商品或服务在多少日元以下（商品标准或服务等级有差异的话，也应说明）。

（3）对于对方认真制作、提交报价单，表达真诚的谢意。

（4）再次询问对方擅长的领域和有意合作的项目。

（5）告知对方，日后如有相关项目，一定会寻求合作。

最合适供应商的选择和整理

根据我们的经验，采购企业在寻找供应商的时候，即使获得了多家候补供应商具有竞争力的报价和方案，最终往往也会在现有供应商承诺降低价格的基础上，选择继续和他们合作。如果现有供应商降低价格后的报价和新的候补供应商的报价相同，最终采购企业选择和现有供应商继续合作的概率在80%左右。也就是说，采购企业更换新供应商的概率只有20%左右。因为更换供应商，采购企业还要付出一定的更换成本，所以新供应商提供的报价必须低于现有供应商调整后的价格，还要覆盖采购企业的更换成本才有可能成功。

在供应商之间构筑一种健全的竞争环境非常重要

企业在削减成本的时候，更换供应商并不是一个必需的选择。即使站在我们外部顾问公司的角度来看，也认为要求现有供应商优化交易条件才是最好的选择。但是，从谈判的角度来说，要求现有供应商把交易条件降低到最合适的程度与以继续和现有供应商合作为前提进行谈判，完全是两回事。

站在现有供应商角度来看，如果事先知道自己没有被其他供应商取代的风险，即使采购企业提出降价或调整费率的请求，也完全可以一口回绝，直接告知采购企业"降价有困难"。另外，如果和现有供应商继续交易已经成为一种不可改变的状态，那么在长年的交易过程中，容易滋生出内外勾结、行贿受贿等非法行为。

即使采购企业的方针是和现有供应商继续合作，也不能停止与其他供应商接触，寻找更为合适的候补供应商，而且要经常告诉现有供应商自己有更换供应商的想法和可能性，给现有供应商制造一定的紧张感。通过这样的做法，在供应商之间构筑一种健全的竞争环境，让每一家供应商都不能产生松懈情绪。

采购企业长期和一家供应商合作，可能出现的弊害主要有以下几种。

- 双方一线负责人相互勾结，造成价格、费率居高不下。
- 工作现场没有改善活动，也不引进新技术、新服务，造成企业竞争力低下。
- 采购企业一线负责人长期固定，"一个萝卜一个坑"，导致业务内容暗箱化。
- 供应商与采购企业的采购负责人相互勾结，滋生不法行为（行贿受贿等）。

每个行业都有自己的内部结构，根据自己所处行业的结构，积极探讨更换供应商，可能获取更有利的交易条件。在这种情况下，有几种模式可供参考，尤其是以下 3 种模式，如果你的企业所在行业符合下面某种模式，那么积极探讨更换供应商，在削减成本的时候可能获得较大的成果。

模式 1：直接交易

首先，中间流通企业比较多的行业，可以采取与制造企业直接谈判/直接交易的模式。制造企业制造的产品需要卖出去，下端会有批发商、贸易商、一级代理商、二级代理商等多层中间流通环节。这些中间流通企业可以负责多种商品的统一采购、配送到现场等服务。但是，中间流通企业越多，最终的价格也就越高。对于采购企业来说，可以分析年度采购商品的金额，找出采购金额较大的商品或交易金额较大的制造企业，然后直接去找制造企业进行谈判。最终，虽然可能因为行业习惯，依然保留中间流通环节，但经由与代理商和制造企业进行谈判，采购企业大概率可以获得更低的采购价格或更好的交易条件。

这种模式通过优化供应商层级，使企业获得有利交易条件，主要适用于中间流通企业多、从特定制造企业的年度采购金额大，或对某种特定商品的年度采购金额大的企业。

下面列举几个通过直接交易获得有利交易条件的案例：

- 建材：越过当地代理商/批发商，直接和制造企业谈判交易条件。
- 门店消耗品：越过批发商，直接和制造企业谈判交易条件。
- 电梯维保：越过大型物业公司，直接和电梯维保公司签订维保合同。

我所说的直接交易，并不是单纯地忽略代理商、批发商等中间流通企业。我们应该选择和哪一层级的企业（制造企业、批发商，还是当地的代理商）谈判？即使确定了谈判企业，谈判的对象是总公司、分公司或是地方门店，结果也会有所不同。另外，即使确定和一家地方门店谈判，那么是和负责人谈还是和销售人员谈也是需要思考的问题，因为他们的权力不同，能给出的让步幅度自然也不一样。总而言之，和哪个层级的中间流通企业谈判、和谁谈判，都是需要谨慎思考的问题（见图 2-6-2）。

一般来说，在从制造企业制造产品到终端客户采购商品这条价值链条上，距离制造企业越近的中间流通企业，能给出的优惠条件越大。另外，在确定谈判对象企业后，尽量和总公司、职位高的人谈判，因为他们拥有的决策权更大，能给出的优惠力度也更大。

□ 重新审视谈判对象的层级，思考与什么企业、企业内的什么层级、具体什么层级的人进行谈判，才能获得更好的谈判效果
□ 选择谈判对象的层级时，尽量直接与制造企业谈判，尽量选择决策权大的高级职员谈判

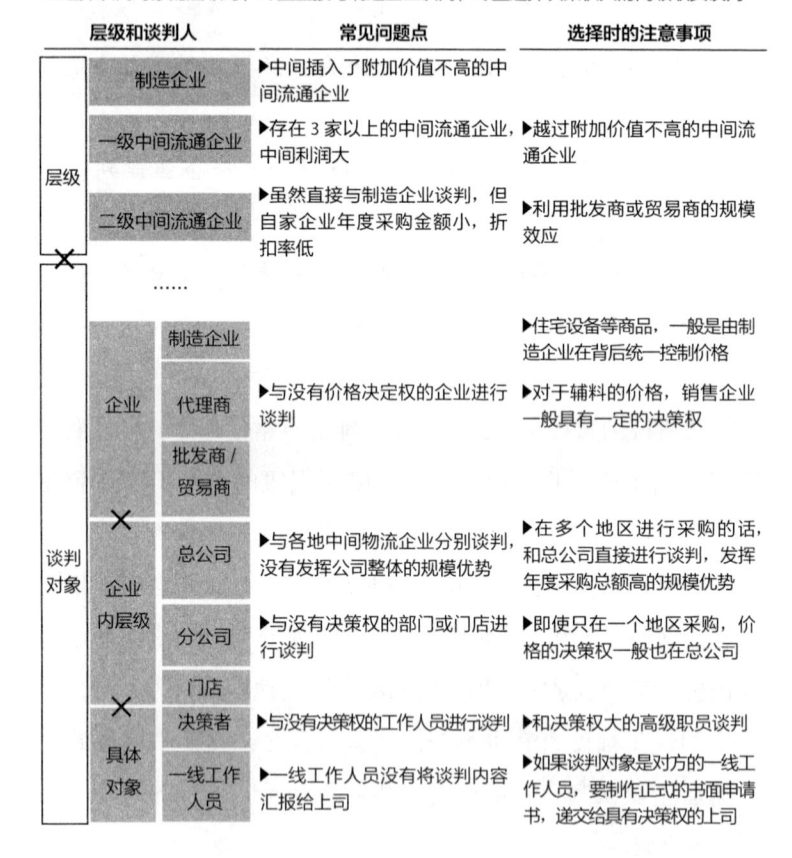

层级和谈判人			常见问题点	选择时的注意事项
层级	制造企业		▶中间插入了附加价值不高的中间流通企业	
	一级中间流通企业		▶存在3家以上的中间流通企业，中间利润大	▶越过附加价值不高的中间流通企业
	二级中间流通企业		▶虽然直接与制造企业谈判，但自家企业年度采购金额小，折扣率低	▶利用批发商或贸易商的规模效应
	……			
谈判对象	企业	制造企业		▶住宅设备等商品，一般是由制造企业在背后统一控制价格
		代理商	▶与没有价格决定权的企业进行谈判	▶对于辅料的价格，销售企业一般具有一定的决策权
		批发商/贸易商		
	企业内层级	总公司	▶与各地中间物流企业分别谈判，没有发挥公司整体的规模优势	▶在多个地区进行采购的话，和总公司直接进行谈判，发挥年度采购总额高的规模优势
		分公司	▶与没有决策权的部门或门店进行谈判	▶即使只在一个地区采购，价格的决策权一般也在总公司
		门店		
	具体对象	决策者	▶与没有决策权的工作人员进行谈判	▶和决策权大的高级职员谈判
		一线工作人员	▶一线工作人员没有将谈判内容汇报给上司	▶如果谈判对象是对方的一线工作人员，要制作正式的书面申请书，递交给具有决策权的上司

图 2-6-2　谈判对象企业的层级、谈判的具体对象将影响获得优惠的程度

模式 2：活用实力强的中小企业或地方性企业

接下来，是积极活用实力强的中小企业或地方性企业的模式。在选择商品或服务的供应商时，如果供应商是全国性大企业，当然有它的好处。比如，对方的业务可以覆盖全国范围，提供的商品、服务也非常齐全。可以说与大企业合作，会比较省心。尤其是印刷公司、广告公司、物业公司、运输公司等，这些领域中的大企业开展服务的地区、种类非常齐全，业务能力也比较强。但另一方面，大企业的管理成本、人工成本、利润率也相对较高，所以服务的价格也比较高。对于这些行业来说，实力强的中小企业或地方性企业在成本方面的竞争力更强，更换供应商时的成本也没那么高。

这种模式主要适用于现在的供应商是行业大公司的企业。自家公司在全国各地的某个分公司/营业场所/门店/工厂等，把供应商换成了实力强的中小企业或地方性企业，结果获得了更优越的交易条件，这样的例子有以下几个。

- 租用卡车：从大型物流公司更换为地方性运输公司。
- 印刷：原本与两家最大的印刷公司合作，现在更换为实力强的中小或地方性印刷公司。
- 租赁地毯：从全国各地分公司统一租赁，变更为各地分公司从当地供应商租赁。
- 物业管理：大型物业公司更换为地方性物业公司。

模式3：集中采购与分散采购的区分利用

最后一个模式是，区分利用集中采购和分散采购，找到最合适的交易条件。一般来说，公司各个部门、各地分公司自行采购的情况，都会更换为以总公司主导的集中采购形式，通过统一谈判，发挥规模优势，可以获得较为有利的价格和交易条件。这时，如何把各地分公司、各部门、总公司/子公司/关联公司等分散签订的采购合同整合起来，是问题的关键。

如果是总公司进行整合，需要采购部对各种采购合同进行统一管理，更简单的方法是，分散签订的采购合同保持原样不变，只有在谈判交易条件的时候，总公司才出面以总体采购金额为基础进行谈判，以发挥规模优势让供应商降低价格。随后，将新谈好的交易条件反映在以前各自的合同中即可。特别是总公司/子公司/关联公司的情况，签订合同和支付货款都需要各个公司分别完成，所以，在谈判阶段由总公司出面统一谈判，谈好之后，由各个子公司/关联公司分别签订合同、分别支付货款即可。

从集中采购变为分散采购，可以降低成本的案例并不多，不过，像模式2中将大型供应商更换为地方性供应商的情况，就相当于把集中采购变成了分散采购，操作得当还是可以降低成本的（见图2-6-3）。

这种模式主要适用于全国各地分公司、事业部独自进行采购的情况（分散采购状态），以及长年向一家供应商进行采购（集中采购状态）的情况。

变为集中采购后获得更好交易条件的例子主要有：

☐ 对各个门店独立采购的各种材料进行分析，找出其中适合集中采购的材料品种，由总公司进行集中采购，从而降低成本。
☐ 分析的顺序是，先确定试点地区，对试点地区的门店采购的材料品种进行分析，选出适合集中采购的和适合分散采购的，然后对适合集中采购的材料品种进行集中采购。采购流程成熟后，向全国各地门店推广。

实现集中采购与分散采购并行

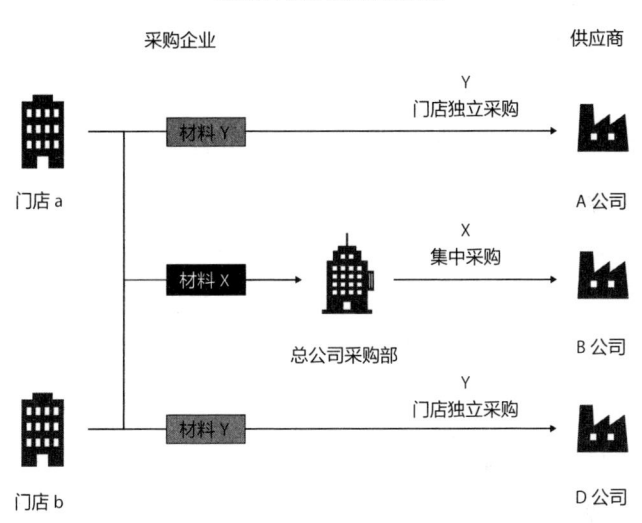

图 2-6-3　总公司集中采购与各个门店分散采购的区分利用

- 信用卡手续费：不同营业场所的费率不同，统一进行谈判，争取统一费率。
- 通信费：将手机话费和网费整合起来与电信运营商进行谈判。
- 办公消耗品：从各地分公司分散采购变为总公司统一采购，发挥规模效应提高折扣率。

变为分散采购后获得更好交易条件的例子主要有：

第二部分　削减间接成本的 8 个步骤　　247

- 物业管理：停止和大型物业公司的合作，保洁、安保、电梯维保、电气设备维护分别和不同专业公司签约合作。
- 各种批发商：停止和一家大型批发商合作，改为每种商品找两家以上供应商合作。

案例：寻找最合适的保险代理公司的方法

关于保险费，一些大型公司会与特定的保险代理公司长年合作。而且，对于很多大型公司来说，合作的保险代理公司就是自家集团内的子公司或关联公司。但这样做的一个不良结果是，长期固定一家保险代理公司，会导致保险费居高不下。另外，保险代理公司的盈利模式是从客户支付的保险费中抽取一定比例的佣金，所以，保险代理公司缺乏主动降低保险费的动机。一般来说，保险代理公司和保险公司是站在同一立场的（见图2-6-4）。结果，近8成的大企业都陷入了以下3种状况，持续支付比市场行情高的保险费。

- 长年和同一家保险代理公司合作，今后也没有更换保险代理公司的想法。
- 将保险的赔偿内容、各种条件、保险费等全都交给保险代理公司处理。
- 对于保险代理公司来说，让客户支付的保险费越高，它的销售业绩就越好，利润就越多。所以，保险代理商没有动机降低保险费，还会想方设法提高保险费。

企业在优化保险费的时候，不要抱着现有保险代理公司不放。多接触新的保险代理公司或保险经纪人，了解新的方案、保险费报价、赔偿内容等，也许能发现优于现有保险合同的新方案。

在日本，很多保险合同是经由保险代理公司（相当于中介）签订的。
投保企业把保险费支付给保险公司，保险代理公司从保险公司那里获取代理费。

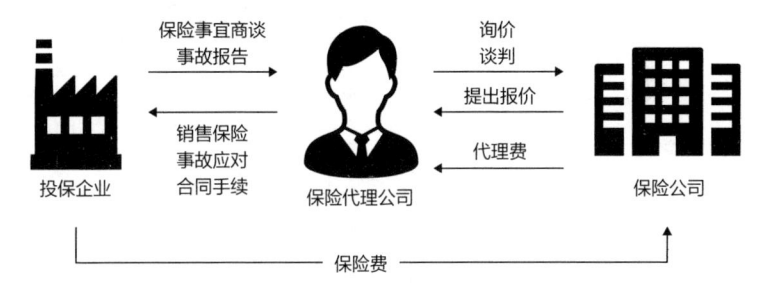

图 2-6-4 保险代理的运作方式

投保企业优化保险费的要点，在于保险代理公司（与保险公司关系紧密的代理公司）能否站在投保企业的立场，真心协助投保企业降低保险费。如果投保企业长年只与一家保险代理公司合作，而且今后也没有更换保险代理公司的念头，那么即使向对方提出希望把保险费优化到最合适的状态，对方也不会积极给予协助。因为优化（降低）保险费，意味着保险代理公司的销售业绩下降，从保险公司获得的代理费也会减少。因此，保险代理公司自然没有动机协助投保企业降低保险费。在这种情况下，投保企业应该多接触该保险代理公司的同行、竞争对手，即其他保险代理公司或保险经纪人，寻求新的方案和报价。建立这样的竞争环境，让现有保险代理公司产生危机感，让它们意识到，如果不协助投保企业优化保险费，有可能失去这个客户。

但也要注意一点，并不是盲目地更换了新保险代理公司就万事大吉了。因为不同保险代理公司合作的保险公司或擅长的险种不同，所以，可以按照险种和保险公司，分别与两家保险代理公司合作（见表2-6-7）。

表2-6-7 保险费：选择保险代理公司的方法

前提条件	选择方法	接受点	优化效果 保险费的成本削减	优化效果 赔偿内容的合理化
可以更换保险代理公司	在保险代理公司之间构建竞争环境	变更为新的保险代理公司	○	○
	使用保险经纪人	把选择保险公司、优化赔偿内容全部委托给保险经纪人	○	◎
现有保险代理公司不可更换，不过，可以增加或并用新的保险代理公司	在保险代理公司之间构建竞争环境	保留一部分现有保险代理公司，大部分更换为新的保险代理公司	○/△	○/△
	只针对现有保险代理公司没有合作的保险公司，与新保险代理公司签约	只针对优于现有条件的保险方案，与新保险代理公司合作	△	△
不可变更或增减保险代理公司	与现有保险代理公司开展谈判	采取现有保险代理公司提出的优化方案	×	×

注：◎代表很好，○代表好，○/△代表一般，△代表差，×代表很差。

另外，有可能的话，多和保险经纪人接触。保险经纪人在接受客户（投保企业）的委托后，能够诚实地作为中间人协助客户与保险公司签订保险合同，他们更能站在客户的角度考虑问题。另外，保险经纪人和保险代理公司一样，最终是从保险公司获取手续费的，不会向客户收取任何费用（见图2-6-5）。

保险经纪人（保险中介人）

接受客户（投保公司）的委托，作为客户的指定人，以独立于保险公司的"中立立场"，协助客户和保险公司签订保险合同。另外，保险经纪人还从事风险咨询顾问的业务，帮助客户分析当前业务的风险状态，按照风险管理方针提供最合适的风险解决方案（购买保险只是其中的手段之一）。

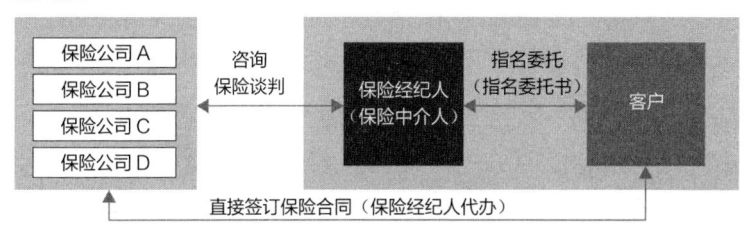

保险代理公司

保险代理公司接受保险公司的委托，作为保险公司的代理人推销保险。

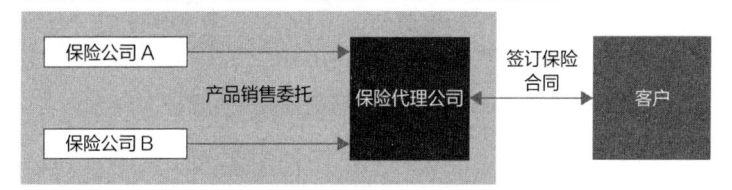

图 2-6-5　保险经纪人（保险中介人）与保险代理公司的区别

优化保险费的时候有一些注意事项，拿财产保险来说，"一物一价"是基本原则，对于同一份保险，只能取得一份报价。举例来说，保险代理公司 A 从保险公司 B 取得了火灾险的报价，那么，保险经纪人 C 就无法从保险公司 B 取得火灾险报价（见图 2-6-6）。投保企业想取得新的保险方案时，有必要事先确定关于这个险种，通过哪家保险代理公司／保险经纪人、向哪家保险公司进行询价。例如，一家投保企业现有的保险代理公司合作的保险公司是东京海上日动保险公司，那么可以通过现有保险代理公司向东京海上日动保险公司寻求提供新方案或报价。但是，关于同一险种，投保公司想向其他保险公司（如"财保日本"等）询价时，只能通过其他保险代理公司或保险经纪人进行。

□ "一物一价"的原则
- 在承保的风险条件相同的情况下，保险公司一旦发出报价之后，不管谁来交涉，该保险公司提示同样的保险费。

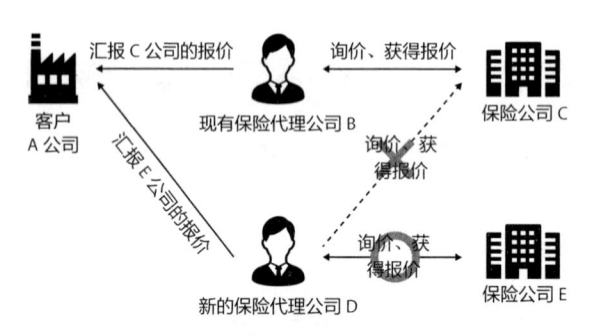

图 2-6-6　财产保险："一物一价"的原则

案例：为交通差旅费寻找最合适供应商的方法

交通差旅费属于间接成本，为交通差旅费找到合适的供应商、分析最合适的服务内容，是一件耗时费力的工作。举例来说，公司准备派员工从东京到福冈进行2天1夜的出差，那是一切流程自己安排更好，还是请旅行社提供全程服务更好？另外，如果请旅行社提供全程服务，那么签约之后能够临时变更行程吗？这些具体的细节，都会影响出差的费用和条件。所以，做选择的过程是比较耗费精力的。

我们以筹备从东京去福冈出差为例，来探讨需要注意的主要事项。

1. 机票和酒店分别预订的情况

（1）预订机票。预订机票需要考虑：如果通过旅行社预订机票，选择哪家旅行社最好；如果公司派人预订机票，需要制定什么样的规则；预订哪家航空公司的机票（低价航空公司即可）；航空公司对公司客户是否有折扣；航空公司对股东是否有优待政策。

（2）预订酒店。预订酒店需要考虑：如果通过旅行社预订酒店，选择哪家旅行社最好；如果公司派人预订酒店，需要制定什么样的规则；经常入住的酒店/连锁旅馆对公司客户是否有折扣。

2. 机票＋酒店打包的情况

这种情况下需要考虑：选择哪家旅行社、在线出行平台、航空公司最好；是否有动态套餐[①]或定制套餐可供选择；根据现场情况，提前预约或预约变更有多大的灵活度。

首先，对于公司最频繁的出差线路（东京→大阪、东京→福冈等），分析其安排方法及实际费用。尤其是通过旅行社安排行程的时候，不仅要考虑大型旅行社，也要考虑低价旅行社和在线出行平台。另外，如果年度交通差旅费金额较大，也可以考虑不通过旅行社，与航空公司、酒店/连锁旅馆等直接交涉，争取获得公司客户折扣。具体来讲，要详细分析哪家供应

---

① 动态套餐，是一种可以同时预订机票、火车票和酒店住宿的旅游产品。购买该产品的顾客，可以自由选择有空座的交通工具、有空房的酒店，来自由搭配行程。动态套餐的费用根据预订时间点的实际交通费/住宿费/空座、空房状态，实时决定。顾客可以在网上预订。
动态套餐与普通套餐的不同在于，动态套餐可以提前 1 天预订。另外，动态套餐预订完成时，可以确定交通工具、酒店。因为采用的是实时价格，所以预订内容不可以更改。如果想更改预订内容，可以先取消动态套餐，然后重新预订。

商可以提供什么样的服务（见表2-6-8）。

表2-6-8　关于交通差旅，不同供应商提供的服务

□不同供应商提供哪些服务
◎：一般都可以提供，在竞争企业中最强（价格低/折扣率高）
○：一般都可以提供
△：只对一部分企业提供
—：不提供

<table>
<tr><th colspan="3" rowspan="2"></th><th colspan="8">交通差旅费的支付对象</th></tr>
<tr><th colspan="4">旅行社</th><th>住宿</th><th colspan="4">交通工具</th></tr>
<tr><th colspan="3"></th><th>大公司</th><th>低价企业</th><th>地方性企业</th><th>在线出行平台</th><th>连锁酒店</th><th>航空公司</th><th>铁路公司</th><th>客车公司</th><th>租车公司</th></tr>
<tr><td rowspan="7">折扣</td><td rowspan="2">企业客户折扣</td><td>公开费率</td><td>○</td><td>◎</td><td>○</td><td>○</td><td>○</td><td>○</td><td>—</td><td>△</td><td>△</td></tr>
<tr><td>当面交涉</td><td>○</td><td>◎</td><td>○</td><td>—</td><td>○</td><td>△</td><td>—</td><td>△</td><td>—</td></tr>
<tr><td rowspan="3">出差专用折扣套餐</td><td>普通套餐</td><td>○</td><td>○</td><td>○</td><td>△</td><td>—</td><td>○</td><td>△</td><td>—</td><td>—</td></tr>
<tr><td>动态套餐</td><td>○</td><td>◎</td><td>△</td><td>△</td><td>—</td><td>—</td><td>—</td><td>—</td><td>—</td></tr>
<tr><td>定制套餐</td><td>○</td><td>△</td><td>—</td><td>—</td><td>—</td><td>—</td><td>—</td><td>—</td><td>—</td></tr>
<tr><td colspan="2">合作信用卡折扣</td><td>○</td><td>△</td><td>△</td><td>—</td><td>—</td><td>△</td><td>△</td><td>—</td><td>—</td></tr>
<tr><td colspan="2">企业专用窗口</td><td>○</td><td>○</td><td>○</td><td>△</td><td>—</td><td>○</td><td>—</td><td>—</td><td>—</td></tr>
<tr><td rowspan="4">其他服务</td><td rowspan="2">代订酒店或代购门票</td><td>国内</td><td>○</td><td>◎</td><td>○</td><td>△</td><td>—</td><td>○</td><td>—</td><td>—</td><td>—</td></tr>
<tr><td>国外</td><td>○</td><td>△</td><td>—</td><td>△</td><td>—</td><td>△</td><td>—</td><td>—</td><td>—</td></tr>
<tr><td colspan="2">商务旅行管理</td><td>○</td><td>○</td><td>△</td><td>△</td><td>—</td><td>—</td><td>—</td><td>—</td><td>—</td></tr>
<tr><td colspan="2">制订研修旅行计划</td><td>○</td><td>○</td><td>○</td><td>—</td><td>—</td><td>—</td><td>—</td><td>—</td><td>—</td></tr>
</table>

上述详细分析方法是优化交通差旅费的有效手段，但现实中还有更简单的削减成本的方法。日本大企业的日常商务差旅都会选择全日空航空或日本航空等大型航空公司，但其实只要换成低价航空公司，比如天马航空、星空飞行等，就可以大幅削减购买机票的成本。

采取开诚布公的态度，相互协作以降低成本

发包企业采取开诚布公的态度，和多家候补供应商协作，彻底分析供应商的成本构成，可以在帮助供应商降低成本的同时，降低发包企业的成本。在建筑行业中，经常会用到一种名叫 open book[①] 的方式，是指发包企业牵头，和多家承包商协作，共同探讨削减成本事宜。

这里为大家介绍的所谓开诚布公的方式，首先是由采购企业牵头，找 3 家供应商协作，先在包括采购企业在内的 4 家公司之间建立紧密的联系。然后，4 家公司协同成立一个团队，共同研究帮助供应商削减成本的方法。4 家公司之间分享各自的成本构成、削减成本的经验，在此基础上研究削减方法。现实中比较典型的案例是，丰田汽车主导，协助零部件一级供应商、二级供应商削减成本。

最终，帮助供应商把成本削减到最低水平，那么，采购企业自然也是这个结果的受益者。另一方面，成功削减成本的供应商，在为其他采购企业供货的时候，可以获得更大的利润空间。这就形成了一个双赢的局面。

---

① 在大型工程建设项目中，总承包商会向发包企业公开全部成本信息，比如总承包商向下一级承包商发包的金额等。而发包企业或第三方可以精查总承包商公开的成本信息，这就是所谓的 open book 方式。发包企业除了支付总承包商付出的成本，还会支付一定的报酬，就是总承包商的利润。

这种方式的特征，是以分离发包方式为基础，削减成本的效果值得期待，同时，总承包商可以发挥其管理能力，对下一级承包商进行很好的管控。再有，公开成本构成，确保工程透明化，也是对投资者负责的行为。

不过，在协同优化成本的过程中，采购企业发挥着主导作用，所以顺利推进优化成本过程的前提是，采购企业取得买方优势，并在谈判中处于强势地位。而且，适用的行业也有一定限制，如各种施工企业或印刷企业就可以使用这种方式协同优化成本。因为施工行业、印刷行业中企业众多，有大有小，其中实力强的中小企业、地方性中小企业更愿意分享自己的成本构成，而大企业一般不太愿意配合。

7

步骤 7：实现双赢的谈判技巧

什么是"谈判"？

　　为了从供应商处争取到更优的价格和交易条件，接下来为大家介绍实用的谈判技巧。所谓"谈判"，很多人以为，就是想办法让对方接受我方的降价条件，其实不然，谈判并不是单向的实力游戏。我所提倡的谈判，是构筑信任关系并取得最优的交易条件的一种手段。只要充分理解谈判的概念，并做好足够的准备，谁都可以获得高超的谈判能力。谈判中，大家容易倾向于取得最优的交易条件，但是不要忘了，谈判对手可能是我们中长期的合作伙伴，所以构筑信任关系是不可忽视的。

　　与供应商构筑信任关系有以下几个好处：

- 供应商会积极为我们提供有益的商业信息。

- 即使合同中没有约定相关条件，供应商也可能主动做出让步，给我们优惠的条件。
- 下次谈判中，可以节约时间，减轻压力，顺利完成签约。
- 可以保持相同条件续约，另外，还可以降低对方单方面解约的概率。
- 可能提供高于约定水准的服务，在时间表上给予更加灵活的应对。
- 对于紧急情况或我方的特殊要求，供应商可能提供优于其他公司的待遇。

采购企业和供应商之间的信任关系并不是仅仅通过谈判建立的，但是，在谈判中一时的疏忽或错误，却可能让双方长年培养起来的信任关系毁于一旦。信任关系一旦崩塌，上面介绍的各种好处都将付诸东流，还会带来各种坏处。所以，对于谈判，一定要保持高度的谨慎，对风险要有敏锐的感知。

为谈判做好 5 个方面的心理准备

为了做好谈判工作，负责谈判的人首先要做好一定的心理准备，并学会保持正确的态度。基本的谈判态度应该是满怀诚意，认真地与对方进行协商。但这么说未免过于抽象，具体该怎么做呢？接下来我就具体为大家介绍，在谈判中谈判人应该展现出来的 5 种态度。

1. 站在对方立场上考虑问题

学会换位思考，站在对方的立场上思考问题，能更好地理解我方怎么说他们会高兴，我方怎么做他们不愿接受。

2. 时刻牢记谈判的目的

维护自己的自尊心，推销自己的价值观，争强好胜、驳倒对方……这些多余举动都将把谈判引向歧途。作为谈判者，应该时刻牢记谈判的目的，谈判中的一切行动都应围绕这个目的展开。

3. 要有时间意识和时机意识

在合适的时机与对方进行联络，为对方设置合理的回复时间段，了解对方的时间表等，在谈判过程中时间意识和时机意识非常重要。

4. 双方建立共通的"默契规则"

进行理性的沟通，保持一惯性的方针和条件，做出负责任的约定等，谈判双方应该建立共通的"默契规则"。

5. 不轻易放弃，不固执地抱持固定观念

不管面对多么艰难的谈判、多么难缠的谈判对手，都要尽最大努力。没有绝对不可能的事情。即使面对大企业也不要胆怯。抛弃固定观念，不轻言放弃，努力去交涉，一定能取得理想的结果。

谈判态度中很重要的一点是换位思考，学会站在对方立场上思考问题，针对具体问题采取灵活的话术，才能让对方认识到这个点确实还存在优化空间。为此，我们首先要充分了解对方的立场（即第1种态度）。事先需要查清，对方企业经营的主要业务是什么，是如何运营的，他们和其他客户谈判时比较在意哪些问题。

另外，要查清直接谈判对象是销售人员、分公司经理，还

是执行董事级别的高层管理者，我方也要派出相应级别的人进行对应，这一点非常重要。再有，不管对方派出的谈判人是谁，我方都应该理性，以前后统一的方针、条件为基础进行谈判。如果只是一味地请求对方降价，而不能提出合理理由，对方肯定没有动力对我方的要求给予回应。所以事先要做好信息收集和分析，给出合理的理由，要让所有人都觉得有道理，都认为应该降价，这样才能实现谈判目的。

最后，对于谈判对象，也不必过分客气，不必过度让利。特别是对于第三方物流、商务流程外包等业务委托企业，很多委托企业在这些外包企业面前反而表现出弱势姿态，这是没有必要的。不少委托企业把常规业务打包委托给受托方，而且，还曾多次委托他们帮忙处理过去的纠纷，或请他们临时处理紧急事件。在这样的背景下，委托企业碍于情面，往往对受托方过于客气。委托企业过于小心翼翼地对待受托方，表现得过于谦卑，还怎么要求对方降价或给出优惠的交易条件？

不过，在行业中处于领先地位的委托企业或者正处于上升阶段的委托企业，没有一家在和受托方谈判时表现出唯唯诺诺的。只有那些自身问题堆积如山的企业，才会在受托方面前抬不起头来，因为这些企业清楚自家公司内部有太多难以触及的禁区。越是这样的问题企业，在和受托方的谈判中争取自己想要的结果时，就越要打破以前的固有观念，抛开预设的前提条件，以平等的姿态与受托方谈判，真诚地表达出想改变自己的意愿，同时展现出解决自身问题的决心，这样才能赢得受托方的信任，建立伙伴关系，双方协作，共同实现优化成本的目标。

谈判的成败取决于事前的准备

谈判的整体流程可分为 4 个阶段：从第一个阶段事前准备与信息分析到第四个阶段完成签约（见表 2-7-1）。一般来说，很多采购企业对供应商有新要求的时候，或者对方提出某种请求的时候，采购企业马上决定："那赶快面谈一下吧！"结果，直接进入了第三个阶段谈判与条件磋商。不做任何准备、分析工作，直接进入谈判环节，就很难在谈判中取得优势地位，也无法争取到理想的交易条件。

表 2-7-1 谈判的整体流程

	1. 事前准备与信息分析	2. 策划谈判的策略	3. 谈判与条件磋商	4. 完成签约
实施内容	1-1. 收集基本信息 • 必须收集的信息 • 能让己方在谈判中获得优势地位的信息 1-2. 整理谈判"王牌" • 给所有可用的谈判"王牌"列一个清单 • 给谈判"王牌"排一个先后顺序	2-1. 策划初次谈判的策略 2-2. 准备谈话话术 2-3. 设想提问与回答的内容	3-1. 谈判与条件磋商 • 如何引出对方的新条件、新报价 • 目标价格的使用方法和注意事项 3-2. 谈判中的注意事项	4. 签订合同时的注意事项 • 合同期限 • 中途解约条款与违约金 • 是选择短期租赁、长期租赁还是购买 • 支付条款 • 损害赔偿等

收集基本信息

为谈判做准备的时候，第一项工作是收集必要的资料、数据。为了把握现状，除了收集最低限度的基本信息，还应该收集能让己方在谈判中取得优势地位的信息。

必须收集的信息包括以下几项：

- 合同／备忘录
- 详细的商品／服务说明书
- 相关交易过去 12 个月的实际数据
- 过去谈判的经过（向前任负责人了解情况）

能让己方在谈判中获得优势地位的信息包括以下几项：

- 谈判对手的竞争公司提供的报价
- 市场行情价格和今后的走势
- 谈判对手的相关信息
- 对谈判对手有好处的条件
- 己方可以让步的条件

在谈判之前，为了准确把握现状，采购企业必须找出以前的合同／备忘录、详细的商品／服务说明书、限制条件等加以认真确认。特别是要检查以前签约时的各种决定条件与当前的需求是否一致，如果有所不同，就需要查明具体哪里不同。举例来说，写字楼或店铺的续租谈判，除了现场考察、听取意见，还要了解附近写字楼或店铺的租金行情，分析现有条件和今后可能出现的种种情况之间的差异。

另一方面，像第三方物流这样的业务委托，与现场的作业情况息息相关，所以要对过去 12 个月的配送实际情况和现场的绩效数据进行分析,以判断当初约定的收费标准/费率与实际运营情况是否相符。举个例子,公路运输当初是按照总重量和里程来决定配送价格的,后来,随着电商销售量的增加,小件配送的数量急剧增加。本来,小件配送选择快递配送比公路运输要便宜,可是委托企业并没有注意到这一点,而是一直采取公路运输的方式,导致物流费用越来越高。所以,委托企业应该及时把握经营现状,按照当前的情况积极与受托方进行谈判,调整为最合适的配送方式,以节约成本。

以前的谈判过程也是非常宝贵的经验。虽然从以前的合同文字中,可以看到修改交易条件的时间和内容,但却无从了解具体的谈判过程。这时,就需要找当初负责谈判的人了解情况。知道当初是从什么角度切入、依据什么进行谈判才得到这个结果的,这样才能更好地制定本次的谈判策略。

不过,只是把握了现状,还无法保证在谈判中取得优势地位,还需要掌握一些额外信息以及让己方处于优势地位的要素(我将其称为谈判的"王牌")。

举例来说,当我方从其他候补供应商那里获得更具竞争力的方案或报价时,就可以将此作为一张"王牌"和谈判对手进行交涉。另外,了解市场行情虽然有助于判断谈判对手的报价是否合理,但不能作为"王牌"进行谈判,因为市场行情只是常规价格,获取的门槛很低,只能作为一个参考。与谈判对手存在竞争关系的其他供应商的报价才更具杀伤力。

有关谈判对手企业的信息、具体谈判人的信息,也是非常有用的。根据谈判对手的业务发展状况、今后的方针等,可以判断出对手企业重视什么（是重视销售额还是重视利润率）、对手企业的让步条件是什么。

举例来说，如果相比于利润率，谈判对手更重视稳定提升销售额规模，那么他们可能更愿意接受薄利但期限为中长期的合同。我方就可以以较低的价格和对方签 3~5 年的合同。

另外，如果谈判对手急于完成今年的销售额目标，那么我方也容易以较为有利的交易条件谈成这笔生意。所以，在这个阶段，我方一定不要错过任何一个有利于自己的"王牌"信息，比如对方的问题、弱点在哪里等，把它们一一罗列出来，制作一份"王牌"清单。同时，也要确认自家公司的问题或弱点，在谈判的时候一定要尽量避开这些点，防止被对方抓住把柄做文章。

整理谈判"王牌"

把谈判必需的资料、数据收集齐全之后，还要收集能让己方在谈判中获得优势的信息。如果在谈判时只是抛出一句"请降低价格！"，对方很可能不愿做出积极回应，毕竟降价对他们来说有害而无益。但是，如果我方在提出降价请求的同时，提出对对方有利的条件——扩大交易金额、简化服务流程、签订长期合同等，对方很可能会认真考虑我方的要求。

对谈判有利的要素，我称为谈判"王牌"。我们抛出"王牌"，相应地也会得到对方的让步，比如降价、优化交易条件等。所以，在正式谈判之前，我方应该尽量多地准备谈判"王牌"，在谈判中适时打出"王牌"，让自己处于优势地位。具有代表性的谈判"王牌"及具体案例请见表 2-7-2。

表 2-7-2 具有代表性的谈判"王牌"及具体案例

序号	整理谈判"王牌"的出发点	详细说明	具体案例
1	替代：其他供应商提出了优惠的报价，其商品/服务能否替代现有供应商的商品/服务	从现实角度看，即使暂时无法更换供应商，现有商品/服务也不是不可替代的。设想理论上可替代的商品/服务，定量分析更换供应商后削减成本的优势	例1：天然气供应商，虽然不太容易变更。 • 但如果有其他天然气公司，可以获得它们的报价。 • 如果是东京天然气公司，价格可以在几十日元/m³的基础上，降低几日元/m³。 • 可以考虑用电力、其他新能源代替天然气。 例2：考虑用新产品代替传统地板蜡，可以大幅削减地板保洁的频率
2	公司内部条件的比较：对于同一商品/服务，自家各个分公司的需求是否存在差异	对于同一商品/服务，如果各个分公司、办事处单独采购、签约，交易条件是否会有所不同	例1：横向比较各个分公司的电费单价和交易条件。在地区、合同功率、负荷率相近的案例中，找到电费单价最低值，对比这个最低值，探讨如何把其他地区分公司的电费单价优化到相近的水平。 例2：对于现金运送业务，横向比较不同门店每月为现金运送支付的费用。分析运送现金金额与费用的关系
3	分解成本构成：对商品/服务的成本构成进行详细分解，把握成本详情，判断供应商能否提供合理的报价水平	对成本构成进行详细分析，了解各项具体费用。判断供应商的报价中是否存在多余的费用，是否存在无法解释的费用。既有随着采购量、采购金额上升而上升的变动费用，也有与采购量、采购金额无关的固定费用	例1：安防使用的设备，根据写字楼的规模设定每月费用。不过，第一次合同期5年届满的时候，设备折旧已经完成，之后的合同中，安防成本主要是人员巡逻的费用（人工费），因此，安防服务的成本构成已经发生了较大变化。 例2：以门店消耗品购物袋为例，其成本可以分解为"制造商的成本+批发商的利润"。 例3：清洁净化槽的成本可以分解为"净化槽清洁费+1kg污泥的处理费（收集运输费/kg+中间处理费/kg+填埋费/kg）"。其中的"净化槽清洁费"主要是人工费，由几人清洁几小时来决定；而中间处理费/kg，不同地区有不同的价格

（续表）

序号	整理谈判"王牌"的出发点	详细说明	具体案例
4	规模效应：因为采购金额/采购量的增加，供应商能否给予相应折扣	与上次签约的金额相比，如果这次采购金额增加很多，可以发挥规模效应，要求对方给予相应折扣。如果以前从多家供应商采购，现在可以集中到1~2家进行采购，那么平均每家的采购金额就会大幅提高，从而发挥规模优势，故请求供应商降价	例1：如果发现信用卡交易金额比上次设定费率时（5年前）的交易金额增加了很多，可以发挥规模优势，请求供应商降低信用卡费率。例2：今后，有开设新店、新分公司的计划，预计1年后的交易金额会大幅增加，可以发挥规模优势，请求供应商降低价格。例3：关于办公消耗品，假设以前从5家供应商那里采购，现在可以选取其中2家价格最具竞争力的供应商，进行集中采购，这样可以发挥规模优势，请求供应商降低价格
5	市场行情/趋势：现有价格是否高于市场行情，或者市场行情是否有下行趋势	如果当前的交易价格高于市场行情，那么至少要求供应商把价格降到当前市场行情水平。将当前市场行情与上次签约/更新合同时的市场行情进行比较，如果当前市场行情下行，那么至少要求供应商按照市场行情变化的比例降价	例1：过去数年间，天然气进口价格持续下降，因此可以要求供应商相应降低气费价格。例2：合同中约定，保安深夜（22点至凌晨5点）工作的时薪为2 200日元，但发现当地市场行情为保安深夜工作时薪只有1 850日元的时候，可以要求外包企业相应降低时薪
6	优化标准：优化商品/服务的标准，供应商能否相应降价	去除不必要的过剩标准。确认当前的服务状态是否与合同、说明书存在较大差异。如果供应商强加给我方过剩的服务，应和供应商交涉，看能否去除过剩的服务	例1：保洁服务流程书中约定，对大约30个点位开展保洁工作，但通过现场调查发现，只对20个点位开展了保洁工作，或者实际只对15个点位开展了保洁工作，那么可以要求保洁公司去除过剩的流程，降低价格。例2：租赁制服时，如果约定按租赁件数计费，检查实际租赁的件数和合同书中约定的件数是否一致。例3：批发商不仅要对我方各个分公司进行送货，还要按要求对货品进行分类、摆放，从而多花了人工费。对货品进行分类、摆放的工作如果由我方自行承担，可以大幅降低费用

（续表）

序号	整理谈判"王牌"的出发点	详细说明	具体案例
7	正式书面申请书：提供总经理/董事级别高管签名的正式降价申请书	向供应商提供我方总经理/董事级别高管签名的正式降价申请书，让对方谈判人不敢擅自拒绝，必须呈报他的上级领导进行研究	例：如果我方只是口头提出降价请求，对方谈判人往往不予回应。但如果我方提供总经理/董事级别高管签名的正式降价申请书，则对方谈判人不敢擅自拒绝，必须呈报他的上级领导进行研究
8	优化合同内容：提出有利于对方的条件，看对方能否降价	1. 合同的长期化（由1年合同变更为3年的长期合同），对供应商来说，可以确保这3年间的销售额。 2. 主动增加违约金金额，对于设备投资等初期投入较大的项目，我方主动提出增加违约金的金额，可以让供应商规避投资无法收回的风险	例1：预计天然气领域的市场限制政策1年后会放宽，到时气费可能涨价，那么现在与天然气公司签订的1年期合同变更为3年期合同，可以为后两年节省费用。 例2：在旧的多功能打印机租赁合同尚未到期，要更换供应商引进新的多功能打印机时，对以前的供应商要承担一定的违约金。那么在和新的供应商谈判时，争取让他们承担这笔违约金。我方可以向新的供应商承诺，未来如果己方违约，将承担更高的违约金，借此说服新的供应商承担上一笔交易的违约金
9	给予奖励：给予一定的奖励，让供应商积极应对我方的请求	只要供应商接受我方条件，我方就表明今后将给其更大的订单（扩大采购区域、扩大商品采购金额等）	例：关于电费，向电力公司询价的时候，本次可以先定一部分门店，但向电力公司承诺，如果电力公司接受本次的条件，日后将把更多门店（150家）的电力供应订单交给它。以未来的大型订单诱惑电力公司接受我方本次的要求
10	消除不满：找到对方不满意的地方，积极消除不满	听取供应商对我方不满意的地方，能够解决的尽量解决。作为回报，供应商有可能降低价格	例：因为我方深夜保洁时间段有严格的限制，所以保洁公司在给保洁员排班时非常麻烦。我方可以把门店的钥匙交给保洁公司，告诉他们22点至次日早晨7点之间可以自由安排时间打扫，保洁公司可以更高效、更简单地安排人员排班，也可以适当降低费用

谈判策略的制定方法

事先收集、分析好谈判所需的信息，制作了谈判"王牌"清单，下一步就是构思实际谈判的话术。初次谈判，该谈些什么、按什么顺序谈，都需要事先考虑好。具有代表性的初次谈判流程如表 2-7-3 所示，基本上是我方提出对现有合同的改善、削减成本的请求。

表 2-7-3 具有代表性的初次谈判流程

序号	谈判的流程	目的	要点
1	闲谈（破冰）	软化对方的态度，营造一种轻松沟通的氛围（信息不足的时候，这一阶段可以以听取对方意见为主，收集信息）	1. 对谈判对手以往的照顾，表达谢意。 2. 对对方企业、谈判人表现出高度的关注，不失时机地进行赞美。 3. 保持闲谈的态度，询问事先想要确认的事项
2	阐明正当理由	告诉对方，本次我方提出的变更请求是合理的，希望得到对方协助	1. 市场、行业等宏观经济领域无法改变的现状。 2. 己方的事业或相应领域面临的严峻环境。 3. 存在其他供应商可以提供更加优惠的条件。 4. 交易单价的市场行情有下行趋势
3	说明自己的立场	说明己方与对方成为事业合作伙伴的愿望，以获得对方积极协助	1. 自己是优化条件/削减成本的实际责任人。 2. 但是，自己对于本项目并没有最终决策权。 3. 对于公司的管理者，自己可以积极进言，自己会为了续约而努力游说上司
4	申请修改交易条件或价格	心中有一个妥协点，但谈判中设定的条件或起点要高于妥协点，以便在谈判中做出让步，这种让步，可以作为谈判"王牌"使用	1. 根据其他供应商的报价等客观依据（成本构成分解或市场调查等），阐述己方要求的合理性。 2. 如果对方能接受我方希望的条件，告诉对方自己将努力促成续约（但不能拍板）。 3. 如果对方对交易条件的优化和降价幅度不够充分，告诉对方，己方高层有可能选择其他供应商（即使不能马上更换供应商，也要让对方知道以后有选择其他供应商的可能性）

(续表)

序号	谈判的流程	目的	要点
5	听取谈判对手的意见	捕捉进一步谈判的线索或切入点	1. 尽量让对方多发表意见,了解对方思考的内容和思维方式。 2. 确定对方的决策者是谁,引出对方接受我方要求的条件。 3. 让对方说出对交易现状的不满、抱怨,或觉得麻烦的地方
6	设定回复期限	在协商一致的基础上,为对方设定明确的回复期限	1. 确认对方日后的检查流程和所需的时间/天数。 2. 明确设定回复期限,精确到几点(例如,3月12日15点之前)。 3. 让对方意识到回复期限的重要性(比如说第二天公司要举行高层经营会议讨论该议题等)

初次谈判的流程

(1)闲谈(破冰)

初次谈判,与对方第一次见面,开始时进行适当的闲谈可以缓和气氛,起到"破冰"的作用。如果对方是长期合作的供应商,可以对往日的协作、照顾表达谢意。如果对方在过去合作中有突出的事迹,可以当作趣闻逸事讲一讲,既表达了谢意,也让对方意识到我方对合作细节的重视。

在有的情况下,我方也许几乎没有掌握对方的任何信息。比如,如果我方租赁的写字楼、店铺的拥有者是个人,就很难掌握对方的具体信息。即使事先做了调查,对于业主个人的价值观、重视的事情,我方也很难把握。对于这种情况,在初次谈判的时候,应该只停留在"(1)闲谈(破冰)+(5)听取谈判对手的意见"的层面,我方自始至终只做一个倾听者,只确认对方的要求即可。通过第一次面谈,听取对方当前关注的事项、重视的事情、能做哪些让步等，以便为下次谈判积累信息，据此构思下一次谈判的话术。

（2）阐明正当理由

闲谈（破冰）阶段结束后，我方要阐明这次谈判的背景和目的。在这个时间点，如果单刀直入地阐述我方的要求，多半会让对方的态度变得强硬起来。所以，在直接阐述己方要求之前，最好先说明提出这些要求的背景。重点是阐明客观、正当的理由，比如我方要求的合理性或者不得不借助对方的协作等。最简单有效的理由当数其他供应商提出了更好的方案、更优惠的报价。对于谈判对手（现有供应商）来说，这意味着其可能失去我们这个客户，如果其他供应商提出了更优的交易条件，那么现有供应商也不得不调整条件，才能继续与我们合作。

这里有一点需要提醒大家注意，己方的谈判人不能以个人立场把其他供应商的报价当作武器对对方提出要求，切忌个人以居高临下的姿态要求对方做事情。说到底，谈判人只是按照总公司、总经理、执行董事等高级管理者或决策者的指示来谈判，改善交易条件、降低价格等都是高层的意思，自己和自己所属部门只是按上级要求前来交涉。谈判人千万不要把自己摆在与对方对立的位置上。应该说，谈判人应该展现出一种"调停人"的姿态，如果对方接受了我方本次的要求，自己将会努力游说上司，与对方继续合作。让对方觉得，自己是在"协助"他们。

另一方面，自家公司销售额减少、利润下降等自身原因不能成为向供应商提出降价请求的正当理由。这种情况下，应该想办法让谈判对手感觉双方是事业上的共同体，要共同面对当前的严峻经济环境，应该协作改善经营状况，共同进取！

（3）说明自己的立场

向对方传达了本次请求的背景和目的之后，谈判者要向对方阐明自己在此次谈判中的立场和职责。首先要表达的要点是，谈判者本人是本次谈判交易条件的实际责任人，但并不具有最终决策权。

第一点，明确传达自己是本次谈判条件的实际责任人后，对方就知道这个人是谈判的对象。没有这个前提，初次谈判过后，对方可能与自己的上司或其他管理者进行联系，跨过自己，建立新的谈判路径。为防止这种情况的发生，初次谈判时，谈判者必须向对方表明自己的立场和职责。

第二点，自己并不具有最终决策权也是一个重要的前提条件，如果不向对方说明这一点，在谈判中对方可能会迫使自己做出各种决断或承诺。另外，如果谈判者本人真的拥有决策权，那么在谈判中就容易和对方发生利益冲突，从而使谈判陷入对立状态，难以继续下去。如果己方的决策权在总公司、总经理、执行董事等高级管理者手中，那么自己作为谈判者，要向对方表明自己与高层的距离感，让对方认为自己并不是完全照搬高层的意见，从而把自己看作朋友。让对方相信，只要他们答应我方的条件，自己会尽力游说有决策权的管理者，争取与对方续约。

（4）申请修改交易条件或价格

第一次向谈判对手传达己方希望的单价或费率时，这个单价或费率叫作目标单价/费率。有一点需要注意：谈判的结果，即最终双方经过妥协、达成一致的单价或费率，并不一定是最初我方提出的目标单价/费率。最终达成一致的结果，往往是我方的目标单价/费率与现有交易条件之间的折中。所以，为了最终达到己方真正的目标单价/费率，一开始报给对方的目标单价/费率的条件要高一些。也就是说，价格或费率要压得更低一些。

在心理学和谈判上有一个专业术语叫作"锚定效应"。即在谈判开始时，双方都没有明确对方心理目标的时候，我方抛出一个很低的"目标单价/费率"，作为心理锚定，让对方觉得高于这个锚定的价格都是易于接受的，最终让谈判向有利于我们的方向发展。

向对方提出修改交易条件或价格的请求，有两种形式：一种是口头形式，一种是书面形式。当己方对申请修改的交易条件或价格还没有把握的时候，最好先停留在口头申请。如果一开始就以书面或电子邮件的形式提出申请，那就相当于留下了正式申请的证据，日后万一发现进一步降价的空间，也很难再向对方开口了。

另一方面，正式书面申请应该在什么时候用？假设对方的谈判人听到我方的要求后，迟迟不做出回应，或者可能把我方的请求一直按在手里，不往上报。背后的原因一般是如果谈判人接受我方要求，承诺降价，他本人的销售业绩将受到影响，所以，只要他感觉没有失去我们这个客户的明确风险，就会坚决不接受我方请求，或者不做回应。但是，如果我方提交的是董事长、总经理等高层管理者签字的正式申请书，对方的谈判人就不敢一直按在手里，势必会向上报，呈请上级定夺。

（5）听取谈判对手的意见

阐明正当理由、说明自己的立场、申请修改交易条件或价格（口头或书面）这几个流程，都是我方在说话，但谈判场上不能只是自己说话，给对方说话的机会同样重要。虽然说谈判的成败取决于事前的准备，但对于我方的诉求，对方会做出什么反应，只有谈判开始之后才能知道。所以，谈判开始之后，我方应该认真倾听对方对我方诉求的想法和反应。

对于以往的交易，如果对方平日里就怀有不满或抱怨，那倾听他们的诉说就很重要。今后，我方努力消除对方的不满、积极回应对方的希望，也可以作为一张谈判"王牌"，让谈判的天平向我方倾斜。

经过倾听，我方可以判断出对方拥有最终决策权的人是谁，也可以推测出对方是谁负责哪些事项、回应整个流程。这对大体判断出对方做决策所需的时间，对于最终设置合理的回复期限（具体时间点）非常有帮助。

（6）设定回复期限

谈判的最后，一定要和对方确定回复的期限。而且，不仅要设定回复的日期，还要具体到几点（比如，15点之前）。将回复期限具体到几点，可以提高对方对期限的重视程度。举例来说，我们可以告知对方"回复期限的第二天，我公司高层将召开经营会议，对所有供应商的报价进行评价，最终选择合作伙伴"，让对方知道，如果不按时给出回复，就可能失去继续合作的机会。

如果以我方为主导设定回复期限，则设定回复期限本身也相当于对对方提出的一项要求。如果不想如此强硬，也可以在考虑对方所需要的流程的基础上设定回复期限，或者表现出对对方的尊重，但同时也催促他们尽快给出回复，比如说"对于贵社的回复，我方还要召开经营会议进行讨论，所以请在××月××日××时之前给予回复"。

设想对方可能提出的反驳，准备应对话术

对于谈判的过程，设计好整体流程之后，还要准备提问与回答话术。首先，设想对方可能会提出反驳，为此准备好回答的内容。在谈判中，当对方提出反驳的时候，我们应该摆出认真倾听的姿态，并站在对方的立场上，满怀诚意地给予认真回答。其实，对方的反驳既有"理性的"也有"情绪的发泄"。我们首先应该判断对方的反驳属于哪种类型，然后才能以相应的态度给予回答。

如果对方的反驳只是情绪的发泄，那么可能会比较激烈，而且缺乏理论的支撑。这种类型的反驳，多是对我方提出的要求产生的反感、愤怒、敌意在短时间内的爆发。这个时候，我方能做的就是放低姿态，认真倾听，耐心等待对方把负面情绪全部发泄出来。之后，对方的态度也会软下来，然后才能认真思考我方提出的诉求。学习一些情绪管理的理论和方法，在谈判中能够派上大用场。

另外，当对方拒绝我方的请求，说"不可能再降价了！"，这也是一种感情色彩极强的反驳，与是否存在降价空间可能并没有关系。因此，我方还要倾听他们接下来的论证，看他们是否能从理论上解释清楚不能降价的理由，从而判断"不能降价"到底是情绪发泄，还是有理有据。

另一方面，对方理性的反驳又可以分为两种情况，一种是对方不想让步，另一种是确实没有降价空间了。在对方理性反驳的情况下，我们还是要认真倾听对方阐释的理由和逻辑，判断他们是不想让步，还是已经没办法让步了。

情绪发泄式的反驳举例：

1. "我们公司的经营情况也很困难，没办法接受你们的要求！"
2. "以前我们已经让步好几次（或者一次）了，没法再让了！"
3. "我们公司高层（总经理/执行董事/分公司经理等）不同意降价！"
4. "这样的条件我没法再给你们供货了。和当初说好的完全不一样！"
5. "如果你们不接受现在的条件，那就取消合作吧，我们无所谓！"

理性反驳举例：

1. "和其他供应商相比，我们的条件已经很优越了，没有继续优化的必要。"
2. "贵公司的利润率高于我们,我们没有必要帮贵公司继续优化成本。"
3. "上次谈判时,我方已经做出了较大让步,当时你们也说不会再要求我们降价了。"
4. "市场价格已经上涨不少,我们保持原价已经算是实质性的降价了。"
5. "上次咱们签合同的时候,你们承诺在合同期间不会变更交易条件。"
6. "如果你们不能出示降价请求的详细依据,我们不会予以考虑。"

谈判中的问与答

前面介绍了谈判中对方提出反驳的时候,我方该如何应对。但是,对方除了反驳,还会提出各种各样的问题。例如,对方说:"如果我方不接受你们的条件,你们会取消交易吗?"对于这个问题,我方谈判人员可能会坦诚地回答:"和你们继续交易是我们谈判的前提,所以,请你们尽力予以协助。"表面看起来,这样的回答很坦诚,表达我方的诚意,希望借此得到对方真诚的回应,切实给予配合。但是,从谈判的角度来看,这样的回答是一个致命的失误,说出这话的瞬间,谈判已经结束了。

当我方把"继续交易是前提"泄露给对方的时候,对方就知道没有失去订单的风险,因此就会变得肆无忌惮起来,心想"现在只要装出配合他们的样子,回头不做任何回应就可以了"。如果陷入这种状况,那么我方的目的就没有实现的可能了。

为了防止自己掉进类似的陷阱,事先要设想并准备好各种问与答的应对方法,哪些话可以说,哪些话不能说,一定要事先做到心中有数(见表2-7-4)。

表2-7-4 谈判中的问与答

序号	对方的提问	回答方针	回答举例
1	"现在只有我们公司可以给你们提供服务。你们没法更换供应商吧?"	1. 虽然现在更换供应商有难度,但以后我们将会根据实际情况思考更换供应商的可能性。 2. 具体细节不便透露	例1:"我公司对这个问题非常重视,虽然现在更换供应商有困难,但今后会根据实际情况,认真思考替代方案,不排除自己投资供应商。" 例2:"现状确实如你所说。但另一方面,本公司也从中长期出发,积极寻找替代商品/服务。在条件允许的情况下,我们不排除从零开始重新选择供应商。"
2	"无法降低商品/服务的价格。" "当前我们的报价已经是最便宜的了,已经是底线了。"	1. 如果己方的降价请求有依据,可以简要陈述这些依据,并告知对方,我方上司(决策者)认为,还有合理的降价空间。 2. 详细的或不利于己方的信息,不要说	例1:"我们总经理说,同规模的其他供应商可以提供更低的报价。所以贵公司不能将价格降低,是没有道理的。" 例2:"实际上,我们从其他公司听说(或从其他公司跳槽来的员工那里听说),他们采购贵公司的同类商品,价格比我们低得多。" 例3:"其他供应商对同类商品提供的报价,比贵公司低很多。" 例4:"虽然不能透露详情,但我们绝对有根据。贵公司还是有降价空间的。" 例5:"对我们公司来说,如果当前的交易总金额不能有所降低,那今后我们将不得不考虑寻找新的供应商。但另一方面,念在长期合作的情谊上,还是想和贵公司继续合作。"

(续表)

序号	对方的提问	回答方针	回答举例
3	"你们得到了其他供应商的报价,能不能把具体内容给我们看看?"	1. 其他供应商的报价,不能透露给竞争对手。 2. 告诉对方,无论从法规上、情理上,都不能把其他供应商的报价,透露给他们	例1:"实在抱歉,根据合同规定,我们不能把该公司提供的报价泄露给其他公司。" 例2:"没有报价公司的许可,我们不能把其报价提供给贵公司。但其报价水平,基本上符合我方的降价预期。"
4	"我方在分析你们提出的降价请求时,觉得可以用服务A代替现有的服务,咱们重新签一个服务A的新合同吧?"	告诉对方"我们回去会积极讨论你们的方案"	例:"非常感谢贵公司的方案。回到公司,我们一定积极进行讨论。" (注:替换为服务A,不能作为对方不降价的条件。)
5	"如果只要求我们降价,我们公司内部是不会同意的。"	1. 告诉对方对他们有好处的地方。 2. 对他们没有好处的话,就把"续约"作为最大的好处和"武器"	例1:"我们有今后开新店的计划,届时我们的采购金额还会增加,请贵公司考虑这一情况。" 例2:"据说,我们公司高层对贵公司的其他商品也有兴趣,希望贵公司提供报价。" 例3:"其他供应商积极提出了优惠的报价,非常有竞争力,令我公司不得不考虑他们的方案。从我个人角度来说,已经和贵公司合作了这么长时间,当然希望还能继续合作,所以,请贵公司务必考虑一下对价格的调整。"

进行谈判,协商交易条件

谈判开始之后,对方有可能提出我们意料之外的诉求,谈判也不一定完全按照我们事前设计的展开。在这种情况下,如何让谈判向有利于己方的方向发展,需要使用一些技巧,下面就为你介绍谈判中常用的技巧。

如何引出对方提出新条件、新报价

站在我方的角度，谈判的目的是向对方提出降价或优化交易条件的请求，并尽力说服对方接受。但是，谈判不讲究技巧的话，往往会陷入"请降价但减不了"的死循环，导致谈判原地踏步。背后的原因是我方把价格当作唯一的变量进行交涉，致使谈判的宽度太窄了。因此，除了价格这个第一变量，还要有第二变量交易量、第三变量商品标准/服务等级，合理利用这3个变量，才能有效引出对方的新条件、新报价。

具体来说，如图2-7-1所示，我们把第二变量交易量作为横轴，在设定的谈判策略中增加"现有交易量"和"几倍于现有交易量的交易量"。交易量的增加，不一定是公司业务的成长或扩大，也可能是将全公司的采购集中起来，把各个子公司/关联公司的采购整合到一起进行集中采购。当达到数倍于现有交易量的时候，自然可以发挥规模优势，要求对方在现有交易量的价格水平上降价，对方也更容易接受。

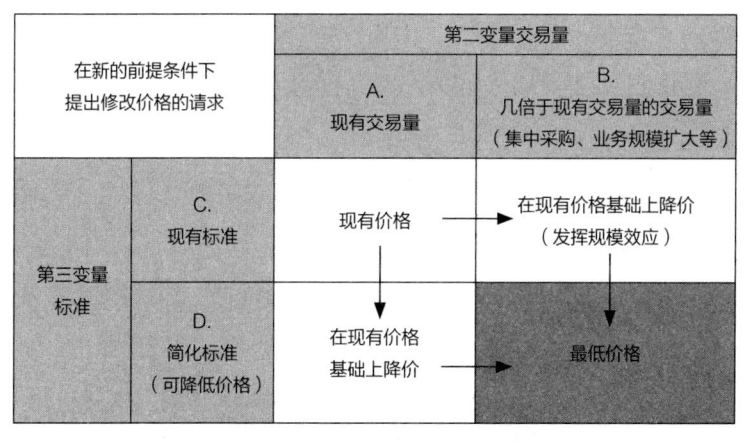

在新的前提条件下提出修改价格的请求		第二变量交易量	
		A. 现有交易量	B. 几倍于现有交易量的交易量（集中采购、业务规模扩大等）
第三变量标准	C. 现有标准	现有价格	在现有价格基础上降价（发挥规模效应）
	D. 简化标准（可降低价格）	在现有价格基础上降价	最低价格

图2-7-1 增加价格以外的变量，试探对方的最低报价

另外，以第三变量"标准"作为纵轴，设定的谈判策略中增加了"现有标准"和"简化标准"。通过简化标准，也可以要求对方降低价格。结果，B比A的价格低，D比C的价格低，那么，"几倍于现有交易量的交易量×简化标准"得出最理想的条件，由此可以试探出对方的最低价格。

目标价格的使用方法和注意事项

谈判之前，我们应该制定一个"目标价格"。参考多家候补供应商的报价、市场行情，才能制定合适的目标价格。但是，当我们没有掌握充分的信息时，在初次谈判中，不要抛出目标价格。但是，对方有可能抢先一步提问："贵公司觉得降价到什么程度合适？"这时，我们不要盲目抛出目标价格，因为我们还没有掌握足够的信息，这时可以毫不隐瞒地回答："现在我们尚处在收集各家供应商报价的阶段。"

另一方面，当我们在某种程度上知道自己的妥协点时，可以向对方明示目标价格。比如说："最低希望贵公司降价到××日元"或"根据市场行情，我们可以接受的价格是××日元"。

这时，如前面讲过的，我们心中的"妥协价格"并不是明示给对方的目标价格。目标价格应该比"妥协价格"更低，以留给对方讨价还价的余地。举例来说，假设我方能接受的"妥协价格"是比当前价格降低7%~10%，那么向对方提出的目标价格应该是降价15%左右。从结果上看，真正的"妥协价格"应该在当前价格和目标价格中间的某个位置，在设定目标价格的时候,基本原则是其降价率比"妥协价格"的降价率翻一番。

另外,在向对方提出目标价格的时候,绝对不能抛出5%、10%、单价10 000日元、每月30万日元这样"整齐"的数字。出给的数字一定要有真实感,如果是降价幅度,可以说5.8%、10.8%这样的百分数,小数点后至少还有一位数字;如果是金额,可以说单价9 150日元、每月28.75万日元,有零有整的数字才更有真实感。反之,如果我们说"请降价10%!",那么在对方看来,会感觉"10%这个数字没有具体依据或背景、他们只是想让我们降价罢了",结果便不会认真对待,甚至直接拒绝。

如果我们提出"希望贵公司降价10.8%!",对方心中就会盘算:"为什么是10.8%?""可能其他公司给他们报出了这样的价格,如果我们不降到这个水平,对方可能就不和我们合作了。"给对方留出这样的想象空间,就让他们不得不认真对待我们的诉求。所以,在谈判中,我方提出的数字一定要有零有整、有真实感,给对方留出想象空间。

实用的谈判技巧

谈判人不能有决定权

谈判的一个基本原则是拥有决定权的决策者不要出席。即使对方派出了级别较高的决策者来到谈判现场,我方的决策者也不要出席。如果对方要求我方必须派出有决定权的高层出席谈判,那么也要明确告诉对方,我方的任何一个人都不能做出最终决定,必须回到公司召开正式的会议(经营会议等)集体讨论决定。

不让决策者亲临谈判现场的第一个理由是，谈判中如果对方提出难以直接回答的问题，我方可以以"必须回公司和领导汇报之后才能定夺"为理由，回避正面回答对方问题。如果决策者也在谈判现场，虽然我方可以以各种理由拒绝正面回答，但在随后你来我往的交涉中，难免会无意间做出回应。为了避免这种情况发生，决策者一定不要出现在谈判现场。一定要把对方的问题带回公司，冷静、理性地分析之后，再制订回复的方案。

另外，由于我方提出降价请求，势必损害对方的利益，谈判中难免形成对立态势。在这种情况下，如果我方决策者不在场，我方谈判人员可以把"锅"甩给决策者（董事长、总经理等），说"这是高层的意思，我只是按照指示来请求贵公司协助，说心里话，我也不想为难你们，毕竟咱们合作这么多年了"。这样就缓和了谈判现场的对立气氛。展现出自己的同理心，让对方放下对我们的对立心理。同时表明，自己将尽力游说公司高层，将谈判条件放宽一些。如此一来，在对方谈判人员眼中，我们就变成了他们的"协助者"，从而使谈判变得更加容易，对方也更容易接受我方的请求（见图2-7-2）。

总结来说，谈判者没有决定权的好处有以下几点：

- 当对方提出尖锐的问题时，可以避免正面回应，带回公司认真思考回复内容。
- 对方没办法要求我方当场做决定。
- 对方不容易判断出我方的真实想法、最终底线。

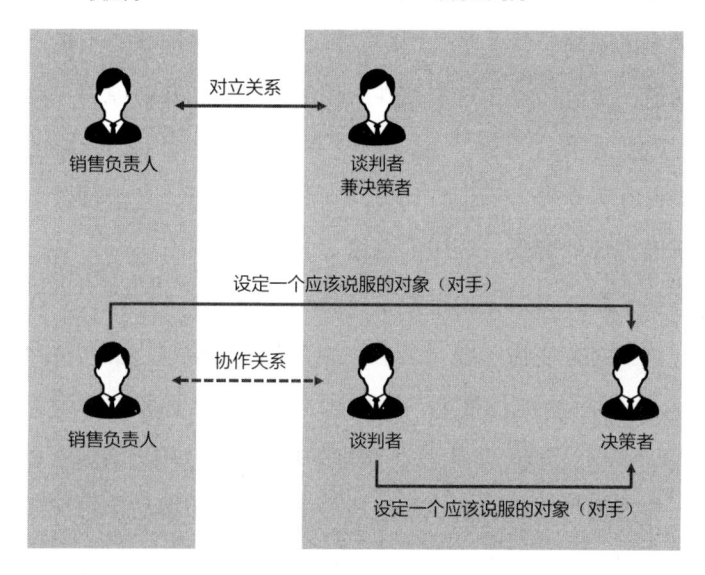

图 2-7-2　展现出自己的同理心，缓和谈判现场的对立气氛

- 更容易向对方提出严苛的条件和不容易回答的问题（自己只是一个"传话人"）。
- 避免与对方形成直接的对立关系。

不与对方对立，双方目标一致

在谈判中，要时刻提醒自己站在对方的角度思考、发言。如果在谈判中形成了对立态势，那么随后的交涉多半会陷入胶着而毫无进展。如果我方谈判者向对方表明自己将协助他们一起游说我方决策者（董事长、总经理等），将缓和对立气氛，有助于谈判的顺利推进。

举个例子，对方抛出"这个条件你们还不接受的话，那就没法签约了！",这时我方的应对策略是跟对方说："明白。我会努力说服高层接受贵公司的条件，也请您协助我。不过，我想知道，贵公司提出这个条件的理由是什么？知道原因，游说高层时我才有理有据。"像这样，站在对方立场上，以协助者的姿态开展交涉，不仅有利于谈判的顺利进行，还能试探出对方所提条件的背景、让步的底线等。

如果我方对对方的行业、产品、服务都不太熟悉，不如坦诚地告知对方实情，以"商量"的姿态进行谈判，反而会顺利一些。比如说："我是第一次接触这类商品/服务，希望您多教我一些相关知识。"以这种谦虚的口吻谈，效果会更好一些。

包括定性条件在内，都进行量化，必须根据数字进行评价

在对价格、其他交易条件等进行谈判时，我建议包括定性条件在内，都进行量化，然后根据数字进行评价。

举例来说，假设公司要采购100台办公电脑，供应商对电脑价格不让步，但可以接受追加条件。对方提出，我方可以提供以下3个追加条件中的一个。您会选哪个？

A）3年的免费维修
B）免费安装某种软件
C）免费提供定制设置+增加内存容量

上述3个条件，差异较大，从表面上看，难以做出选择。所以，我们应该对这3个追加条件进行量化（见表2-7-5）。结果可以看出，"C）免费提供定制设置+增加内存容量"换算的金额 248 万日元最高，所以我方选 C 最划算。现实中，我们还要结合办公电脑的实际使用情况，来判断哪个选项最合理，但根据换算金额来横向比较定性条件，是一个基本方针。

表 2-7-5　对所有服务、条件进行量化

服务、条件		换算金额（日元）	计算依据
A	3 年的免费维修	相当于 200 万日元	·1 台电脑 1 年的保修服务费为 1 万日元，但通常的电脑供应商都会免费提供 1 年保修。对方提出的 3 年免费保修，就相当于赠送 2 年的保修服务，即每台赠送 2 万日元。 ·2 万日元 ×100 台 =200 万日元
B	免费安装某种软件	相当于 112 万日元	·安装某种软件，通常需要 1 万日元，另外，安装 1 台电脑需要 30 分钟时间。 ·按对方电脑工程师的时薪为 2 400 日元计算，安装 1 台电脑就需要花费 1 200 日元（30 分钟）。 ·1.12 万日元 ×100 台 =112 万日元
C	免费提供定制设置 + 增加内存容量	相当于 248 万日元	·1 台电脑增加内存容量通常需要 2 万日元，为 1 台电脑进行定制设置，大约需要 2 小时。 ·按对方电脑工程师的时薪为 2 400 日元计算，设置 1 台电脑需要花费 4 800 日元（2 小时）。 ·2.48 万日元 ×100 台 =248 万日元

在谈判过程中，对各种条件的换算金额进行比较，找出最有利的条件很重要。举例来说，如果我方选择条件 A，但要支付超出预期的费用，那一定要向对方提出反对意见；如果选择条件 B，对方还可以在价格上予以优惠，那当然应该考虑条件 B（见表 2-7-6）。

表 2-7-6　对价格以外的条件进行量化

条件	换算金额（日元）	计算依据
免费提供 1 万张打印纸	6 000 日元	· 0.6 日元 ×1 万张 =6 000 日元
1 000 万日元分两次支付，先支付 50%，尾款 1 年后支付	50 万日元	· 500 万日元 ×10%=50 万日元 √利率行情：大型银行为 1%~3%，信用银行为 3%~5%，民营专业银行为 5%~20%。我们姑且选择中间的 10%
免费派遣工作人员到现场工作 10 天	50 万日元	· 5 万日元 / 天 / 人 ×10 天 =50 万日元 / 人
免费安装办公家具	20 万日元	· 5 万日元 / 天 / 人 ×2 人 ×2 天 =20 万日元
免费提供技术教学，直至我方人员掌握该技术	300 万日元	· 50 万日元 / 月 ×6 个月 =300 万日元

不要提出含糊不清的数字

美国社会心理学家曾经做过一项实验。当乞丐向行人乞讨的时候，乞丐使用不同的语言乞求行人施舍零钱，成功率也大不相同。

A）"能给我一点零钱吗？"：成功率 44%

B）"能给我 25 美分的硬币吗？"：成功率 64%

C）"能给我 37 美分吗？"：成功率 75%

结果一目了然，C 的成功率最高。也就是说，提出请求的条件或数字，会影响对方做判断的心情。通过上面的实验我们可以看出，提出含糊不清的请求（"给我一点零钱"……）成功率最低；提出整数数字（"给我 25 美分的硬币"……"）的成功率不如提出一个不那么整齐的精确数字（"给我 37 美分"……）。

当我们向供应商企业提出降价请求的时候，笼统地说一句"请降价20%！"往往效果不好，但如果说"请降价21.3%！"对方接受条件或认真考虑的可能性比较大。如果我们直接抛出"20%"这样一个笼统的数字，对方可能自行解释为"对方给出这样一个没有根据的大体数字，只是想让我们降价罢了，他们也不清楚降多少合适"。但如果我们提出的降价比例是"21.3%"这样一个有零有整，看起来很精准的数字，对方就会心里打鼓，心想："这么精确的数字，看来他们是经过精心计算的。难道是其他供应商提出的报价？如果我们不降到同等水平，说不定他们就要更换供应商。"通过精确数字给对方制造危机感，让他们不得不认真对待我方的要求（见表2-7-7）。

表2-7-7　不要提出含糊不清的数字或整数

效果不好	效果好
200万日元	213万日元
1成、10%	10.3%
2~3成	24.7%
两周左右	9个工作日、在×月×日××时之前
2~3人	2人8天（每天工作8小时）

对方拒绝我方请求后，谈判才真正开始

当我方向现有供应商提出"希望贵公司降价10%"的请求后，对方一般都会拒绝，理由无外乎"说实话，我们公司的经营情况也很严峻，再降价的话我们就要出赤字了""我们对所有客户都是统一价格，不能单独对贵公司降价"……

很多没经验的谈判者，在听到对方"不能降价"的回复时，当场就死心了。但实际上，请每位谈判者牢记，对方拒绝的时候，才是谈判真正开始的时候。供应商企业的销售负责人，平日里经常会收到客户企业的降价请求，不管有没有降价空间，他们的第一反应肯定是拒绝，这已经成为他们的工作习惯。所以，我们对此应该有心理准备，即使存在较大的降价空间，他们在一开始也会拒绝的，我们放弃的话就彻底输了。

站在供应商企业销售负责人的角度来看，接受客户的降价请求对他们没有任何好处。所以要想把他们拉到谈判桌前，并能认真对待我方的降价请求，必须阐明降价的客观依据，或者让他们意识到如果不认真回应，有可能失去我们这个客户。

另外，即使对方提出降价的底线，并主张不能再低了，这个"底线"也不一定就是他们的真实底线。根据我们为企业做咨询服务的经验，在降价谈判中，即使对方抛出了所谓"底线"，实际继续降价的概率还能达到40%以上。当然，让对方接受我方降价请求并不是一件容易的事，我方也要提供一些对对方有利的让步条件，才有可能实现削减成本的目的。

一定要查清对方提出方案的根据

当谈判对手提出某项方案的时候，我方一定要弄清该方案的主旨和意图。比如问："你提出涨价的根据是什么？""你们要提高价格，请阐明涨价的具体项目和涨价的幅度""你们说要增加额外的工时数，请允许我们到现场进行考察"……对于对方的方案，我方要有"打破砂锅问到底"的精神，查清其中的原委，可以作为日后谈判的根据。

这样做，可以推测出对方的目的和重视事项的先后顺序，同时，当对方做出让步的时候，我们也能看清他们让步的原因，从而判断出他们在乎哪些事项，这就相当于找到了对方的"软肋"。而且，在谈判进入中期或后期时，如果对方依然犹豫不决，我方可以拿出谈判开始时已经确认的根据，和他们交涉。

即使达到了我方预期的目标，也不要当场接受

即使对方给出了无可挑剔的好条件，我方也不要在谈判桌上当场接受。对方提出的条件是不是真正的好条件，在谈判现场进行判断，难免会出现感情用事的草率情况。如果当场拍板，日后发现有问题，也无法挽回了。当对方提出符合我方预期的条件时，我方可以告知对方："回公司后我方将认真考虑贵公司的方案。"然后在确认进一步交涉条件的基础上，告诉对方日后会做出回复。这样做，可以防止我方判断失误或遗漏重要条件，也给对方留出一定的时间和空间，以便提出追加条件。

8

步骤 8：合同的检查要点

将风险控制在自家公司可以管理的范围内

从签订采购合同的整体角度来看，商品或服务的价格、标准并不是双方谈判的全部内容。当我们和供应商正式签订采购合同、发出订单的时候，合同中一定要注明交易方面的限制条件和未来可能发生的追加付款的各种费用。举例来说，有关合同期限、中途解约与违约金、赔偿等，是所有合同中都出现的条款，尽管如此，还是有可能发生意想不到的风险。因此，从企业经营的角度看，必须把潜在的风险控制在自家公司可以管理的范围之内。

通过谈判，即使获得了最合理的价格、最理想的商品标准和服务等级，并将其写进了合同，日后也有可能发生意想不到的风险或对方提出追加付款的情况，从而将合同期限内或合同期满时我方本该享受的条件全部打乱。类似的事情在现实中屡见不鲜。

签订合同时,特别需要注意的事项有 4 点(见表 2-8-1)。

表 2-8-1 签订合同时的注意事项

	要点	概要说明
注意事项(1): 合同期限	合同期限以短期合同为基本原则	·签订长期合同获得的折扣率,并不一定是最划算的,长期合同往往对供应商一方更有利 ·每次更新短期合同的时候,应该比较其他供应商的报价,维持供应商之间的竞争环境
	即使是签订长期合同,其间也应该可以变更交易条件	·长期合同履行期间,也应该可以变更价格、交易条件 ·即使解约有困难,也要通过谈判争取合理的价格和交易条件
注意事项(2): 中途解约与违约金	事先确认好违约金的总金额	·签订合同后,修改中途解约条款或违约金条件是很困难的 ·签约前确认好违约金的支付总额,并对比其他供应商对违约金的要求
	调整好合同期满的时机	·如果各个分公司、工厂分别与供应商签约,合同期满的时间点就会不一致。那样的话,如果想中途解约,就无法整体交涉违约金,违约金将成为"卡脖子"的重要障碍,也没办法向其他供应商进行整体询价
注意事项(3): 区分选择短期租赁、长期租赁、购买	必须对短期租赁、长期租赁、购买进行财务测算	·以多功能打印机为例,很多供应商提供的租赁计划是零租金,只收取使用期间的服务费。但是,我方应该测算一下使用费的总额,租赁也许并不比自己购买设备划算
	如果长期使用,购买比较划算	·如果要长期使用某一设备,从生产厂家直接购买可能更划算
注意事项(4): 原状恢复工程	签约前谈好原状恢复工程的条件	·租赁写字楼、店铺的时候,在签订租赁合同之前,先把期满后原状恢复工程的条件谈好
	我方即使暂时没有退出的计划,也要精查原状恢复工程的费用	·在确定退租之前,要调查好原状恢复工程的费用(如果确定退租之后再做调查,时间上根本来不及,没办法进行充分的分析)

签订合同时应该着重注意的 4 点

注意事项（1）：合同期限
关于合同期限，应以短期合同为基本原则

不管什么合同，都会有合同期限条款。供应商一方更愿意和我们签订长期合同，这样价格的折扣还可以更高一些。与短期合同相比，长期合同的价格确实会更低一些，表面上看这是对我方有利的，但从中长期看，与供应商签订长期合同有可能反而不划算。通信费（手机话费等）、信用卡手续费等，从中长期来看，市场行情价格、费率都有逐渐下降的趋势，所以不要签订长期合同，短期合同可以频繁更新交易条件。另外，在保险费、电费等方面，日本还在通过规则限制来保护国内企业，所以与国际标准相比，目前的价格、费率还是比较高的。今后，随着技术革新和规则的放宽，新企业会不断涌现，到时价格下降也是大势所趋。所以，到底是和供应商签订长期合同还是短期合同，要对形式做出准确判断。

长期合同，本来就是对供应商一方有利的设计。因为对未来的市场行情、利率、物价、汇率的变动，大家都难以做出精准预测，但不管怎么变化，长期合同都可以保证供应商的最低利润。

以面向个人的金融产品为例，日本有一款"35 年期的固定利率房屋贷款"，表面上看起来，长期固定利率能让人感到安心。但这一固定利率（2022 年 4 月为 1.4%~1.7%）与同时期的浮动利率（2022 年 4 月为 0.4%~0.6%）相比，高出了一个百分点以上。虽然固定利率可以规避日后利率上涨的风险，但如果日本的贷款利率一直持续在低位，就非常不划算了。

长期固定利率贷款，是银行方面从中长期的视角防止自己出现损失而设计的一款金融产品。贷款人则因此还了更多的钱。现实中，对于日本的银行来说，固定利率贷款是为数不多"能赚钱"的金融产品之一。通常，如果一个国家的银行利率上升了很多，那么国家规定的最低工资标准会提高，大企业的薪水也会上涨，到时，借款人还有必要担心利率上升的风险吗？这是一个非常值得思考的问题。

即使签订长期合同，其间也应该可以变更交易条件

一般来说，合同中都会写明"在合同履行期间，双方有义务按照签约时约定的单价/费率进行交易"。大家可能认为这是理所当然的事情，但其实并非如此。确实，如果一方提出中途解约，按合同约定，提出解约一方有义务向另一方支付约定的违约金。但是，因为市场行情的变化、业务发展状况的变化，合同一方完全可以通过再谈判的方式，要求更改价格或交易条件，这是不违规的。

2021年末以后，原油、天然气价格高涨，相信很多企业都收到了电力公司的通知——"我方希望提高基础电费。如果贵公司不能接受涨价请求，我方将解除供电合同"。其中有不少企业，刚和电力公司签约不久（还不到两个月），就收到电力公司强制涨价的通知。即使和供应商签订了长期合同，也不能起到抑制价格、费率上涨的作用。同样，站在我方角度，当发现当前的合同交易条件和市场行情或其他供应商的报价出现显著偏离的时候，即使在合同履行期间，也请毫不犹豫地向供应商提出谈判请求，交涉改变价格、交易条件的事宜。

当一家企业准备着手优化成本的时候，常会听到一些负责人说："这个成本项目的合同还没到期，还有好几年才到期呢。所以现在暂时不考虑优化这项成本，等合同到期再说。"这就是过于顾虑合同的约束了，或者说，过于为对方着想了。实际上，即使在长期合同履行期间提出降价请求，也可能得到对方的配合。只要有一线希望，就不能放弃。不过，长期合同也有不同性质，不同性质的合同请求降价的难度也不一样。所以，还得根据长期合同的类别（性质），明确哪些内容用什么方式谈判，才容易让对方接受。在签约阶段是否发生初期投资将影响长期合同的性质（见表2-8-2）。

表2-8-2 长期合同的不同类型

	长期合同的特性		相应的成本项目
第一类长期合同：有初期投资	在初次签约中，会产生对机器、设备、材料等的初期投资	客户承担初期投资，签订长期租赁合同或直接投资	√多功能打印机 √长期租车 √手机
		供应商承担初期投资，从每月使用费中回收投资	√安保设施 √信用卡手续费 √租赁地毯 √第三方物流
第二类长期合同：没有初期投资	在初次签约中，没有特别的投资（长期合同是供应商留住客户的策略）		√电费 √燃气费 √固定电话 √保险 √房租

需要初期投资的长期合同（第一类长期合同），从实质上来说，长期合同的期限就是回收初期投资的期限。一般情况下，多功能打印机（5年完成折旧）、公司车辆（5年完成折旧）等，回收初期投资的期限和合同期限（5年长期租赁）是相同的。另外，也有让供应商来承担初期投资的情况。

以安保设施为例，需要采购监视摄像头、传感器等设备，还会发生安装费用，这笔初期投资一般由供应商承担。供应商对于这笔投资成本，会分5年时间以每月收取服务费的形式进行回收。所以，初次签约时的合同期限一般是5年，与供应商回收初期投资的期限相同。另一方面，办公室租赁地毯这类业务，供应商会承担初期投资，其收回初期投资需要大约2年时间。尽管如此，双方也可能签订单年合同，这就相当于一项"君子协定"了，默认租赁方1年后还会与该供应商续约。

需要初期投资的长期合同（第一类长期合同），如果中途解约，就会涉及初期投资未收回部分或剩余债务的处理，通常违约金的金额较大。另一方面，如果在合同到期后，预计还会续约，那么供应商配合我们降价请求的概率会比较大。当初期投资回收得差不多的时候，是提出降价请求的合适时机。对于一些成本项目来说，签约后过了1年以上，或者长期租赁合同的剩余债务、未收回投资还剩一半左右的时候，向供应商提出降价请求，或者干脆更换更优惠的供应商，是比较合理的。

多功能打印机、手机等设备，折旧到一半的时候，可以向供应商提出降价请求。但安保设施,只要初次合同的 5 年期限没到,供应商一般不会接受我方提出的降价请求。不同成本项目提出降价请求的合适时机,请参见表 2-8-3。

表 2-8-3　各个成本项目:一般的合同期限与提出降价请求的合适时机

	成本项目	一般的合同期限	提出降价请求的合适时机
第一类:对机器、设备、材料等有初期投资的合同	多功能打印机	5 年	第 3 年以后
	长期租赁汽车	5 年	第 3 年以后
	手机	2~4 年	第 2 年以后
	安保设施	5 年(第 6 年以后每年签一次)	引进设备的第 6 年以后
	信用卡手续费	1 年	引进新的终端设备第 3 年以后
	租赁地毯	1 年	1 年以后
	电梯维保	1 年	任何时候都可以
	POS 机维修	1 年	任何时候都可以
第二类:不需要初期投资的合同	电费	1~3 年	任何时候都可以
	燃气费	1~7 年	
	固定电话	2~3 年	
	保险	1~5 年	
	房租	2~3 年	

与需要初期投资的长期合同(第一类长期合同)不同,对于不需要初期投资的长期合同(第二类长期合同),应该积极向供应商争取更好的交易条件。因为没有初期投资,所以客户企业更换供应商的门槛成本比较低。因此,站在供应商的角度,为了留住客户,会以更低的价格、更优惠的条件诱导客户签订长期合同。现实中,很多供应商提供的长期合同价格,比单年合同低 10%~20%,对客户企业来说,确实有吸引力。

当我方试探性地向供应商提出降价请求的时候，对方负责人一般不会认真对待，通常会抛出一句"现在还在合同期间，合同约定的条件恐怕不便改动吧"或"现在这个价格，我们也没有利润啊！"就把我们回绝了。这时我们不能放弃，要以强硬的态度回应："如果贵公司不考虑优化交易条件，一两年后我方可能要考虑更换供应商。"这时，对方的态度大概率会缓和一些，答应适当优化交易条件。

长期合同履约期间，向供应商提出优化交易条件的方式有几种，建议大家按照对己方最有利的顺序（模式1→模式2→模式3），依次尝试一下。

模式1：维持现有长期合同，请求降低每月支付金额或费率。

模式2：对合同本身进行重新交涉。

模式3：中途解约，违约金或剩余债务请新更换的供应商承担。

首先看模式1。这种模式对我方来说，没有任何坏处。向供应商提出降低价格/费率的请求，只要以客观事实（比如其他供应商提出了更优惠的条件、根据当前的市场行情现在的交易价格明显偏高等）为依据，即使在合同履行期间，对方也可能接受我方的条件，实现降价。虽然降价对供应商来说没有任何好处，但市场行情的变化、其他供应商的竞争，都是我方的正当理由，对方很难反驳。

如果现在的交易条件处在合理水平，那么请求供应商降价就很难实现，毕竟降价对其没有任何好处。这种情况下，我们可以使用模式 2 进行试探。举例来说，之前签订了 3 年的长期合同，目前距离合同到期还剩 1 年时间，这时我方提出降价请求，虽然目前对供应商没有好处，但他们也会考虑 1 年之后合同到期，想要留住客户，还是可以适当做出让步的。这时，我方就应该不失时机地向对方阐明让步的两点好处。

对供应商而言，让步可以获得两点好处：

第一，至少还能留住客户 1 年，留住客户是供应商最基本的目的。

第二，1 年后如果能让客户续约，那么销售负责人的业绩就有保证了。

最后，虽然长期合同中途解约会产生违约金或剩余债务，但如果候补供应商提供的条件足够诱人，还是应该果断更换。在这种情况下，适合使用模式 3。在和候补供应商谈判的过程中，就应该把违约金或剩余债务的问题说清楚，如果对方愿意承担，那就果断和现有供应商解约，与新供应商签约。例如，公司租赁的多功能打印机，剩余债务的偿还期不到 3 年，手机话费不到半年就到期了，在这种情况下，新的供应商大概率愿意承担剩余的费用，签下我们这个客户。

案例：手机话费的合同期间

- 工作一线的种种情况

- 以较高的话费条件，签订了4年的长期合同（一般只和电信运营商签2年的合同）。

- 问题出在哪儿？

  - 与合同约定的条件相比，市场行情价格明显更低。
  - 4年之内，需要一直支付较高的费用。

- 具体的解决方法

  - 长期合同履行期间，也可以向供应商提出降价请求。
  - 如果手机设备的剩余债务不足25%，可以考虑中途解约，更换新的电信运营商。
  - 今后只签最短的2年合同（手机设备的折旧期限）。

案例：第三方物流的合同期间

- 工作一线的种种情况

  - 以收回初期投资（仓库、存储设备、系统构筑等）需要足够时间为由，签订了10年的长期合同。

- 问题出在哪儿？

  - 长期把物流运营委托给对方，对方提出涨价，我方也难以反驳。
- 即使现场运营效率已经得到提高，对方也会以各种理由拒绝我方的降价请求。
- 即使经营环境发生变化或规模扩大，发现当前合作的物流公司并非最佳选择时，也没办法考虑其他选项。
- 因为没有在物流公司中建立起竞争环境，当前合作的物流公司就会想尽办法节约自己的成本、提高自己的利润。

- 具体的解决方法

- 第三方物流的合同最多签3年（以后每年更新一次合同）是基本原则。
  - √ 第三方物流企业一般会提出签5年合同，但我方可以交涉，只签3年合同。
  - √ 即使折旧期限是5年，也只签3年合同（第3年解约的话，一次性支付剩余的债务）。
- 即使初期涉及大规模投资，也不签10年长期合同。
  - √ 涉及购买或租赁土地、新建仓库、引进大型设备的时候，自家公司直接投资。

注意事项（2）：中途解约与违约金
事先确认好中途解约产生的违约金总额
对于大型企业来说，合同中关于中途解约、违约金的条款，是全公司统一规定的,现场谈判人员无权更改。例如,大型电力公司(如东京电力、中部电力等)和一部分多功能打印机厂家,在和客户签订长期合同时,合同中对于中途解约和违约金的规定会非常严苛,如规定"如果客户企业中途提出解约,此前享受的长期合同折扣价与正常价格之间的差额的累计金额,将作为违约金,必须全额支付给我方"。这样的条款是公司的统一规定,谈判人员是无权更改的。

所以,我方在签约之前,一定要计算好中途解约可能产生的违约金金额。比如,签了3年长期合同,已经满了2年,此时解约会产生多少违约金,一定要事先计算好,做到心中有数。在寻找供应商的阶段,收到多家候补供应商的报价后,如果发现价格、费率差不多,就尽量选择对中途解约限制少、违约金少的供应商合作。

调整好合同期满时机

原本已经从其他供应商那里获得了更优惠的报价,但如果与现有供应商中途解约,就要承担高额的违约金,这也将束缚住我方的手脚,使我方不敢轻易更换供应商。举个例子,自家公司的各个分公司、工厂分别与不同电力公司签订了供电合同,而且是长期合同。因为签约时间不同、合同期限不同,所以合同期满的时间也各不相同。这时,假设有其他电力公司提出,如果全公司都和它签订整体供电合同,可以给出超过两位数百分比的价格优惠。明明是一桩可以大幅缩减成本的好生意,可是由于各个分公司、工厂原有的合同期满时间不一致,有的已经可以解约了,而有的中途解约要负担巨额违约金,所以总公司迟迟下不了决心统一更换成新的电力公司。

遇到这种问题的时候，首先要考虑的是统一各个分公司、工厂的合同期满时间。当某个分公司或工厂的长期合同即将到期，要继续签约的时候，就要考虑调整合同期限，尽量让所有分公司、工厂在同一时间合同到期，以便届时统一更换供应商。

案例：供电合同的中途解约与违约金

- 工作一线的种种情况

  - 签订了3年的长期合同，但价格却比1年短期合同还高。
  - 中途解约要支付高额违约金（过去享受的折扣金优惠累计总额，作为违约金支付给供应商等）。
  - 各个分公司、工厂单独签订的长期合同，合同期满时间各不相同。

- 问题出在哪儿？

  - 即使市场行情下行、电价降低，由于之前签订了长期合同，也不得不持续支付高于市价的电费。
  - 事前没有准确掌握中途解约会承担如此高额的违约金。
  - 由于各个分公司、工厂单独签订的长期合同，合同期满时间各不相同，即使想和新的电力公司签订整体供电合同，也会碍于高额违约金而无法实现（新电力公司的优惠条件不足以覆盖违约金）。
- 长期合同履行期内，电力公司提出涨价要求（不接受涨价的话就停止供电）。

- 具体的解决方法

  - 即使在长期合同履行期内，也有可能通过谈判优化价格或交易条件。
  - 签约前，精确计算出中途解约要承担的违约金，能够承受再签约。
  - 将各个分公司、工厂的合同期满时间调整一致。
  - 基本上每年更新合同，每次向多家电力公司进行询价。

案例：多功能打印机的中途解约与违约金

- 工作一线的种种情况

  - 签订了5年合同，中途解约要承担高额的违约金。

- 问题出在哪儿？

  - 未掌握中途解约需要承担的违约金金额就草率签约。
  - 即使其他供应商提供了更优惠的交易条件，也因中途解约的违约金太高而不敢更换供应商。

• 具体的解决方法

- 横向比较多家供应商关于中途解约违约金的设定条件，如果现有供应商的违约金明显高于行业水平，可以通过谈判要求其将违约金降低到行业水平。
- 违约金的设定金额，有可能通过谈判进行调整。

多功能打印机中途解约的违约金，不同厂家的计算逻辑不同。举个例子，生产多功能打印机的 F 公司计算客户中途解约违约金的方法是，根据设备的使用年数，按照"基础违约金 × 使用年数"的公式计算得出。基础违约金也是各个厂家自己制定的，其实在正式签约前可以通过谈判要求其调整基础违约金。再比如，另一家 S 公司，计算违约金的依据是先看距离合同期满还剩多少个月，然后按照"基础违约金 × 剩余月数"的公式进行计算。

由此可见，影响违约金金额的除了时间因素，就是基础违约金了。但这个"基础违约金"是厂家自行设定的，其金额是否合理，我们很难判断。要想判断违约金的金额是否处于合理水平，可以假设在签订合同后的第 3 年或第 4 年想要中途解约，对多家供应商的违约金进行横向对比。虽然只是一个相对的比较，但可以以违约金最低的那家供应商作为标准，与其他供应商进行谈判，要求其他供应商降低违约金。

案例：第三方物流的中途解约与违约金

- 工作一线的种种情况

  - 中途解约时，物流公司要求支付合同剩余时间的全部租金和作业费用。
  - 中途解约时，物流公司要求一次性支付设备或仓储管理系统等的剩余折旧费。
  - 有中途解约意向时，必须提前12个月提出解约申请。

- 问题出在哪儿？

  - 中途解约时，要支付超出必要水平的违约金。
  - 不仅中途解约，期满解约时，也要追加支付一定费用（原状恢复费用等），而签约前并不了解这部分追加费用的具体金额。

- 具体的解决方法

  - 正式签约前，要将下列项目写入合同。
    - √ 中途解约的违约金只有初期投资（仓储管理系统 / 材料管理 / 设备）的剩余债务。
    - √ 中途解约的违约金由一次性支付改为分期支付。
    - √ 中途解约的申请，提前3~6个月提出。

注意事项（3）：区分选择短期租赁、长期租赁、购买计算不同形式的支付总额

公司准备引进某种设备的时候，首先要考虑的是产品标准和价格，然后还要考虑引进方式——短期租赁、长期租赁还是购买。不同引进方式，支付的费用也不一样。特别是多功能打印机、办公电脑、公司车辆等，引进的方式有很多种，需要进行比较分析。

一般来说，采用短期租赁方式引进设备时的手续、各种辅助作业都由供应商一方承担，我方比较省事，但是每月要支付比较高的租金。而购买方式，就是我方直接从供应商（生产厂家、代理商等）那里购买设备，设备本身的价格应该是最低的，但是购买时伴随的各种手续、会计处理、软件的安装等，都需要我方自行完成，比较麻烦。另外，购买之后，也可能短期内就不需要这些设备了，那还要进行二手设备处理。

所以，在引进设备之前，要分别计算短期租赁、长期租赁、购买需要支付的费用，进行横向比较，确认哪种方式更适合自己。

案例：计算多功能打印机不同引进方式的费用

• 工作一线的种种情况

• 认为签订 5 年长期租赁合同是理所当然的选择。

• 问题出在哪儿？

- 根本没有认真分析短期租赁、购买等选项。

- 具体的解决方法

- 比较短期租赁、长期租赁、购买的费用。

首先，我们来分析一下公司在引进多功能打印机时，分别采取购买、长期租赁、短期租赁三种不同方式的费用差异。在下面的案例中，假设一家公司打算新引进 316 台多功能打印机，在打印单价已经确定的情况下，我们计算一下采用购买、长期租赁、短期租赁三种方式引进，每年支付的金额分别是多少（见表 2-8-4）。

表 2-8-4　引进多功能打印机：购买、长期租赁、短期租赁的比较

□多功能打印机：计算引进 316 台多功能打印机的年度费用总额（购买、长期租赁、短期租赁）
·彩色打印和黑白打印的张数，根据过去 12 个月的实际打印数量估算
·短期租赁合同中，多功能打印机设备本身没有租金，但打印单价比较高

		购买、长期租赁、短期租赁财务优势的比较		
		购买	长期租赁	短期租赁
多功能打印机设备本身	设备费用/年（千日元）	87 216	94 192	（设备本身零租金）
彩色打印	打印单价/张（报价单位：日元）	6.0	6.0	14.6
	打印张数/年（过去实际使用量：张）	8 739 936		
	打印费用/年（千日元）	52 440	52 440	127 603

(续表)

□多功能打印机：计算引进316台多功能打印机的年度费用总额（购买、长期租赁、短期租赁）
- 彩色打印和黑白打印的张数，根据过去12个月的实际打印数量估算
- 短期租赁合同中，多功能打印机设备本身没有租金，但打印单价比较高

		购买、长期租赁、短期租赁财务优势的比较		
		购买	长期租赁	短期租赁
黑白打印	打印单价/张（报价单价：日元）	0.6	0.6	1.46
	打印张数/年（过去实际使用量：张）	25 893 840		
	打印费用/年（千日元）	15 536	15 536	37 805
年度支付总金额（千日元）		155 192	162 168	165 408

一般来说，购买或长期租赁的话，彩色/黑白打印的单价基本相同。短期租赁的话，一般多功能打印机主体的租金为零（免费提供设备），但打印单价会比较高。为了计算年度支付的总金额，我们以过去12个月实际彩色/黑白打印的张数为基础进行计算。短期租赁合同通常会设定固定的每月基本费用，但我们在计算的时候，为了简化、便于比较，姑且假设每月的实际打印张数不会超过最低打印张数（基本费用）。

经过计算和比较我们发现，在本案例中，采用购买的方式，每年的支付总金额约为1.55亿日元，是最低的。但是，购买涉及第一年度的大笔现金支出，购买来的设备还要计入资产，手续、财务处理比较麻烦，日后报废、更换的时候还得处理这些设备，流程比较麻烦。所以尽管采用购买这种方式相对便宜，但有些企业不愿以购买的形式引进设备。这样的话，就只能对长期租赁和短期租赁进行比较，选择最合适的引进方式。

案例：计算物流器材／设备不同引进方式的费用

- 工作一线的种种情况

  - 仓库使用的器材、设备按日租赁。

- 问题出在哪儿？

  - 如果使用期为 2~3 年甚至更长，购买比较划算。

- 具体的解决方法

  - 对长期使用的器材、设备，以购买的方式引进。

在第三方物流业务中，物流仓库内要用到各种器材、设备、系统等。一般情况下，委托方是将物流的所有操作委托给第三方物流公司，而现场使用的器材、设备（树脂托盘、堆垛架等）则向物流公司租赁。这些器材、设备，如果需要长期使用，其实自己购买比租赁更划算。因此，经过计算两种方式的总价后，委托方应该考虑自己购买。

表 2-8-5 中，如果树脂托盘要使用 5 年以上，堆垛架要使用 10 年以上，那么委托方应该果断自己购买这些器材，这样比从物流公司租赁更省钱。另外，由于初期投资金额比较大，如果委托方觉得自己购买这些器材，资金上有困难，可以让物流公司购买，然后以分期付款的方式支付对方的购买费用（不

过,这样操作,器材的所有权在物流公司,委托方要分期支付的话,还要付一定的手续费)。当委托方与物流公司签订的是租赁合同时,在解约阶段,物流公司常会要求委托方对器材的破损、遗失支付较高的补偿费用。因此,在签约前,一定要和物流公司谈好解约时追加支付费用的条件。

表2-8-5 物流相关器材、设备,短期租赁改为购买的例子

□经由第三方物流公司短期租赁的设备改为购买的事例

			短期租赁与购买的支出总额比较		
			短期租赁	购买	短期租赁与购买的差额
例1 "T11型树脂托盘"	合同条件	单价	每个每天 3日元	2 200日元/个	—
		个数	500个		—
	支付总金额 (万日元)	1年后	55	110	+55
		2年后	110		±0
		3年后	164		−54
		5年后	274		−164
例2 "堆垛架(T11用)"	合同条件	单价	每个每天 13日元	12 000日元/个	—
		个数	500个		—
	支付总金额 (万日元)	1年后	237	600	+363
		2年后	475		+125
		3年后	712		−112
		5年后	1 186		−586
		10年后	2 373		−1 773

注意事项(4):原状恢复工程

签订合同前,把原状恢复工程的条件谈好

企业在租赁写字楼或店铺的时候,或者与物流公司签订第三方物流委托合同的时候,合同中一般都会有"原状恢复工

程"的条款。所谓原状恢复工程，就是在解约时，把现场恢复原状所需要的施工。但是，一般合同中"原状恢复工程"条款中并不会写明工程的具体费用，所以在退出时，对方有可能提出高额的工程费用，令我方措手不及。

根据我们的经验和调查，当合同到期或我方中途解约，要退出的时候，房东提出的原状恢复工程费用比市场行情价格高1~5成的情况屡见不鲜，甚至其中还包含原本属于房东应该承担的工程项目，乃至追加的额外施工项目。以办公室原状恢复工程为例，一般是由公司的总务部门负责，但总务部门对建筑工程的相关知识了解不多，对于对方提出的高额费用，缺乏判断能力。另外，当我方退租时，房东或物业中介公司和我们已经没有交易关系，他们常会肆无忌惮地提出高额的原状恢复工程费用。

要想把原状恢复工程的费用控制在合理水平，就不能在向房东提出退租通知后再仓促应对恢复原状的事宜。应该在签订合同之前（入驻之前）做好准备，事先向多家房东询价，了解租金、原状恢复工程费用的行情，让房东之间形成竞争关系，以取得最具竞争力的租赁条件。下面就以具体案例讲解控制原状恢复工程费用的方法。

案例：办公室租赁合同中的原状恢复工程费用
- 工作一线的种种情况

　　- 租赁合同中关于原状恢复工程费用的条款，只有一个含糊不清的框架。

- 当我方退租时，房东提出了高额的原状恢复工程费用，但因为距离恢复原状的施工时间很短，来不及做精细计算，所以只好按照房东的要求支付高额的费用。

- 问题出在哪儿？

  - 退租的时机不好，让我方在价格谈判中没有优势。
  - 租赁合同中关于原状恢复工程费用的条款不清晰，让我方无法掌握实际费用的多少。
  - 从向房东提出退租通知到实际退租的时间太短，没有充分的时间精细计算原状恢复工程的具体费用。

- 具体的解决方法

  - 在签订租赁合同之前，与房东谈判原状恢复工程费用。
  - 如果已经和房东签订租赁合同，不管我方是否有意退租，都要向第三方工程公司询价，了解原状恢复工程的具体费用。

租赁的写字楼、店铺，在退租时会发生原状恢复工程费用，要想管理好这笔费用，最理想的应对时机有两个。一是租赁合同签订前（还在选择过程中），和房东谈判的时候，就把房租和原状恢复工程的费用一并谈妥。签合同时，要把原状恢复工程费用写入合同附件中。二是租赁合同已经签好，如果合同中没有明确规定原状恢复工程的详细内容和条件，那么不管我方短期内是否有退租的想法，都要向工程公司询价，调查原状恢复工程的内容和价格，做到心中有数。日后如果房东提出不合理的原状恢复工程要求，也可以有理有据地进行反驳。

在上述两个不同的应对时机，原状恢复工程费用的应对方法也有所不同。

在"时机1：租赁合同签订前（还在选择过程中）"，应对的方法主要有：

- 在选择写字楼或店铺的过程中，与房东谈判的时候，不仅要谈房租，还要谈原状恢复工程的内容、条件、费用等。
- 在签订租赁合同时，关于原状恢复工程的事宜，要写入合同附件中。
- 争取原状恢复工程费用的免除或减少。
- 确定、写明原状恢复工程费用的金额。
- 请求不承担实施原状恢复工程的义务，只支付相应的费用。
- 约定原状恢复工程的对象范围。

在"时机2：租赁合同已经签好"，应对的方法主要有：

- 不管我方短期内是否有退租的想法，都要向工程公司询价，调查原状恢复工程的内容和价格。

- 从以下几个方面分析工程报价的合理性：确认工程的范围（排除那些不属于己方负责的工程项目）；确认工程单价的合理性（铺设地毯每平方米的单价等）；该由己方承担的 C 类工程项目，就自己负责施工。

在"时机 1"这个阶段就把原状恢复工程的各种条件谈好是最理想的。还没有选定写字楼、店铺的时候，在与房东谈判的过程中，为了获得更有利于己方的条件，除了要交涉房租金额，还要谈原状恢复工程的相关事宜。如果这个阶段没有谈及原状恢复工程的各种条件，那么在退租的时候再向房东申请减免原状恢复工程的费用就已经晚了。因为房东没有动机减免这笔费用，只要不是明显高于市场行情的价格，房东基本上不会给我们谈判的余地。

在租赁写字楼、店铺的谈判中，我方关注的一般是压低月租或争取更长的免租期，但实际上，原状恢复工程的相关事宜也应该是谈判的一个重点。

和房东谈判原状恢复工程相关事宜，可以分为几个阶段。第一阶段，此时提出的是最高要求，是请求房东免除原状恢复工程及其费用。先提出这个最高请求，即使房东不能接受，至少也起到一个"锚定效应"。不过，还是要勘察过写字楼、店铺的实际情况之后，才能提出合适的请求。如果在没有任何事实依据的情况下，就贸然向房东提出免除原状恢复工程的请求，肯定会被房东直接拒绝，甚至失去继续谈判的可能性。

第二阶段提出的请求是在租期内，己方没有实施原状恢复工程的义务，只支付相应的费用。实施原状恢复工程需要1~2个月时间甚至更多，如果在租期内我方有实施原状恢复工程的义务，那就相当于减少了1~2个月的租期，也就是相当于多付了1~2个月的租金。

如果前两个阶段的请求遭拒，可以提出第三个阶段的请求：以事前向工程公司的询价为基础，双方谈妥原状恢复工程的费用。如果等到准备退租时，再向房东询问原状恢复工程的价格，那么得到的报价很可能比市场行情价格高出1~5成。但是在租赁合同签订之前进行的谈判中，房租金额是最主要的谈判焦点，也是房东最关注的要素。而站在房东的角度，他也想尽快将房子租出去，所以关于原状恢复工程的费用，房东给出的报价一般不会和市场行情价格相差太多。

在谈判原状恢复工程事宜的时候，我方的请求等级（例）

在谈判原状恢复工程事宜的时候，我方的请求等级由高到低排列如下：

1. 减免原状恢复工程及其费用（减免一定的百分比）。
2. 只支付原状恢复工程的费用（没有义务施工）。
3. 重新考虑或限定原状恢复工程的范围。
4. 以事前向工程公司询价的结果为基础，和房东谈妥原状恢复工程费用的具体金额。
5. 该由己方承担的C类工程项目，就自己负责施工。
6. 按照房东提出的租赁合同签约。

关于原状恢复工程的具体内容，虽然在租赁合同的"原状恢复工程细则"中有规定，但实际施工过程中施工费用会随着施工对象范围的改变而产生很大的变化。"重新考虑或限定原状恢复工程的范围"之所以重要，是因为如果是签订租赁合同前没有和房东确定工程范围，退租时房东提出的原状恢复工程范围，很可能包含承租方不应该承担工程责任的项目。另外，如果退租时房东提出原状恢复工程的内容是全面改装（全部换新），那么我方要付出的费用就会很高。为防止这种情况发生，最好签订合同前就与房东谈妥，只限定对需要修缮的地方进行修缮（见表2-8-6）。

表2-8-6　原状恢复工程：重新考虑施工范围、施工内容的案例

		一般合同内容	修改案例
地面	地毯	全部更换	只修复需要修复的地方
	防静电地板	调整不平整的地方以及地板下全面清洁	只修复有损坏的防静电地板
踢脚线	树脂踢脚线	全部更换	更换壁纸部位的踢脚线，更换新的踢脚线，更换损坏的踢脚线
墙壁	树脂壁纸瓷砖	修补后，全部更换颜色搭配的壁纸和瓷砖	有损坏或有明显脏污的地方，更换新的壁纸，更换损坏的瓷砖
天花板	石膏板	修补后，重新涂装颜色搭配的墙漆	对破损部位的石膏板进行修补、涂装
百叶窗		拆卸下来送回工厂做全面清洁	现场清洁
百叶窗窗帘盒		修复凹陷、破损后重新涂装颜色搭配的油漆	对显著的凹陷、破损部位进行修补
招牌		清除招牌文字	有名牌的，把名牌取下即可
照明器具		灯管全部更换	清洁灯管

如果已经和房东签好租赁合同，我方已经在使用写字楼、店铺了，那该怎么办呢？那也有"时机2"的对策。一般租赁

合同会规定，合同到期，如果承租方不想续约，需在合同到期前6个月向房东提出退租申请。这种情况下最重要的是，在提出退租申请前，承租方要向工程公司寻求原状恢复工程的报价。得到报价后，分析工程公司报价的详细内容，这样还有足够的时间和充分的依据与房东进行谈判。

容易出现的错误是，提前6个月向房东提出退租申请后，再向工程公司询价，获得报价后，还剩1个月就必须进行施工了。在这种情况下，承租方没有足够的时间对报价进行详细分析，也没有足够的时间和房东进行谈判，只能接受房东提出的原状恢复工程的费用。所以，不管承租方短期内是否有退租的想法，都要向工程公司询价，调查原状恢复工程的内容和价格。早做准备，日后和房东谈判原状恢复工程的时候才更有把握。

对于房东提出的原状恢复工程的内容和价格，也要进行彻底审查，注意事项有几点。第一，房东常会把原本应该由房东承担的部分项目，也加入到原状恢复工程内容中，造成工程内容过剩、费用超标。现实中，承租方完全可以通过谈判，要求房东删除这部分过剩的工程内容，根据我们的经验，删除过剩工程内容后，原状恢复工程的费用至少可以减少3成。

第二，应该确认的重点是工程单价的合理性。比如铺设地毯每平方米的单价是多少、每立方米建筑垃圾的处理费是多少等，都应一一确认清楚，但是这些需要一定的专业知识。因此，有必要聘请建筑设计事务所或工程造价事务所的专业人员来帮我们评估原状恢复工程的项目范围是否合理、工程单价是否合理。

第三，一般来说，在日本，原状恢复工程属于B类工程，即承租方负担费用，房东找工程公司进行施工。但其中也会包含一部分由承租方负担费用，承租方找人施工的 C 类工程（如家具搬离、装饰工程等）。承租方将 C 类工程从 B 类工程中分离出来，自行承担 C 类工程，也可以节约一部分成本。

其他注意事项

对于合同中的损害赔偿条款，任何企业的法务部都会认真检查该条款的详细内容和风险范围。需要对赔偿金的最大金额加以控制，即使最坏的情况发生，己方的赔偿金额也不能没有上限。双方谈妥最大赔偿金额，才能签订合同。

关于支付期限 / 方法，通过谈判有可能部分减少总支付金额。以写字楼、店铺租赁为例，通常是按月支付房租，但是如果房东对资金运转有一定需求，承租方可以通过谈判，以提供更灵活的支付方式为条件，请求房东降低房租金额，现实中这是有可能实现的。举例来说，承租方如果可以提前支付 1 年或半年的房租，就可以据此请求房东降低房租金额。如果房东的企业资金运转比较紧张，那么承租方通过提前支付房租的方式可以缓解房东的资金压力，比房东自己去短期贷款节省不少的利息支出，对房东来说当然是有好处的。因此要求房东降低房租，大概率可以实现。

第三部分

持续管理间接成本的方法

关于削减间接成本，前面为大家介绍了与供应商谈判交易条件（单价、标准以及其他交易条件等）的方法。在第三部分中，我将介绍在与供应商签订合同之后，如何在自家企业内部开展用户管理（削减使用量）。

本书对"用户管理"的定义是，在公司内部的日常工作、现场使用中，以一线工作人员的反复试验为依据，通过削减使用量、所需时间或发生频率，来降低成本的方法。

首先，为大家介绍内部用户管理的4种方法。然后，为大家介绍企业支出管理（BSM），这是帮企业打造一个坚实而灵活的经营体制所不可或缺的手段。为了实现高效的企业支出管理，需要分3个阶段实施。另外，我还会为大家简要介绍企业支出管理的历史及未来的发展方向。

1

内部用户管理的 4 种方法

谈到用户管理，像物业费这种费用，作为用户，我们根本没有管理余地；像信用卡手续费这种费用，完全依赖顾客的消费活动，我们无法控制。所以，这类费用不在用户管理的范围之内。另一方面，对于电费、水费等，我们可以通过控制使用量来控制费用；对于交通差旅费、接待费等，我们可以通过控制发生频率来控制费用；对于业务委托费，我们可以通过控制所需时间来控制费用……对于这些可以自己控制的费用，企业应该积极进行用户管理，以实现成本优化。用户管理的方法可以分为以下 4 类。

方法 1：设定使用的方针和规则

要点 1：各个分公司、部门根据自己的实际情况制定详细的使用方针和规则。

要点 2：不要让制定的方针、规则流于形式，应该使其渗透入组织内部。

方法 2：引进机器设备

　　要点 1：事前模拟引进机器设备的性价比。
　　要点 2：了解政府是否有补贴（电费）。

方法 3：利用最新的 IT/ 数字化解决方案

　　要点 1：事前模拟改善生产性与削减成本的效果。
　　要点 2：通过实时监控验证投资效果。

方法 4：通过可视化，控制成本

　　要点 1：将使用量和所需时间可视化，确定需要改善的地方。
　　要点 2：通过定量数据 / 评价反馈，促使每个员工采取行动。

用户管理，首先应该考虑的是"设定使用的方针和规则"。对于公司内原本交给个人决定的领域，应该制定全公司统一的标准，或者根据各部门的实际情况制定最合适的方针和规则。举例来说，用电、用水等，仅仅制定使用规则，还不能完全达到降低成本的效果。但对于多功能打印机的使用费、接待费等，如果制定合理的方针，费用减半不是问题，某些情况下甚至可以减9成。不管怎样，在制定方针、规则之前，首先应该详细把握现状，明确找到尚有改善余地的领域。另外，即使制定了方针、规则，如果只流于形式也毫无意义，必须根据使用场景，根据现场的需求进行改善和调整，使其渗透入组织内部。

接下来，关于"引进机器设备"和"利用最新的IT/数字化解决方案"，通过投资相关机器设备、IT解决方案，直接削减使用量或间接提高生产率，都能达到削减成本的目的。先说"引进机器设备"，在引进机器设备之前，要计算引进的性价比，评估削减成本的效果，如果性价比高，就果断投资引进。

再说"利用最新的IT/数字化解决方案"，引进IT服务或数字化解决方案之后，可能不一定达到事前期待的降本增效的效果。引进前，供应商可能过分夸大其IT服务的效果，实际引进后才发现效果不佳或者并不好用的案例屡见不鲜。所以，企业在引进IT服务或数字化解决方案后，一定要对其效果进行监控，如果6个月后还没有得到期待的效果，应该果断终止合作。在签约之前，我方就应该做好这样的心理准备。

最后是"通过可视化，控制成本"，实施用户管理的基础就是通过将现状可视化，准确找到成本优化的领域和优化的余地。随后，还应该持续发挥通过可视化控制成本的效力，在某些情况下甚至使用实时监控的方式将现状可视化，将发现的问题反馈给一线工作人员，在敦促其改善的同时，提高其控制成本的意识。

在间接成本中，最适合通过用户管理优化成本的项目，参见表 3-1-1。在表中，我按照不同方法，列举了具体案例。

表 3-1-1　用户管理（削减使用量、所需时间、发生频率）的方法

削减对象	成本项目	用户管理的方法			
^	^	制定使用的方针/规则	引进机器设备	利用最新的IT/数字化解决方案	通过可视化，控制成本
量	电费	空调/照明的开关设定温度、亮度，控制高峰时段用电量	使用LED照明，感应照明，双层窗、隔热帘，更换节能空调	—	监控系统
^	水费	—	节水水龙头	—	—
^	办公消耗品	个人自费采购	—	—	建立个人使用记录，进行库存管理
^	汽油费	—	节油车辆	召开网络/电话会议	办理公司加油卡
量+金额	多功能打印机	尽量不用彩色打印，制定复印规则，使用双面打印或二合一打印	大型显示器	使用平板电脑、电子文件	个人ID登录制
^	废弃物处理	垃圾分类处理，卖出资源型垃圾	—	—	—
时间	移动电话	终端软件管理（只对业务软件进行管理）	—	进行免费通话/网络通话，召开网络会议	对个人使用情况进行管理
^	业务委托费	加班规则、打卡规则（禁止远程打卡）	—	电脑作业的远程管理工具	统计委托业务的实际业绩，检测劳动生产型指标
^	保洁费	办公桌周边卫生个人承包	自动扫地机	—	—
频率	配送费	集中配送（从总公司到分公司/门店，或从分公司/门店到总公司）	—	纸质文件电子化	—

(续表)

削减对象	成本项目	用户管理的方法			
		制定使用的方针/规则	引进机器设备	利用最新的IT/数字化解决方案	通过可视化，控制成本
频率+时间+金额	差旅交通费	出差/拜访规则、事前申请制、远程工作	大型显示器	召开网络/电话会议	商务旅行管理工具
	接待费	是否举办的规则、人数规则、事前申请制、晚餐改成午餐	—	—	—

案例：削减多功能打印机的使用量

企业使用多功能打印机的时候，是按照彩色打印或黑白打印的张数支付费用的，这叫作打印单价。和供应商谈判，降低打印单价，是削减成本的一个方法。但同时，减少打印张数，或改变打印形式（通过内部用户管理削减使用量），可以大幅减少打印费用，某些情况下甚至可以减少9成的费用。削减使用量的方法主要有以下3种（见图3-1-1）。

1. 减少打印张数（使用双面打印或二合一打印，以及减少不必要的打印）。
2. 防止打印品质过剩（彩色打印改为黑白打印，专用打印纸改为普通打印纸等）。
3. 无纸化办公（申请书、会议文件电子化，引进数字终端、大型显示器等）。

聚焦于减少不必要的打印，控制打印品质

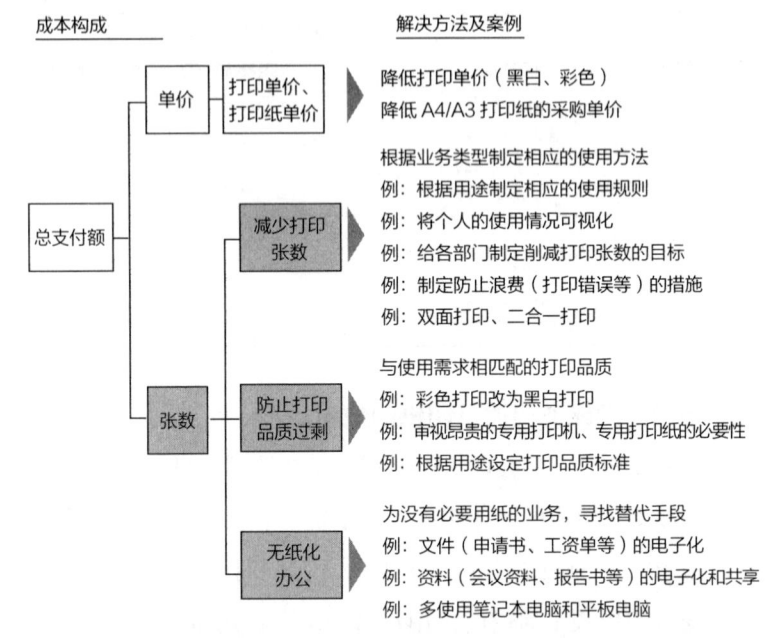

成本构成			解决方法及案例
总支付额	单价	打印单价、打印纸单价	降低打印单价（黑白、彩色） 降低A4/A3打印纸的采购单价
	张数	减少打印张数	根据业务类型制定相应的使用方法 例：根据用途制定相应的使用规则 例：将个人的使用情况可视化 例：给各部门制定削减打印张数的目标 例：制定防止浪费（打印错误等）的措施 例：双面打印、二合一打印
		防止打印品质过剩	与使用需求相匹配的打印品质 例：彩色打印改为黑白打印 例：审视昂贵的专用打印机、专用打印纸的必要性 例：根据用途设定打印品质标准
		无纸化办公	为没有必要用纸的业务，寻找替代手段 例：文件（申请书、工资单等）的电子化 例：资料（会议资料、报告书等）的电子化和共享 例：多使用笔记本电脑和平板电脑

图 3-1-1　多功能打印机的用户管理

1. 减少打印张数（使用双面打印或二合一打印，以及减少不必要的打印）

首先，直接减少打印张数的方法就是减少不必要的打印。特别是针对公司内部会议或外部商谈需要使用的资料，需要思考以下几点，从而减少不必要的打印。

- 真的需要为出席会议的所有人准备纸质资料吗？
- 给与会人员准备的纸质资料如果只是开会时有用，会议结束后就没用了，那么就没必要准备纸质资料（用大型显示器或投影仪就可以演示资料内容。

- 为避免会议结束后发现还有多余的纸质资料没有分发的情况，要事先确认好与会人数，再打印相应份数的资料。

公司内，不同部门或不同性质的工作，对纸质资料的种类和必要性的要求不同，因此，需要根据实际情况制定不同的使用方针和规则。对于必要性低的纸质资料，原则上就不打印，改成电子文件，但是因为工作习惯的关系，这个举措可能受到一线工作人员的抵触。这种情况下，可以试验性地进行无纸化会议。实施之前，可能会担心工作人员提出各种质疑，比如"没有纸质资料，客户可能会不高兴"等，但实施无纸化会议之后，很可能会发现，并不会出现负面的反馈。事实证明，事前的担忧是多虑了。

另外，还可以让员工用个人 ID 登录多功能打印机，对每个人的使用量进行统计管理。每周或每月统计每个人的打印张数、彩色打印比例、单面打印比例等，并在公司内进行公示。将每个人使用多功能打印机的实际情况公之于众，那么打印张数多的人、彩色打印比例高的人、单面打印比例低的人就一目了然了。这样做，无疑可以提高大家控制成本的意识，尽量避免不必要地使用打印机。

必须打印纸质资料的时候，也可以通过改善打印形式，大幅削减打印张数。大家请看下列一组数据。从这组数据中，大家可以看到通过改变打印设置实现削减打印张数的效果。

- 单面打印改为双面打印（削减 50%）

- 1in1（1页内容打印在1张纸上）改为2in1（2页内容打印在1张纸上）（削减50%）
- 1in1改为4in1（4页内容打印在1张纸上）（削减75%）

举例来说，如果把单面打印、1in1的方式，变成双面打印、2in1的方式，原本需要4张纸就变成了现在只需要1张纸，纸张用量削减75%。

如果公司里每个员工的办公电脑中，对于打印的初始设置都是"单面打印"且"1in1"，那么大家在打印资料的时候，就会采用这个设置打印。为了控制成本、减少打印张数，公司应该将全部电脑的打印初始设置修改为"双面打印"且"2in1"。在必要的情况下，工作人员可以手动改为"单面打印"或"1in1"。这样一来，"双面打印"且"2in1"就成了公司的统一打印标准。

2. 防止打印品质过剩（彩色打印改为黑白打印，专用打印纸改为普通打印纸等）

在打印必要文件、资料的时候，不仅要控制打印张数，还要控制打印的品质，这也是控制打印成本的重要举措。最简单有效的方法是，尽量不用彩色打印，多采用黑白打印。举例来说，黑白打印的单价为0.6日元/张，彩色打印的单价基本上是黑白打印的10倍，大约6日元/张。举个极端的例子，如果一家公司一直以来都只用彩色打印，将其全部改成黑白打印后，打印费用可以削减9成。虽然这个例子有点极端，但是现实中，太多企业每天都在通过不必要的彩色打印来浪费金钱。

图 3-1-2 是一家大型企业对全国 69 个门店使用彩色打印的比例进行调查的结果。图中，横轴由左至右代表彩色打印比例由高到低。计算得出，全国所有门店的平均彩色打印比例为 29.5%。其实，各个门店的业务内容和承担职责基本相同，但最高的彩色打印比例为 63.8%，已经达到平均水平 29.5% 的大约 2.2 倍，更是最低彩色打印比例 14.2% 的 4.5 倍左右。

□对于 69 个门店，计算每个门店使用彩色打印的比例
□各个门店使用彩色打印的比例差异巨大，最大比例是最小比例的 4 倍以上
· 使用彩色打印的最高比例为 63.8%，最低比例为 14.2%
· 各个门店的平均彩色打印比例为 29.5%

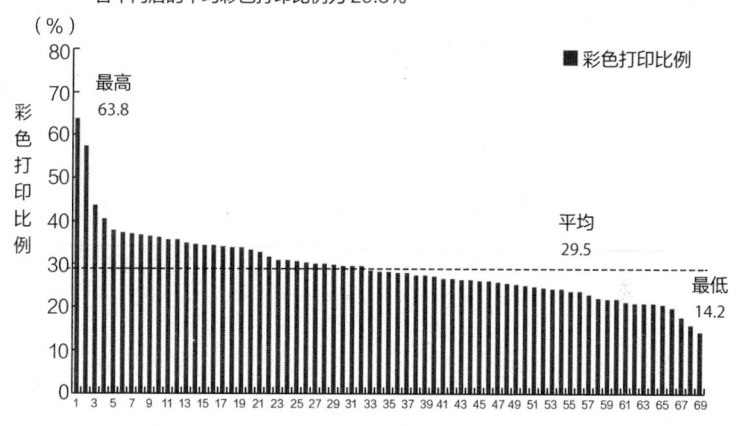

图 3-1-2 案例：不同门店的彩色打印比例

在这种情况下，总公司应该制定相应的打印品质规则，至少将每个门店的彩色打印比例控制在平均值 29.5% 以下。另外，从图中我们可以看出，还是有很多门店可以把彩色打印的比例控制在 25% 以下的，所以，总公司制定一个目标——把彩色打印比例控制在 20% 以内——还是有可能实现的。

3. 无纸化办公（申请书、会议文件电子化，引进数字终端、大型显示器等）

具体分析业务形式本身，如果没必要用纸，就实行电子化替代。近年来，远程工作被证明是可行的。数字化转型确实可以提高生产率，现在也出现了多种多样的 IT 服务，可以帮助企业实现无纸化办公。另外，以前一提到 IT 解决方案，大家都会联想到巨额的初期投资，只有大型企业才能承担得起动辄数千万日元的 IT 改造，中小企业只能望洋兴叹。但如今，SaaS 服务已经普及，这种每月支付费用的服务形式大大降低了中小企业引进 IT 服务的门槛。

业务负责人人手一台平板电脑，会议室里有大型显示器，网络会议系统随时可以接通。在这种情况下，开会根本没有必要再分发纸质资料了。据我了解，现在很多公司在内部开会的时候，都采取网络会议的形式，已经完全实现了无纸化会议（见表 3-1-2）。

关于减少多功能打印机使用量的方法，大家可以想出很多简单易行的手段。可现实中，即便如此简单易行的手段，很多企业也没办法将其落实。这是为什么呢？因为很多企业所理解的削减成本，就是采取一种革新性的方式，一下子将成本削减很多，根本不重视在日常工作中就可以实行的简单手段。但说到底，这种简单易行的手段才是最为重要的方法。通过用户管理来减少使用量，最重要的是让每一名员工在日常工作中行动起来。

表 3-1-2　工作一线的问题与解决的方向

□想减少打印张数却减不下来的公司，多半是忽视了最简单、最基本的方法
·只要把最简单、最基本的方法落实，减少两位数百分比的打印张数可以轻松实现

很明显的问题	具体案例	改善的方法
没有使用规则 （不明确、不合理）	·公司内没有制定打印机使用规则 ·各个分公司、部门、个人使用打印机的方法随意	制定合理的使用规则和禁止事项
对办公电脑、多功能打印机的设置品质过剩，或者助长浪费	·员工办公电脑中关于打印的初始设置是彩色打印/单面打印/1in1 ·对错误打印、营业传真，都设置为自动打印	对办公电脑和多功能打印机进行合理设置
实际使用情况不透明	·员工没有节约使用打印机的意识 ·管理层不了解各个部门、个人使用打印机的情况	构筑可视化/监控机制
只停留在对总务、IT部门的管理	·只唤醒了总务、IT 部门的节约意识 ·不改善也没有惩罚措施	明确经营层/管理层的职责，对节约的执行情况，反映到人事评价中
IT/数字化投入不足	·会议室没有大型显示器 ·没有利用好笔记本电脑、平板电脑	把 AI/IT 设备充分利用起来

案例：削减用电量

对于电费的用户管理（削减用电量），企业一般对传统节电方法（制定详细的照明、空调使用限制规定）和引进省电电器（LED 照明）等投入了大量精力，据我所知，很多企业都已经采用了各种传统节电方法。到目前为止（2022 年 10 月），随着能源价格的高涨，电价也有上涨趋势，在这种情况下，企业需要从用户管理的角度出发，考虑整体削减用电量的方法。

直接削减用电量的方法主要有两类：使用省电电器、优化电器的使用方法。另外，还有一个间接的方法不可小觑，

就是用电量的"可视化"。为了掌握当前的用电现状，找出问题点，将用电量"可视化"非常有必要。可以实时监控用电情况，对员工的浪费现象及时给予提醒，提高他们的节电意识（见表 3-1-3）。

表 3-1-3 削减用电量的解决方案

	引进新设备或省电电器	优化电器的使用方法	用电量的"可视化"
空调	·更换新的空调设备（此处可以活用政府补贴） ·采取百叶窗、遮光帘、双层窗等隔热措施 ·设置空气循环系统	制作用电指导手册： ·实地调查，听取意见 ·根据用途、场所设置电器开关规则，制定使用时间表 对于空调和照明设备： ·制定空调、照明设备的使用时间表 ·制定空调和照明设备的间歇时间 ·利用外部光源和通风 ·调整空调的温度设置 ·调整空调室内机、室外机的清洁频率 ·严格执行照明设备的关闭规则 对于其他主要设备： ·制定电力峰值报警时的应对措施 ·防止设备重复工作 ·调整冷柜的除霜频率等 对工作人员的教育、培训： ·对现场负责人进行节电培训 ·以分公司、门店为单位，对员工进行节电培训	可视化与事前诊断： ·对各个分公司、门店的 30 分钟用电需求值进行分析 ·把握不同设备的用电量 ·引进用电需求控制和其他可视化工具 ·听取现场负责人的意见
照明设备	·更换成更省电的 LED 灯 ·设置人体感应灯		
办公设备	—		
冷藏/冷冻设备、展示柜	·更换新的设备（此处可以活用政府补贴）		
其他（电梯、水泵等）	·集中供电设备 ·蓄电池 ·太阳能发电（此处可以活用政府补贴）		

1. 更换新设备、引进省电电器（更换 LED 照明设备、空调设备等）

削减用电量的主要手段之一就是更换新设备、引进省电电器。一般来说，引进新设备会涉及设备投资，因此，引进的时机受到限制，适用的场所也有一定要求。但是，省电效果也是非常明显的。通常的办公室、写字楼，把传统灯管更换成更省电的 LED 灯是比较简便易行的，投资也不大。不过，整体更换空调设备、能源设备、引进太阳能发电设备，投资就比较大了。

性价比是判断是否投资的基本标准，当涉及比较大的投资时，政府是否有补贴，也要考虑进来。在日本，政府的补贴会根据引进的设备类型、企业属性（大企业还是中小企业）而不同，最高补贴金额可能覆盖设备投资的三分之二。

关于政府补贴的具体内容，可以参考日本经济产业省提供的节省能源补贴一览。下面，我简单介绍一下对于工厂、企业所引进的节能设备，经济产业省的具体补贴方式。

（1）先进技术

适用条件：符合节能率 30% 以上、节能量 1 000 kl（千升，用于表示液体、气体体积）以上、能源消费原单位完成率 15% 以上这三个条件中任意一个。

引进此类"先进"节能设备，需由"先进节能技术评审委员会"进行评审后，向社会公开。确定的补贴对象设备、系统的清单将会在官网公示。补贴对象为该设备的设计费、设备费、施工费。

（2）定制型业务

适用条件：符合采用创新设计的设备（完全定制）、采用类似设计的设备（客户定制）、带有系统设计的设备（将生产设备组合起来的生产线）、带有系统设计的设备（将自动化装置组合起来的生产线）这四个条件中任意一个。

引进或更新按要求特殊设计的设备、修改程序、多家企业共同协作采取节能措施，都是经济产业省补贴的对象。

（3）引进指定设备

适用条件：引进节能设备（9种）或生产设备（5种）。

对引进高性能节能空调或业务用冷柜等设备的企业，经济产业省会给予补贴。"指定设备"一览在官网有公示。

（4）能源事业

适用条件：节能率换算成原油量，能节省2%以上；能实现EMS（能量管理系统）的控制效果和节能诊断等所带来的改善效果。

与能源管理企业协作、使用EMS控制和改善节能措施，都是经济产业省补贴的对象。引进相应设备所产生的设计费、设备费、施工费都是补贴对象。在日本，补贴对象企业为158家能源管理企业。

2. 优化电器的使用方法（制定空调设备、照明设备的使用规则，控制峰值用电量等）

如果不更换现有设备，如何对其进行管理才能做到最节能？以此为出发点，为各种电器制定使用方针、规则。对于一般的写字楼来说，空调设备和照明设备是用电大户，先检查这两类设备中是否存在节能空间。

对于空调设备，检查以下几点：

- 空调设备的运转时间表（开机时间、关机时间、峰值电力平衡）
- 空调设备的温度设定
- 内外换气、遮光措施
- 空调内外机的清洁频率

对于照明设备，检查以下几点：

- 照明设备的开关时间表
- 照明设备的亮度调整
- 照明设备间歇时间
- 灵活运用自然光/外部光源
- 严格执行关灯规则

3. 用电量的"可视化"（测算 30 分钟用电量需求值、不同设备的用电量）

在对公司电器的使用方法进行优化、改善之前，我们首先应该对当前的用电情况进行分析，通过用电量的"可视化"，精准把握现状，以便更高效、更准确地找到需要改善的问题点和空间。我们可以向电力公司索取自家各个分公司 30 分钟用电量需求值的数据，借此把握各个分公司每个时段的用电情况以及峰值电量出现的时间点。如图 3-1-3 所示，业务内容基本相同的各个分公司，出现峰值用电量的时间点截然不同。面对这种情况，我们应该先了解各个分公司的实际用电情况，然后找出问题所在，为日后改善做好准备。

□以电力数据（30 分钟电量需求值）为基础，把握用电峰值时间段
□各个分公司的用电峰值时间点不同，找出背后原因，自然就可以发现改善的机会

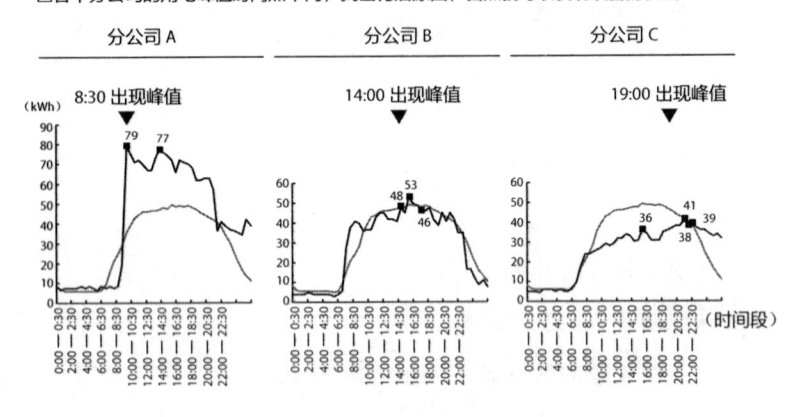

图 3-1-3　各分公司用电峰值时间点不同

关于削减用电量，前面介绍了引进新设备和节能电器、改善电器的使用方法、用电量的"可视化"3 种方法，但每种方法的专业性都比较强，如果自家公司内没有具备相关专业知识的人才，恐怕难以实施。不过，现在有些专业咨询公司可以为企业提供此类节能诊断服务，建议企业向它们寻求合作。

削减用电量的方法概要和实施要点如表 3-1-4 所示。

表 3-1-4　削减用电量的方法概要和实施要点

削减用电量的方法		概要及实施要点	用电量的预期削减效果（大/中/小）	对使用者造成的影响（大/中/小）
改变规则	空调	在空调开关处，张贴开机时间范围	可以防止超时运行，防止忘记关机	中	小
		为大厅、走廊、办公室等不同场所设置不同的温度	根据场所位置、场所用途设置不同的温度，防止空调过度运行（日本政府鼓励的办公室空调温度是夏季28℃、冬季19℃）	大	中
		制定启动空调时间规则	不要所有场所一同启动空调。按照使用顺序，依次启动各个场所的空调	大	中
		安装温度计，随时掌握场所室内温度	当实际温度与设定温度有差异时，调整空调的设定温度保持在目标温度	中	大
		利用余冷或余热，缩短空调运行时间	下班前 15~30 分钟关闭空调，减少耗电量	中	中
		空调内外机的维护	定期清洁空调外机的风扇线组和内机的热交换部件，防止制冷、制热效果降低	小	小
		除去空调外机周围的障碍物	空调外机周围如果存在障碍物，会影响制冷效果。注意清除障碍物	小	小
		窗户的隔热措施	冬季，百叶窗白天打开，发挥采光作用；晚上关闭，发挥隔热作用。夏季反之。减少窗户玻璃的散热，减轻空调负担	中	中
	照明	照明开关处张贴开灯时间范围	防止不必要的开灯，防止忘记关灯	中	小
		利用自然采光，白天不必开灯	可以利用自然光的时间点（白天），积极利用自然光，不必开灯	中	中
		除工作时间之外，其余时间关灯	午休时间，照明和空调全部关闭	中	中
		定期清洁、更换灯管	定期清洁灯管、反射板，及时更换灯管，可以保证照明的亮度	小	大
		根据季节调整室外照明设备的开灯时间	根据季节调整室外照明（室外灯、停车场灯、广告牌灯）	中	大
		只开一部分灯	对于办公室、门店等场所的照明，参照国家规定的亮度标准，在允许的范围内只开一部分灯即可	中	小

(续表)

削减用电量的方法		概要及实施要点	用电量的预期削减效果（大/中/小）	对使用者造成的影响（大/中/小）
改变规则	其他	当人离开时，个人终端设备及时关闭	对于办公电脑等个人终端设备，人在离席时（离开2小时以上），应及时关闭设备，以减少待机时的电量消耗	小	中
		停用一部分升降设备（电梯、自动扶梯）	有多台电梯、自动扶梯的情况下，在使用量较少的时间段，关闭部分电梯、自动扶梯	大	中
		室内停车场不需要换气时，关闭换气设备	室内停车场停车数量少的时候，可以不使用换气设备，只要保证一氧化碳、二氧化碳浓度不超标，就可以关闭换气设备，以减少用电量	中	大
		智能马桶的节电方法	在夏季，没必要使用温水冲洗，可以把智能马桶的加热器关闭。如果加热器没有独立开关，可以将出水温度调低，以节省电能	中	中
		工作结束时，关闭相关设备	如果打印机、复印机有节能模式，设置为节能模式。下班后，马上关机、切断电源	小	小
		节约用水	节约用水也可以起到省电的效果，因为减少了上下水道设备（给水泵）的工作负荷	小	中
		减少自动贩卖机的制冷时间	在自动贩卖机管理者的协助下，减少自动贩卖机的制冷时间	小	小
引进设备	只引进设备	LED照明	与白炽灯相比，LED灯更省电。举例来说，10W的LED灯的亮度就可以达到60W白炽灯的亮度水平	中	小
		感应灯	卫生间、会议室等，有人使用的时候才需要开灯，在这样的场所设置感应灯，可以防止忘记关灯	中	小
		燃气空调系统	燃气空调是外机的压缩机靠燃气驱动的空调。与电空调相比，燃气空调消耗的电量只有其十分之一	大	小

（续表）

削减用电量的方法		概要及实施要点	用电量的预期削减效果（大/中/小）	对使用者造成的影响（大/中/小）
引进设备	只引进设备 — 使用双层窗或隔热帘，改善隔热效果	使用双层窗或隔热帘，可以提高窗子的隔热性，夏季可防止室外的热量进入室内，冬季可防止室内的热量散失，从而减少空调的耗电量	小	小
	喷雾器	喷雾器是空调外机中安装的喷水系统。可以降低散热器的温度，提高热交换效率，以达到省电目的	中	小
	冷凝器	安装在空调外机中，增设冷凝器，可以分散负荷，提高空调制冷能力，以较少的耗电实现较大的制冷能力	中	小
	引进设备+改变方法 — 需求监视系统	监视高压受电的电力消耗量，达到设定目标值就发出警告，以自动控制空调	中	小
	单个降温、取暖设备	给个别房间配备电风扇、取暖器，可以减少中央空调的使用	中	中
	灵活运用风扇、空气循环设备	冬天用空调制热时，热空气会滞留在天花板附近，通过风扇、空气循环设备，让室内空气流通，将上方热空气降下来，提高人体舒适度	中	中

第三部分 持续管理间接成本的方法 339

2

实现高效的企业支出管理（BSM）

坚实而灵活的经营，离不开 BSM

近年来，销售额的急剧下降和采购价格的急剧上涨（企业物价指数的急剧上涨）等超出预期，很多企业的业绩恶化。在这种情况下，企业不得不控制不必要的开支，以打造一个坚实而灵活的经营体制。要想实现这一转变，非常重要的一点是将重要经营指标"可视化"。为满足企业的这种需求，各种经营管理工具和 SaaS 型服务也纷纷登场，主要有：监控经营状况和预测销售额的 SFA（销售能力自动化）、管理客户关系的 CRM（客户关系管理）、管理人力资源的 HRM（人力资源管理），以及管理成本、采购的 SCM（供应链管理）等（见图 3-2-1）。

```
┌─────────────────────────────────────────────────┐
│                  重要经营信息                    │
└─────────────────────────────────────────────────┘
    销售额         人力资源          成本          间接成本

  SFA、CRM          HRM             SCM            BSM
 销售支持系统    人力资源管理    供应链管理    企业支出管理
```

图 3-2-1　间接成本采购的数字化转型

所谓 BSM，是利用会计数据、采购数据，管理企业的支出，使支出合理化的一系列流程。特别是在间接成本（主要指包含在一般销售管理费用中的会计科目）管理方面，BSM 越来越受到企业的关注。以欧美为中心的很多国际大企业，为了打造坚实、灵活且高效的经营体制，已经引进了 BSM 系统。企业引进 BSM 系统后，可以减少不必要的开支，只进行对企业成长有帮助的投资，这样才能提升利润空间。

为了将有限的经营资源最有效地利用起来，首先应该将支出透明化，准确把握企业的财务状况。为此，可以分以下 3 个阶段实现 BSM。

阶段 1：将间接成本的支出"可视化"

阶段 2：对供应商和用户进行管理

阶段 3：透视战略性投资效果

实现 BSM 的第一步，是将间接成本的支出"可视化"。

想要根据企业的支出数据来削减间接成本,首先需要准确把握当前的详细支出状况。不能依靠采购负责人的个人经验或直觉来判断支出是否合理,而应以数据为依据,判断不同部门、不同项目的支出是否合理,而且要做到数据随时可查。另外,通过将支出状况、支出金额"可视化",可以在企业内发挥自律性检查功能,在组织内营造坚决抵制浪费的氛围。

下一个阶段是对供应商和用户进行管理。通过与供应商企业进行谈判,将采购价格降到最合理的范围;通过对公司员工(用户)进行教育和管理,让他们杜绝浪费,最终可以实现按照当前的业务需求进行最合理的采购。定期向多家供应商进行询价,了解市场行情,以判断当前采购价格是否合理,不合理的话及时做出调整。做好询价和市场调查,才能防止毫无根据地压价和追求最低采购价给自己带来潜在风险。

为了削减开支,改善利润空间,可以说第一阶段和第二阶段是"防守型 BSM"。防守做好了,下一步就要想办法进攻了,那么"进攻型 BSM"就是透视战略性投资效果。

对于所有支出,不能以最低限度的必要支出为考量标准,因为那样会陷入为了压低成本而压低成本的怪圈,对提高生产性没有帮助。对于企业的支出,我们应该从"这是战略性投资,为了获得更好的效果和好处"的角度出发,彻底分析"真的有必要支出这笔钱吗?""如果有必要,支出多少才能实现最高的性价比?"

举例来说,假设公司要引进新的管理系统,但为了节省成本,引进了一款月服务费最低的系统,可实际使用中,一线工作人员发现这个系统很不好用，造成一线生产率低下、服务质量下降。结果，虽然新系统每月的服务费最低，但工作一线却要付出更多的人工费用，新系统的引进就失去了意义。由此可见，不能只凭支出的多少来评价一项支出的合理性，重点要看支出能否带来收益。如果引进好用的系统能提高一线的工作效率，减少更多的人工费用，那么，即使每月的服务费较高，从性价比上说，这项投资也是值得的。

极大改变企业间接成本的 BSM

一般来说，企业经营中所付出的成本，大体可以分为两类——直接成本和间接成本。所谓直接成本，是指制造商品时采购原材料、零部件的费用，在工厂中这叫作制造成本。直接成本是与销售额、利润直接挂钩的。而间接成本是指水电气费、通信费、广告宣传费等除直接成本之外的费用。企业编制预算的时候，一般会将占大头的直接成本以及设备投资费、研发费用、人工费用等一部分间接成本编入预算，以实现对成本支出的"可视化"，从而对投资的性价比等指标进行管理。

间接成本项目纷繁复杂，如办公消耗品、物业费、通信费、各种手续费等，要对它们进行管理，仅凭 BSM 第一阶段的将间接成本的支出"可视化"还难以实现，其理由如下。

理由 1：没有专门采购间接成本项目的部门。
理由 2：依赖采购负责人的个人经验或直觉进行采购。
理由 3：间接成本多种多样，分类很细。

理由 4：各个分公司自行采购，没有集中采购。

在管理部门的经费支出数据中，虽然对会计科目及其金额进行了统一管理，但一般不会包含何种标准、何种条件、单价是多少、采购了多少（采购量）等详细信息。很多企业的财务负责人虽然知道间接成本采购总金额的大小，却不了解其中的详细情况。

所以，今后对于间接成本的管理，应该引进数字化系统，不放过每一个细节。从成本的"可视化"到获得报价/采购、合同管理，再到申请支付，数字化系统可以进行全面的统一管理（见图 3-2-2）。

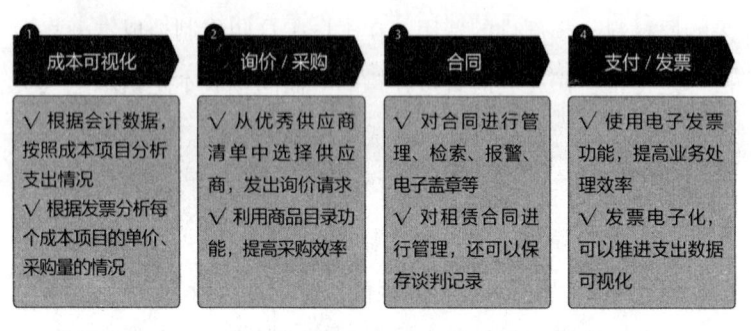

1 成本可视化	2 询价/采购	3 合同	4 支付/发票
√ 根据会计数据，按照成本项目分析支出情况 √ 根据发票分析每个成本项目的单价、采购量的情况	√ 从优秀供应商清单中选择供应商，发出询价请求 √ 利用商品目录功能，提高采购效率	√ 对合同进行管理、检索、报警、电子盖章等 √ 对租赁合同进行管理，还可以保存谈判记录	√ 使用电子发票功能，提高业务处理效率 √ 发票电子化，可以推进支出数据可视化

图 3-2-2　可以为间接成本管理提供系统支持的 BSM 领域

BSM 的历史与未来发展方向

BSM 的初创期

20 世纪 90 年代初期，很多企业在对成本进行管理的过程中，纷纷从各部门分散管理向企业内部集中管理发展。

当时，没有针对间接成本的 P2P（procure-to-pay，采购到支付）管理系统，所以，对于企业来说，每年和供应商发生了多少交易都是难以把握和管理的。另外，也不存在大型的采购管理系统，所以企业也无法实时掌握支出情况。

针对困扰企业的这些问题，很多经营顾问公司开始为企业提供集中支出管理方面的支持和服务。这种支持服务主要包括对采购历史数据和各种合同的管理等。以前企业对数据的管理以纸质文件为主，在经营顾问公司的帮助下，推进了纸质文件的电子化，让高效分类、分析数据成为可能。随后，数字化系统逐渐发展起来，数据的自动化处理程度越来越高，乃至发展出了支出数据分析引擎。

P2P 或 S2P

20 世纪 90 年代后期，在欧美，诞生了将采购系统与债务系统整合起来的 P2P 或 S2P（source-to-pay，寻源到付款）的 ERP（enterprise resource planning，企业资源计划）模块解决方案。当时，CommerceOne、VerticalNet、Ariba 等企业在 ERP 开发领域非常活跃。这些企业提供的 ERP 系统，除了提供像商品目录一样的采购渠道，还实现了申请、接受业务的系统化、半自动化。通过将采购程序数字化，削减了制作纸质文件的人工作业，也大幅减少了错误的发生。同时，在采购系统上优质供应商可以获得更多的订单，从而发挥规模优势将价格降得更低，这对采购企业来说也是好事，可以进一步降低成本。

但另一方面，使用这些系统，企业需要设定复杂的条件，用起来也并不十分顺手，商品目录也缺乏灵活性，因此在企业和供应商之间引进这种系统的门槛很高。结果，很多企业初期投入数百万美元（数亿日元）搭建系统，却并未享受到多少好处，当时这样的案例屡见不鲜。

思爱普收购 Ariba 和 Concur

从 2010 年开始，德国的思爱普（SAP）公司进军 BSM 领域，开始扩大 BSM 管理支出的范围。2012 年思爱普公司以 43 亿美元的价格收购 Ariba（美国一家软件信息服务公司），以 SAP Ariba 的名义开发了 ORMS（经营资源管理系统）系统。思爱普的主力产品是 ERP，它的强项是对信息的统一管理，而 Ariba 的优势是为企业的采购业务提供支持（在平台上为买家与供应商进行匹配），SAP Ariba 将双方的优势在网络平台上整合起来，搭建了更加灵活、便捷的 ORMS 系统。

到了 2014 年，思爱普又以 83 亿美元的价格收购了 Concur 公司，整合出了包含经费管理、发票管理等服务的支出管理解决方案。至此，思爱普已经构筑起企业采购活动的全流程统一管理解决方案，从预约到经费申请，再到发票处理、付款，可以进行一站式管理。

Coupa Software

美国采购软件服务公司 Coupa Software 的业务领域和思爱普公司一样。Coupa Software 提出的 BSM 包括合同来源（source to contract）、采购到支付、差旅和费用管理（travel & expense management）、风险和供应商管理（risk & supplier management）、支出理念（spend insights）5 大核心解决方案。也就是说，除了采购、支付，Coupa Software 还为企业提供供应商管理、合同管理、发票管理等辅助管理服务。

Coupa Software 为企业提供相关采购程序的云端解决方案，可以为不同企业提供不同的灵活服务。云端服务更便于企业和供应商登录、协作，可以让更多的支出数据实时地呈现在眼前。因此，企业可以更加积极地主导费用支出的优化改善活动。

现在的 BSM

现在（截至 2022 年），国内外很多企业都引进了采购管理平台。在 SAP Ariba 提供的采购管理平台上，已经登录了全世界 420 万家供应商企业，Coupa Software 平台上，供应商的数量也达到了 200 万家。另外，Coupa Software 的 BSM 平台上，也有 2 000 家以上的活跃客户，其中不乏跨国大企业。比如，Salesforce、宝洁、联合利华等，日本企业有丰田、NEC 等。涉及的行业包括零售、制造、医疗、公共机关等，可谓非常广泛。BSM 相关市场的规模在 2018 年已经达到了 70 亿美元，预计今后 10 年还会以每年 10% 的速度增长，到 2027 年，预计市场规模将超过 170 亿美元。

Pro-Sign 剑指下一代采购解决方案

现在，如果有中小企业问我："能不能推荐一款适合我们的间接成本统一管理工具？"我还真的很难回答。像 Coupa、SAP Ariba 提供的管理工具，都是针对跨国大企业的，引进这类系统初期投资就需要数千万日元，而且以后的年度服务费还得数千万甚至数亿日元，有能力引进这类系统的公司，年销售额得 5 000 亿日元以上。

如今，我们公司可以为企业提供一种名为 Pro-Sign 的间接成本管理工具，这是一种 SaaS 型的服务。不同于前面介绍的 Coupa、SAP Ariba，Pro-Sign 每月服务费只需 8 万日元起，年度销售额只有数十亿日元的中小企业完全可以承受。我们对它的定位是下一代间接成本管理工具（见图 3-2-3）。

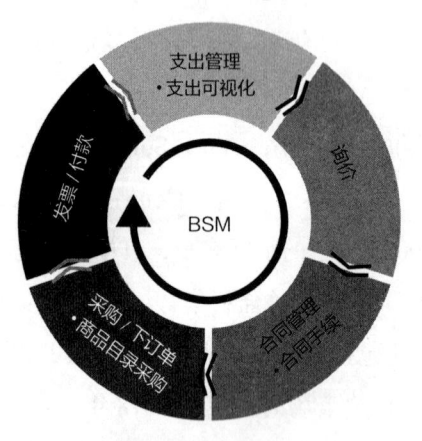

图 3-2-3　下一代间接成本管理工具

如果现在你的企业还没有引入间接成本管理系统或软件，又想对间接成本进行统一管理，那么我建议你从支出管理/支出可视化入手。然后，不要仅仅停留在支出可视化的层面，可以考虑引进 Pro-Sign 等 IT 工具，初期就可以实现以下效果。

1. 削减采购成本

√ 支出实现了可视化，根据过去的交易数据、市场行情价格，更容易判断出哪些项目存在削减空间。

√ 更容易从多家候补供应商那里获取报价，通过横向比较，选择最具性价比的供应商，减少成本支出。
√ 从我们公司推荐的优质供应商那里获取报价，可以找到更具性价比的合作伙伴。
√ 通过 Pro-Sign 特有的共同采购 Pro-Sign 社区功能，可以采购特价产品或服务。

2. 削减/简化采购业务

√ 从获取报价到签订合同、发出订单、收货、验收、获取发票、付款一系列的流程可以更加顺畅、高效。
√ 使用一次，下次就可以复制第一次的流程，从而精简业务流程。

3. 提高整合管理能力

√ 通过对采购相关信息进行统一管理，可以连贯地看到报价单、订单、收货单、发票等。
√ 自动检查供应商的合法合规性，对大规模交易进行持续监视，防止不正当、不合理交易的发生。

4. 遵守法律法规

√ 可以依据法律自动检查报价单、合同、订单、收货单、发票等文件的合法性。

√ 提供的服务严守日本《开发票法》。

我们公司借助下一代间接成本管理工具 Pro-Sign 和成果报酬型削减成本顾问服务两项优势产品，帮助客户企业实现企业支出管理，健全对各种支出的管理。从支出状况可视化到支出改善方法，希望本书的内容能够对你的企业有所帮助。

后记

关于削减成本的经验和方法，已经有很多了。也有很多经营顾问公司可以为企业提供削减成本的顾问服务，而像我们这种以提供削减成本服务为主的顾问公司，也不在少数。与削减成本相关的经营管理书籍，恐怕也不下 100 种。关于削减成本，有的顾问公司可以提供信息支持，有的顾问公司则可以到客户企业进行现场指导。可以说，如今这个时代，对企业削减成本进行支持的顾问服务，随处可见。

另外，很多企业也已经意识到，削减成本和提高销售额同样重要。这些企业会定期而且持续性地进行成本分析，并采取有效的改善手段实现了很好的成本控制，这些手段包括成立采购部等负责集中采购的部门。一些企业削减成本的方法，甚至比专业顾问公司所提供的方法更加高明。

但是，随着开始控制成本的企业越来越多，它们之间水平的差异也逐渐显露出来。其中，既有通过控制成本实现坚实而灵活的经营体制、盈利不断扩大的企业，也有被连年亏损困扰、在生死线上挣扎的企业。连续盈利,是每一个企业追求的目标,但为什么有的企业有盈利,而有的企业连年亏损呢?本书的写作目的就是揭开背后的根本原因,并为企业提供解决问题的方法和策略。

如今,关于企业削减成本的书有很多,在网络上也能搜索到很多相关信息,可以说削减成本的知识、经验唾手可得。但是,我们认真研究这些信息之后发现,它们基本上都是片段式的信息,缺乏系统性和完整性。参考这些知识制订削减成本计划倒是可以,但对实践没什么帮助。现有的知识,只停留在态度、方针层面,很少涉及实物操作的具体方法。也是因为这个原因,本书还有一个写作目的——通过以实际项目为基础的具体案例以及综合分析,让企业负责人看到这本书,就可以采取相应的削减成本的方法。

对于本书的两个写作目的,我们对第一个目的怀着一定实现的坚定信念。但对第二个目的——让企业掌握削减成本的方法——从我个人的角度说,心中是有所犹豫的。如果企业管理者看了这本书,掌握了削减成本的方法,那我们公司提供的服务就失去了市场。但是,在本书作者远藤昌矢的强烈坚持下,最终这本书得以面市。但我一直顾虑:一定要把我们的核心技术公开到这种程度吗?

远藤昌矢说:"如果我们的书和已经出版的书是同一个水平,那还有出版的必要吗?我想给读者带来真正震撼的内容,并真心希望读者用我们的技术帮企业实现削减成本的目标!我们再开发出更高级的管理技术、方法不就行了吗?让企业变得更好,不正是我们的责任吗?"我被他说服了。经过这样的纠结与碰撞,我们回到了初心,决定毫无保留地把我们削减成本的知识、经验、方法呈现在读者面前。

  Prored Partners 公司成立至今已经走过 12 个春秋，我和远藤昌矢原本是凯捷咨询公司的同事，而且是同年大学毕业同时进入公司的，我们已经相识 20 多年。刚毕业进入公司时，远藤昌矢就和我不同，他工作非常出色，备受客户的信赖。所以，8 年前他能加入我的 Prored Partners 公司，我备感荣幸，也由衷感谢他的鼎力支持。

  后来，远藤昌矢作为咨询总部部长，帮我们公司成功上市，现在他担任新事业推进中心的负责人。在很多人眼中，远藤昌矢是一个一心工作，只讲理性不讲感情的人，就像一个机器人。

  但是，通过与他 20 多年的交往，我知道他是一个有血有肉、充满人情味的人。他用情很深、温柔体贴，善于替别人着想。平时，他不会展现出这样的侧面，但当工作中面临重大抉择的时候，他本性中的善良温柔就会展现出来。

  削减成本这项工作，越是在那些需要得到结果的大项目中，越是会受到相关部门的排斥，也会受到供应商的抵触。站在经营顾问的角度，不管是精神方面，还是业务量方面，都承受着巨大的压力。所以，这项工作需要经营顾问拥有一颗大心脏和过人的胆识，具有将工作进行到底的机器人一般的处理能力，还需要具有不受外界干扰的冷静且合理的判断能力。另一方面，削减成本对客户企业来说是一项长期战略，经营顾问需要和客户企业以及客户企业的供应商构筑长期的合作伙伴关系。只拥有专业知识和冷静的头脑，还无法胜任这项工作，更需要具有相当强的公关能力。从这个角度说，本书不仅凝聚了远藤昌矢

后 记 353

在知识、经验方面的"硬技术"，还有他为人着想、温柔善良的"软实力"。因此，这本书不同于以往任何一本削减成本的书，相信一定会对你的公司有所帮助。

在本书出版发行之际，请允许我代表公司对长期以来信任我们的各位客户朋友，表达由衷的谢意！在为你们提供服务的同时，我们也积累了丰富的经验。

本书能够出版，也仰仗我们公司的各位同人，你们毫不吝惜地分享自己的知识、经验，让本书的内容更加充实。特别是经营顾问部的守家礼真、高田步、上野智一朗、田中大士、木村圭辅、河野信平、山下敦史、小林棱、菊地刚平、入山彻、大桥雄辉、朝仓直人、关根佑、生沼佑太、牧真一郎、本多惠太、冰见真一、八住朝日、今野拓野、广告部的高桥琳子（排名不分先后），感谢你们的鼎力相助！

再有，为了写作本书花费大量时间和心血的远藤昌矢，并没有影响公司的正常工作，感谢的话不必多说。但是，写书这份额外工作给他的家庭间接造成了不少麻烦，在此，我代表远藤昌矢向他的太太、孩子说声对不起，也请收下我的谢意！

最后，衷心希望读过本书的朋友，把其中的经验、方法应用到公司的经营实践中，在帮助公司发展的同时，也祝你们早日成长为公司的中流砥柱、核心管理者！如果这本书能给企业带来些许帮助，能让社会经济更加健康有序地发展，我们将感到无比欣慰。

Prored Partners

董事长　佐谷进

附录

成果报酬型削减成本

成果报酬型削减成本,是指在我们经营顾问的帮助下,企业从某年某月开始计算,将支出金额具体降低多少,这被我们定义为"成果"。如果没有获得成果,那么经营顾问的报酬就是"0"。以往大型经营顾问公司在为企业提供咨询服务的时候,先对企业经营情况进行详细分析,然后提出经营建议,不管结果如何,都会收取顾问费用。但我们公司不同,不给客户企业带来好的成果,我们不收取任何费用。为此,我们必须研究出最行之有效的方法,帮助客户企业一线工作人员磨炼高超的技巧,最终实现削减成本的结果。这本书就是对我们长期积累的经验、方法的一个总结。

大型经营顾问公司服务的客户一般是年销售额在1 000亿日元以上的大企业,而且采取固定报酬的方式;而我们公司服务的客户,上到大企业,下到年销售额50亿日元左右的地方中小企业,可以说,只要企业有需求,我们就可以提供让企业满意的咨询服务。帮企业成功实现削减成本后，创造的利润中的一部分才是我们的报酬，所以，即便是现在处于亏损状态没有预算聘请经营顾问的公司、重建经营体制的企业、地方中小企业，都可以找我们合作，不用担心费用上的压力。实际上，正是这样的企业，内部才会缺乏足够的人才，才需要经营顾问公司的支持。也正是这样的企业，没有足够的资金与大型经营顾问公司合作，所以成果报酬型经营顾问公司才更合适。

Prored Partners 公司简介

Prored Partners 公司成立于 2009 年，一贯坚持钻研削减成本的业务，以成果报酬型的收费方式为客户企业提供经营顾问服务。时至今日，公司已经为超过 2 000 家企业提供过成果斐然的服务，积累了丰富的经验。如今，公司业务已经不局限于削减间接成本的层面，还积极开展削减直接成本的业务，以及项目管理服务（物流、采购、建筑、环境、创业等）。另外，公司的客户群体也由民间企业、私募基金等纯商业领域拓展到大学、医院、地方团体等各种各样的领域。

公司除了拥有削减成本的专家，还有很多特定领域的专家（如能源专业顾问、通信专业顾问、物流专业顾问、房地产专业顾问、工程专业顾问等）。这些专业顾问，每年要为数十家客户企业提供咨询服务，协助客户与其供应商进行现场谈判的次数超过上百次。他们对于削减间接成本，拥有专业、独特而深入的见解。除了个别成本项目的削减技巧，本书更注重所有成本项目横向共同的削减技巧和经验。